让儿童书写境界人生

"沉浸式"野外情境作文课程的理论与实践探索

王玲玲　周子轩　著

九州出版社

JIUZHOUPRESS

图书在版编目（CIP）数据

让儿童书写境界人生:"沉浸式"野外情境作文课
程的理论与实践探索／王玲玲,周子轩著 . -- 北京:
九州出版社,2024.1

ISBN 978－7－5225－2558－7

Ⅰ.①让… Ⅱ.①王… ②周… Ⅲ.①作文课—教学
研究—小学 Ⅳ.①G623.242

中国国家版本馆 CIP 数据核字（2024）第 033727 号

让儿童书写境界人生:"沉浸式"野外情境作文课程的理论与实践探索

作 者	王玲玲 周子轩 著
责任编辑	沧 桑
出版发行	九州出版社
地 址	北京市西城区阜外大街甲 35 号 （100037）
发行电话	(010) 68992190/3/5/6
网 址	www. jiuzhoupress.com
印 刷	唐山才智印刷有限公司
开 本	710 毫米×1000 毫米 16 开
印 张	17.5
字 数	314 千字
版 次	2024 年 1 月第 1 版
印 次	2024 年 1 月第 1 次印刷
书 号	ISBN 978－7－5225－2558－7
定 价	89.00 元

让儿童书写境界人生
（自序一）

　　小学老师都曾经是小学生。

　　四十年前，一名五十开外的男老师拉着一辆板车，带着我们从简朴的小学校步行到江边。一路上，我们好像排着队又好像没排队，瞧着板车，瞧着弯着腰走在最前面居路中的白色短袖衬衫身影就行啦。我们去也"喳"几下，回也"喳"几下，没有呵斥，老师只顾着拉着走导航就行。他拉着锅柴碗筷，路程不近，可谁也不累。到了江边，挖坑、生火、包馄饨，搪瓷罐儿根本不数个数，吃饱为算。那里面有我的小学四年级，或许扎着羊角辫，或许剃着童花头，或许绑着麻花辫儿……四十年过去了，大铁锅一直在我的心里沸腾着，咕嘟咕嘟的柴火烧得很旺，江风海浪也吹不灭它，有坑挡着，我们端着大碗翘首以待，然后，我们坐在石头上吃，站着吃，蹲着吃……吃得满心的暖，满心的快乐，这一画面定格成了暖记忆。她像一束光，一直照耀着我之后的四十年，甚至还有未来的四十年。

　　这位老师姓易，是我的小学班主任兼语文老师，也是我成为小学老师之后在脑海中闪现的第一精神导师，更多的是闪现江风中江浪边的那碗馄饨，之后的人间美味都无法与它媲美，那所简朴的唐闸小学校由此成为我一生的精神高地。

　　当所有的小学记忆模糊的时候，唯有这份清澈的温暖永远存在我的记忆之中，甚至能被我天天想起，每当想起，一切都释怀和放下，一切都在温暖中生长……这画面，这温暖，这快乐应该就是我作为小学生在四十年前亲身经历的野外情境课。

　　小小的人儿心里在渴求着什么？在人之初的伊甸园里，小小的人儿到底需要些什么？童年到底给予人生怎样的底色？她该以怎样的精神自由照耀和温暖人一生的光阴？

　　当那份江风中的温暖一直在我心底里，几乎每天被我想起时，我想起了作文这门学科也许可以让野外情境课程作为情感根据地，也许她能让我寻找到童年时光理应赋予光阴的力量，总有几个画面能成为孩子一生的精神珍存。

野外情境作文课程以她的"大境"——书卷气知遇天然花草，烟火气知遇传统文化，磅礴大气知遇清森寒玉——为儿童打开通往幸福生活的大门，这一场遇见是知遇，相知儿童，相知课程，让儿童书写境界人生。

儿童有属于自己的独特之境，儿童并没有因为身形、年龄的娇小而失去"境"的丰富和阔大；与成人世界相比，儿童之境更多纯真和澄澈，更多浪漫和友善。野外情境作文课程的功效是拓宽儿童之境，丰富儿童之境，提升儿童之境。

一、物境怡眼，悦赏现世幸福

儿童是属于大自然的，当野外情境作文课程将儿童放置于大自然中，大自然立即美了儿童之眼，其意蕴是美了未来世界之眼。大自然是最美的课堂，境中赏，趣中学。儿童在天然花草香中观察、体验、奔跑、游戏，还观影、舞蹈、歌唱、解馋……日光和煦、惠风和畅、花香怡眼。大自然给予儿童美、丰富、活力和生长，儿童身处其中就身心舒展。

天然色彩的娇嫩生长为娇艳，是一期生命的盛放，天然的隐香生长为浸润天地的海香，是野外情境作文课程呈现给孩子的正在进行的现世幸福。她以浓艳和浓香打开儿童的眼界，以艳丽之美让儿童赏悦。向日葵花海是色彩艳丽的一课，孩童被染成了金绿色，全天候金绿色的呼吸，金绿色的奔跑，金绿色的畅想，接纳金绿色的幸福。金绿色的回忆里是阳光、水流、彩色风车，是幸福现场的童谣、古诗、歌舞，是他们现场定睛赏悦的花盘、花瓣、花茎、花叶，还有新长出的瓜子。

"青竹潭影"是水边葱郁竹园给孩童的清幽清秀之美，这是另一种格调的现世幸福。竹根、竹竿、竹叶自有风姿，阳光下、雨露中、月光下的竹林摇曳生姿。他们拍、画，以诗歌歌咏，以散文描摹，无论是青竹还是潭影都自成诗行。

"灯火中的北市街"以古朴的街巷、楼阁、幽静敞亮的四合小院、返古的水上观影、各种带着历史传说的风味小吃，还有自表演的畅音台快闪节目，分分秒秒吸引孩童爱探究的小脑筋，勾出并满足他们的馋虫，现世幸福的悦赏是童年的光亮，美了孩童的眼睛，也是美了未来世界。

孩子们似乎是四十年前的我。

而我，仿若拉着板车的四十年前的我的老师。

我想给孩童的是悦眼的自然情景，将现世幸福的真实情境呈递在他们的眼前并让他们悦赏，这是对童年的珍视。

二、情境怡心，歆享当下幸福

每一节野外情境作文课程都是有情之境，情境怡心，让儿童感受当下幸福，歆享当下幸福。

花盘花瓣对瓜子的营养输出和呵护有加，不正是站在不远处正伸着脑袋瞧着我们的爸爸妈妈吗？由衷的情愫生长在阳光下的花海里，这是儿童对幸福的现场感动，包裹着孩子的不仅是阳光花海，还有父母、老师温暖的目光，这是幸福的包围，关键是孩子在真正的情境中感到了幸福，也知道自己是在歆享幸福。幸福让他们快乐、温暖，心花朵朵向阳开。

春雨有情，以一首《春雨》唱响在真实情境中，我们在雨滴、雨丝、雨幕前知晓春雨用婀娜的身姿编织春景，把晶莹的身躯献给大地。春雨有情，春雨有香，春雨有色，春雨给我们扬帆远航的信念。情有几分，就会知道有几分爱在人间，有多少幸福编织在孩童心中。

梧桐叶有情，她把青春的色彩定格在美丽的枝头，落叶飘飞是天使的翅膀，守护的是新生的天空和一季天籁烟雨。爱曾经来到过的地方，熟悉的温暖给孩童幸福的心灵守护。归去的生命终将会新生，这是对新世界的展望和对幸福的展望。

无论是清瘦的竹，还是柔曼一冬的芦苇，他们都将倾其所有，献出一切给这需要温暖和情感支援的人世间。我们的生活被情被爱包裹着。

情境怡心，在野外情境作文课程的真实情境中，儿童感受当下幸福，歆享当下幸福。

三、意境怡性，创造终生幸福

每一节野外情境作文课程都是蕴藉意境的课程，意境怡性，为儿童创造终生幸福。

意境让儿童成为意义存在。

向日葵在耳边轻歌低吟，不惧风雨，向阳而生；红梅凌寒盛放，每一枝都自成风骨；芦苇一身枯黄，仍不影响她曼舞一冬，万种风情中自有智慧和风姿；柳，早春时嫩丝如金，阳春时万柳拂晖，晚春时杨花飞雪，是一季春，情致翩翩，情韵悠然；春雨中有我们折的小纸船的远航，我们把心愿写上，把梦想的种子播撒；"灯火里的北市街"向我们展现的是生活的甜美，灯火漫卷，灯火荡漾心中的歌。

儿童不小，当他们在野外情境作文课程中拥有生长的力量，这是他们创造终生幸福的动力源泉。

　　这是江风中搪瓷罐儿中的馄饨，是江浪声也扑不灭的土坑中上蹿下跳的火苗，是铁锅中咕嘟嘟的烧水声，是弯着腰拉着板车走在路中央的老师的身影。

　　这是指向儿童一生的光亮。

　　野外情境作文课程，让儿童书写"境界"人生。

　　本书的第二作者周子轩是书中的作文部分"竹露滴响"的唯一作者和负责本部分的搜集收录汇编工作。

王玲玲

2023 年 4 月 24 日于白鹭美班

追寻"大境"愿景的作文教学
（自序二）

人生，不过是对"境"的追寻。

自由洒脱、壮阔瑰异、个性独特、情感蕴藉、智慧生长的理想之境谓之"大境"。

仙境是世界上最美的词眼儿，令所有人神往，玉界瑶池、玉宇琼楼、青山绿色、烟雾缭绕，美丽而又神秘。处其中，身心飘逸、清净超凡、幸福祥和、不计时日。道家说："有长年之光景，日月不夜之山川，宝盖层台，四时明媚……桃树花芳，千年一谢；云英珍结，万载圆成。"庄子《逍遥游》中说："乘云气，御飞龙，而游乎四海之外。"完美大雅、绝对自由的理想境界是仙境，是无数帝王将相倾尽人力财力物力以及全天下之力想要到达，但仍只是肥皂泡的个人愿景，但一切都无法泯灭人们对仙境的追寻，这是对人生理想境界的追寻。《山海经》《楚辞》《庄子》等传世文学作品，都构造了仙人仙境的模式。科学发展观和历史事实告诉我们仙境不存在，是神话传说，仙境只是人们对美好生活愿景的完美构想。

没有仙境，人们追求胜境。胜境是名山胜景、桃花源头。人们寻两三休闲日，抛却凡尘俗世，远离车马喧嚣，携幼扶老，隐匿山林，寻得几日清幽心境，此为胜境。

世上本没有仙境，仙境求之不得，胜境也只得几日休闲，如昙花一现，求得精神充电，又跌入凡尘。唯"大境"可寻，"大境"持久滋养人心，促进精神生长。由此，追寻"大境"是为可行性人生愿景。

作为一名小学语文教师，长时间浸润在教学之境里，追寻"大境"愿景的作文教学，实质上是在追寻美的人生境界。

追寻"大境"愿景的作文教学，是追求自由洒脱、壮阔瑰异、个性独特、情感蕴藉、智慧生长的作文教学大课堂。

"大境"的追寻缘起于作文教学封闭于教室的现实困窘，这种教学非直接经验，非真实情境，非零距离感知，非情感相融，语言干涩，言之无物。教师拘泥于教材教法，拘束于时间、空间，缺少热情、激情投入，缺乏创作和创新，无法实现教师追寻"大境"愿景的作文教学人生。

于是，置顶儿童作文学习领域的野外情境作文课程，实现了课程中教师对"大境"愿景的人生追求。

在野外情境作文课程的理论与实践探索过程中，教师作为课程的主导，在整个课程体系的构建过程中，追寻的是"大境"人生愿景，实现了精神品格的自由洒脱、教学意境的清雅壮阔、教学情感的激越迸发、教学内容的全面创新，收获"大境"愿景的作文教学人生。

一、书卷气遇上天然花草

教师首先是读书人，这是与众不同的专业身份。教师自有书卷气，书卷气采自书卷，是清雅的精神品格。书卷气令人神往，但如果书卷气始终禁锢于一室之内，书卷气也容易被贬义，只知读书而零活动、零创想的教师也只是个僵硬的符号。知识的僵直传递必会灰暗了教学人生，长此以往会使教师激情泯灭、创新丧失，课程终将陷入僵局。

自然花草香是大自然最美的，是一切美好的本源，蕴藏着内在生命及活泼生机，是各种活泼生命的流行境域。自然是生命之物，当她进入人的审美视野，与人的主体心灵相呼应、交流，就会浸润人的心灵与人格世界，给予我们"无尽"的宝藏：阳光、空气、水流、春风、秋月……"返回自然""游于万化"是教师对教学心境的培养。大自然令人神往，在于其对作为生命的人的精神品格的提升；大自然是公正审美的，她以美的博大的胸怀宽厚地给予每一个人本源之美，她以独一无二的清冽之美和天然智慧引人神往，迟迟不愿归去。

野外情境课堂是将作文课放在天地大课堂中，自然星辰下、山川绿水间、田野山坡上……教师裹挟着一身书卷气，一身天然花草香。

当书卷气遇上天然花草香，仿若小鹿遁入了丛林，阳光寻到了原野，春雨盛开在绿波上，是文化气息与自然馨香的相融。带着书卷气的天然花草香，多了清雅超俗；带着天然花草香的书卷气，多了自由、生长和灵气。这气息、这馨香，滋养心神，生成强大的初始生长力量，何时何境都能悦纳自然风雨，每一朵雨花都能生出天籁，涅槃成真情真景的现场作文课程。这课程是孤灯下的真创作，融入教师的真情感，去相遇儿童的纯真，相迎儿童的期盼，相知儿童的故事。此为"大境"愿景之一。

作文课程教学的本质是什么？是生命的表达与沟通，是生命个体情感的抒发，是思想透彻或朦胧的表达，是个性风采毫不拘束的真实展示，是从文者精神的张扬和升华，是丰富自我精神体验的生命的过程。

书卷气、自然花草香与作文课程的浪漫情结都令人神往，三者的相遇，实现了作文教学的"大境"愿景，给予教师美丽的教学人生。

二、烟火气遇上传统文化

烟火气指生机盎然的生活气息，无论何时何境，烟火气总能寻回人们对生活的热忱。林语堂说："构成人生的，更多是且将新火试新茶的寻常烟火，平常小事。"

烟火气以抚慰凡人心的平常小事编织成柔暖的域场，疲累的心在烟火柔暖里找寻到可以环抱依靠的抱枕，寻吻引人酣梦的太阳香气、相遇一支催人入眠的曲、一阵从窗缝里吹进来的蔷薇香风、一篇抚人心灵的散文小品、一杯超脱凡世的袅袅茶香……心在烟火柔暖中洗浴、洗新，奔赴去滚滚红尘，经得起风浪、耐得了寂寞、坐得住孤灯。缓、泊、酣是力量的积蓄，是起跑前的聚力；枯涩的情在灯火柔暖里找寻到冬日焐暖的灶火，手拉风箱的呼哧声、手折玉米秆的嘎嘣脆、玉米秆在灶膛燃烧的哔啵声都是最柔暖的生命交响，就像去推动要凝固的血液，以摧枯拉朽的流速催开干涩面颊上久违的两朵红晕，随着红晕的盛开，眼眸里开始有了春水的流波和满溢，燃烧的灶火生起谷物和肉菜的香，香气满屋，灶上自带的小圆开水灶锅也是嘟嘟沸腾，随时可以舀来饮用、清洗。灶火不遗余力煨着一锅香郁的浓汤，把香递给鼻息，把暖递给忙碌的双手，继而暖意漫溢全身，暖和了去，烟火情感泛滥了去。一家人围坐满屋的香，碗勺筷盘交响，烟火情感泛溢，人间至味清欢。

人间烟火泊心，万般寻找，终抵不过一份心安。

人间烟火暖情，爱恨情仇皆浪漫。

人，最终盛开在人间烟火里。烟火人生，青丝几丈量风月，撑伞回望乌衣巷。烟雨锁惆怅，几曲断人肠。烟火人间，烟火人生，是人的存在，最是暖情处。

传统节日文化馨香弥久。中国有许多充满浓郁风情的传统节日。人天合一，情浓辞发是中国传统节日的民族特点。遥想当年，才子骚客在节日的夜晚，小酌低吟或独自对月，或感怀伤情，或满心豪迈。节日诗情穿越历史绵远的河流，洒落在亘古不变的明月清辉中，以荡人心魄的浓情厚谊感动我们的心灵。她是开启心灵芳菲的美酒，是愉悦心灵的月光，是丰美生活的歌谣。喜庆、热闹、和谐是节日文化赋予烟火人间的精神休闲。千古情思和怀想动人心弦，民族风味和情趣沉静迷人；情感的共鸣共情，给人以精神世界的丰盈、丰厚、丰美。

"感人心者莫先乎情"，人们向往追寻传统文化，是对人间真情的追赶，浸润传统节日文化中的浓情蜜意，使人心颜常驻，使人铿锵有力，使人不惧风雨。

著名作家巴金说："我会写作，不是我有才华，而是我心里有爱。"爱是人精神世界的强大支撑，也是文字的魂魄。

烟火气、传统文化香、作文课程中的暖情都令人神往，当三者以"爱"为名，交织在一起，实现了作文教学的"大境"愿景，给予教师美丽的教学人生。

三、磅礴大气遇上清淼寒玉

磅礴大气是广大无边、气势浩大，是气贯长虹、震撼人心，如名山大川、河流奔腾。

和磅礴大气相对的是势单力薄、生长力萎缩、生命气质卑俗。追寻磅礴大气是对生命品质的要求。

平生乐水，水是清淼、是寒玉。水的澄澈冠绝苍生万物，绿水怡人，水波潋滟，晴方好，雨亦奇；水的活跃欢腾永葆童年的本真，有孩童的纯美；水的磅礴大气足以囊盖天地玄黄，山河飞瀑大雅宏大，有大丈夫的宏伟胸襟；水的恬静谦柔有女子的温婉，足以融化冰雪、绝世独立。

水，蕴意一切美好，飞瀑、溪流、河川、江海……

水境寓意知书达礼、丰姿怡丽、胸有丘壑之意。以水境为名，寓意温柔如水、白水鉴心、上善若水、大雅之堂。水境，寓意和合、完璧。

文章本是"大境"之物，可以表述世间全景，上至天地玄黄、宇宙洪荒，下至大地山河、花虫鸟兽；外至世界风云、风雨雷电，内至隐秘情感，涓涓心流都可入境入情入字。

磅礴大气遇上水境和文章大境，教师就有了美丽的教学人生，此为诉诸野外情境的作文课程的"大境"愿景。

书香气、烟火气、磅礴大气与作文教学的结合，实现了教师对作文课程"大境"愿景的追寻。大境，师生共同心驰神往，这是对教师教学人生意义的追问，是对"我是谁"的回答，是心怀善念，耕耘于天地之间，揽日月星辰入怀，拥喜怒哀情成眠的教师理想式的行走姿态。

我以我心荐轩辕，衣带渐宽终不悔。

王玲玲

2023 年 4 月 30 日于珠媚园

目　录
CONTENTS

上 篇

01

| 思 考 篇 |

第一章 野外情境课程：置顶儿童作文学习域场

《义务教育语文课程标准（2022年版）》提出，"增强课程实施的情境性和实践性，促进学习方式变革"。野外课程置顶儿童作文学习域场，引领儿童在真实的作文学习情境中体验、合作、探究，真正形成适应未来社会发展的作文品格和关键能力。

野外情境课程践行了作文学习方式的变革，是对孩童世界的珍视。

儿童的作文学习域场是指以儿童的作文学习实践活动为基础的物质性和精神性社会空间的融合场所。物质性社会空间是指儿童学习时所依托的时间、空间等为质料的空间存在。精神性的社会空间指儿童学习时的精神栖居。

当我们关上学校的大门，作文课堂成为儿童语文学习的主域场，儿童的作文学习就趋向于僵化和符号化。教师凭借着经验、想象、成人的需要来指引儿童的学习，以课本来绑架儿童，教育的世界是忘掉儿童的，为儿童画了圈、筑了墙，日复一日，无可抑制地生成了"童年恐慌"，伴之而来的童年危机像枯草一样蔓延。这样的作文学习先天不足，让儿童一生贫血。

野外情境课程是对童年世界有效而深情的救赎，应置顶作文学习域场。

儿童的本质是自由。儿童期的自由精神奠基生命、滋养人生。

著名作家萧红一生的精神寄所是童年时她和祖父所住的园子。即使身处战火颠沛、亲人离散、伤病缠身、穷困潦倒的窘境甚至绝境时，支撑她的依然是童年时祖父的园子里明亮温暖的自由生长的力量。

两千五百年前，孔子携一帮弟子于泗水河畔的春日胜景里观水论水，贤者七十二人成为"齐家治国平天下"的良才。童年的故事原野闪耀着智者的光辉、生成着大智慧，把握着历史的脉动。

四十年前的一所简陋的小学校，一个年过半百的男老师拉着板车，车上放着铁锅、瓶瓶罐罐，车后跟着我们。走啊走，走啊走，一直走到江边。在江风里，我们搭灶、拾柴、生火，大铁锅咕嘟咕嘟沸腾以后，一搪瓷碗的大馄饨留在了永远的童年记忆里。以后四十年，人间至味也无法媲美江风里的那一顿，就算再简陋的校舍也是最圣洁的精神高地。

无论是祖父的园子，是孔子游春，还是江风中的铁锅和板车，都注重生成过程中精神的栖居和智慧的点燃，是精神性的社会空间。野外课程审视儿童自由的本质，开辟丰茂的故事原野，是将儿童的作文学习时空拓展到野外，以自然色彩、天然气息、历史人文等作为学习因子的课程。她以爱的名义，拆除围墙、移动语文，打破封闭、走向田园。她凝聚作文课程的神韵：快乐自由成长，回归儿童特质，指向儿童一生的幸福。

第一节　野外情境课程的架构路径

一、广袤的原野大地

自由与快乐永远是儿童存在的本质。栖居于广袤的原野大地上的野外课程将小学作文还原成儿童的方式，给予儿童自己的童年生活状态。身处广袤的原野，孩童脸上的红晕、惊喜的眼神、奔跑的冲动、灵动的思维是最和谐的乐音，给了语文教育最大的奖赏，是颁发给作文课程最耀眼的勋章。

广袤的原野大地是大美的境地，在"人之初"提供真正美的现场，唤醒儿童的"美之初心"，这种美好就会潜移默化地在儿童心里生根发芽，甚至会伴随他们的一生。

苏联教育学家苏霍姆林斯基说，美是一种心灵的体操，她使我们精神正直、良心纯洁、情感和信念端正。我国著名美学家朱光潜认为，美的目标是培养健全的、完美的人，使人生充满情趣，让人们艺术化地生存。她不仅培养儿童的审美意识、审美情趣和审美能力，还包括了人的自我完善和全面发展。一个人的审美层次决定了他的人格结构和智能结构，也决定了他的文化品位和人生境界。

野外情境课程引领儿童在广袤的原野大地上从美学的角度去学习自己国家的语言，超越功利，真诚投入，激起情感波澜，点燃思想火花，弘扬独特个性，引发儿童对情感美、语言美、意境美和哲理美的认同和赞赏，从而培养儿童的语感、美感、灵感，丰富他们的精神世界，涵养他们的博学气质和文化风度，促使他们变得纯粹和高雅，儿童的言语能力、文化品位和健全人格都能得到发展。

　　儿童是自由的，是本真的，是发展的。广袤的原野大地是美的大境，再以自由和快乐为主旋律，展现无与伦比的课程魅力。

　　向日葵地、格桑花田、油菜花海、丰收的稻田都是我们天然的绿色课堂。向日葵花丛里是全班的娃娃，以及他们的爸爸妈妈、爷爷奶奶、弟弟妹妹，还有被吸引的路人。迫不及待的脚步随着大自然和风的伴奏奔跑，金色的阳光瀑布体恤在孩子阳光喷薄的小小身躯上，童年有了该有的模样。万里花海中，我们探究花瓣、花茎、花蕊的形状、颜色，孩子们嚼一嚼瓜子生生的味道，了解向日葵的花语，充满了欢喜。我告诉他们，这是作文课。在作文知识的海洋，快乐是船桨，这里有许多奇妙想象。孩子们睁大惊喜的眼睛，吸吮着大自然的气息。之前的憧憬变成现实，放飞的眼神、身影和心绪美了一季，孩子们眼里心里全是向阳而生的花朵，连小姑娘发辫上都是向日葵发绳。每一个孩子，男孩儿、女孩儿都化身向阳花，物我合一、境我合一。向阳而生的力量也让教者沉醉，沉醉在课堂和花海里，一整天迷醉其中，已经分不清究竟是娃乐了花，还是花乐了娃。一起观课的家长、路人也是沉醉其中。"把课堂搬到户外，把课堂搬进大自然，野外课程，好赞！愿孩子像向日葵一样面对阳光、永远微笑。""向阳而生的花，开起来阳光般灿烂，颜色里是阳光的味道。""向日葵，抬头不是蓝天就是阳光，愿孩子如向日葵淡淡地微笑，高扬着头颅无限阳光……"他们用无限的笔触抒发心中的激动。一节野外课程，它的意义已经远超课程之外，真正达到境我合一、情景交融。"沉浸"是沉入孩童骨髓的关键词。

　　广袤的原野大地是真实的现场美，顺应儿童情感成长和发展的规律把教学过程转化为美的发现、美的体验、美的欣赏、美的表现和美的创造的"美的历程"，焕发师生的生命活力，师生身心愉悦，实现教学活动的最优化。

二、浓郁的家国情怀

　　作文课程作为国语教学，不应只是工具，更应是宽大胸怀和深厚情怀的生长沃野。置顶作文学习域场的野外情境课程，以深切的体验引领儿童感悟家国情怀。家情、国情、学情、师情、域情都是具有浓郁情感的学习域场。学生对学校、家乡、祖国，对世界的未来规划，就是站在主人翁的主场上立志当规划师、建设者。作文就成为有灵魂的学科，历久弥香、指引未来。

　　儿童浓郁的家国情怀是民族精神、民族情怀、民族立场，家国情怀是"根"意识，其根本是民族化，就是传输和弘扬民族精神。只有拥有民族化，课程才算找到了自己的核心，有了自己的灵魂。

　　当前国际和国内形势下，在课程中大力弘扬民族精神，是一种本质回归，是固本培元、振奋民族精神的有力举措，而且是促进儿童提升国家认同、文化自信的重要举措，具有重要和深远的意义。

中国共产党成立 100 周年，我们倾情朗诵毛泽东的《七律·长征》。艰苦卓绝的抗战辉煌篇章，恢宏的天地画卷，任何影片都不能再现出来。大渡桥横，乌蒙山脉磅礴的气势无法链接到儿童的现今生活，但厚重的历史书页我们不能忘却。在野外情境作文课程中，脉动的时代强音羽化成儿童心头的炙热，衍化成血脉里的流火，生生不息地流淌。我们择运河边，以 2.5 公里致敬二万五千里长征荧光夜跑活动实现了历史与现实的链接。夜色阑珊，运河边旗帜引领，荧火闪动。微雨中长跑，灯光为伴。河水漂动，我们一路把汗水挥洒。1.25 公里以后，孩子们手背盖奖章回旋跑，脚步不辍。夜空都被孩子手腕儿上、脖颈上炫彩的荧火点亮，小小的身影仿佛积蓄了巨大的能量。此时，汗水雨水浸透了我们的衣衫，再诵《七律·长征》，这是最美的历史回响，是最厚重的家国情怀。

"城在水中坐，人在画中游。"南通城，因为有了濠河，晴方好，雨亦奇。濠河潋滟的水光，不仅是城市的眼睛，她还养育了一方水土，见证了南通城的历史沧桑变迁。濠河博物馆以濠河为背景，浓缩了濠河水边人家多少年来的生活场景、文化兴盛、历史遗风。参观濠河博物馆，让我们走进了南通的悠久历史、人文和现代风貌。踏着缤纷的落叶，这注定是场激情回荡的西濠河畔的美丽行程。濠河边，四季如歌。这片神奇的土地，她的形成和发展都奇妙无比。山杰地灵、名人荟萃，成就了她的过去。飞速发展、现代律动是她的今日和未来。浓郁的家国情怀又一次凝成了血液，在儿童的脉搏里滚热地流淌。走过濠河边，闪着悠悠烛光的庙宇，清水环绕的灯火通明的南通城，在支流上横跨的孤独的小桥，桥下挂着红灯笼漂走的画舫，无一不是这块土地深情的咏叹。一潭水是一壶酒，是隽秀的倩影，在儿童的潜意识里是城、是影、是自己，是过去宁静、悠远、朴素的老时光，是旧唱片，也是唱响未来的一首满带憧憬的歌谣。儿童侧身倾听到脚下的土地在说话，深爱了南通这座城，也迷恋了濠河这水，续写了新的篇章。野外情境作文课程，焕发了生命的光彩，担负起历史的使命。

饱含家国情怀的野外情境作文课程是情景交融的课堂教学域场，激发了学生积极、愉快、主动学习的美好情绪，他们学习时生发自豪感，获得"高峰体验"。这样的学习域场使儿童充满动力，成就儿童幸福的学习空间，使儿童的核心素养得到切实的关照。

三、厚重的历史遗存

人类文明的进步在于超越。作文作为国语文化的传承主阵地，始终站在历史与现代的交汇点上。传承历史，人们才能脚踏实地地坚强生命的本能，更广阔地超越自己。以厚重的历史造就源泉，活动中的儿童在言说中让自己成为一种价值存在，野外课程置顶儿童作文域场又有了新的生长点。

古老的通扬运河是公元前179年开始吴王刘濞主持开凿的一条人工运河，初始是为了运盐，所以又被称为运盐河。隋代后，与京杭大运河相通，古老的汽笛声跨越了多少个世纪。枕着运河水的唐闸人民对这条河流是有着深厚的情感的，她见证了"中国近代第一城"南通的兴盛发展。

"古韵河水流，南禅钟悠悠，从古流到今，从冬流到秋。日出万花红，春来绿如蓝……"运河边的情境活动中，有介绍拎空桶、水边捉蝲蝲的童年往事，有正月十五放花灯的节日盛况，有致力于运输，光膀喊口号、扛原料的码头旧景。对这天下长河的情感是挂牵，更是一种对未来的期许。"春去春来又一回，莫让年华付水流。"师生一起牵上运河的手，牵的是家乡的昨天、今天和明天。我为运河梳妆颜，兴的是人心，是作文课程所应当承受的未来复兴之重。月上柳梢好时候，以"古运河之恋"为主题的野外情境作文课程意蕴满满。杏花风雨后，课程实施后，儿童个体成为价值生长的存在样势。

四、应景的生活链接

大自然用睿智豁达的胸怀书写着万物自然生命进程的荣枯。生命进程的字里行间唯有经历春长夏荣秋衰冬枯的洗涤，经受春露夏雨秋霜冬雪的润泽，才有生命的厚重，才有生命的恢宏与高贵。生活中随处可见宠辱不惊的生命之树，经历萌发摇曳、青春繁盛、凋零褪色的一生。其间有栉风沐雨的顽强、有欣欣向荣的期盼，就算凋零，也是一曲华美的生命之歌。她是在暗中积蓄力量，以豁达淡然挺起孕育蓬勃光芒的赤诚和执着，在时间宛转中供人敬仰和怀念。

儿童是最初始的大自然之子，四季更替，日月星辰，山川河流都应是属于童年的最活跃的生命背景。喷薄的自然气息，传递自然的声响，表达自然的心绪是儿童该有的样态。当应景的生活链接伴随儿童的生活视界，让他们零距离地感受生命诞生的惊喜和期盼，一直到生命凋零的凄凉落寞，才使他们真正地有了对生命荣枯的深邃感怀与崇敬。任何一个生命都是高贵的，都有繁荣、陨落的轨迹。生命繁盛值得崇敬，生命归去也值得追怀。归去也是重生，力量的无声积蓄，把静美和新的希望留存在人世间。

学校东大门是法国梧桐林。以"梧桐树的秋天"为主题的野外情境课程，让儿童的目光惊喜地徜徉在这生命焕彩的"东大街"。

10月12日，东大街一片葱茏，绿色氧吧吸引着居家停课的孩子们欢快归来。

10月底，微风细雨的陪伴中，城市森林葱郁美好，悦纳着一切。

11月中旬，东大街一树树梧桐叶如炫彩油画一般，是最美秋天最好的诠释，伴随城市森林的是孩子们的欢声笑语和他们如歌的心绪。

12月底，岁月更替时，我们以《天使的翅膀》这首主题曲，祭奠梧桐叶曾经流逝的美丽的生命年华，叙写对生命的哲学思考："落叶随风将要去何方？只留给天空美丽一场。曾飞舞的身影，像天使的翅膀，划过我幸福的过往。爱曾经来到过的地方，依昔留着昨天的芬芳，那熟悉的温暖，像天使的翅膀……"

一次荣枯的生命历程，是一次我们在梧桐叶的秋天里情感的悲欢。我们也在它深情的生命咏叹中思考、感悟，野外作文课程带着她的生命体温融进儿童的生命血液里。她的意义在课程之内，更是超越了课程之外。正是生命的一茬茬荣枯交替，才有了浪漫豪迈之情，才有了空旷辽阔之美，才有了天籁粗犷之气。任何生命的凋零都是一种厚重的美，同时也是生命存在的另一种赓续，更是一种有力度的哲学美。

第二节　野外情境课程的组织形式

一、研学旅行嬉游形式

研学与旅行一体的嬉游形式打造了丰富的野外情境课程，磁石一般地吸引着孩童往美的、睿智的、自由的方向去。

"向日葵花海"课程设置了以下四个环节。

（一）嬉乐：唱歌听葵之声

师生在花海里唱《向日葵之歌》："你向着阳光的面，是那么的坚强，就算阳光晒在你脸上，你也微笑地面对。就算大雨淋在你身上，你也从不会气馁……"金色的花海因为有了天籁的童声而成了最美的境地。

（二）研学：读诗体葵之心

师生在花海中一起吟诵宋朝司马光的《客中初夏》："更无柳絮因风起，惟有葵花向日倾。"诵读童谣："太阳公公没耳朵，想找葵花借一个。""小葵花，竖耳朵，伸长脖子在听课。"浓厚的文学趣味和意蕴为向日葵花海镶上了绚丽的花边。

（三）体悟：观察感葵之美

向日葵花丛里是全班的娃娃，还有他们的爸爸妈妈、爷爷奶奶、弟弟妹妹、被吸引的路人。我们一路走、一路赏。打开大自然绿色的课本，我们把作文课程表达得唯美动人。花朵、孩童、教者、随听者，所有的一切都是阳光清风里最美的音符。

（四）旅行：采风写葵之美

每个小朋友分发到一个向日葵彩色风车，排成一队，在万里花海丛里的蜿蜒小道上奔跑、嬉乐。我们跑到哪里，都是飘动的彩色花带。我们在花海中拍照，打开帐篷，享受野餐；我们在花海边的清水河边听水流的欢歌；我们打开画夹，实地写生心中的向日葵。一切都是自然、阳光、惬意的，不仅仅让孩童惊喜，野外课程也点亮了整个世界。

研学旅行嬉游的组织形式，展现了野外情境课程的天然魅力，发展了儿童的多元素养，丰富了孩童的精神世界，熏染了他们自然和古典融合的气质。然而这一形式的组织实际上也是复杂的：向日葵地的选择，教者的实地备课和书面备课有机结合，编写野外情境课程的读本包括课堂行走路线、家长停车行走路线与停车场地，天气情况，包括签订安全责任书，统一班服、风车、摄影、假日中队横幅的准备，都耗费很多的时间和心血。但这一形式的组织充实、美好、充满创意，成为儿童生命成长的重要扉页，留存下美好的回忆。

二、文化乡情探究形式

文化乡情探究形式是以小课题研究的形式，先认识了解，再去实地情境活动。例如，我们先探究唐闸古镇古运河，再探究通宁大桥下的新运河，在运河文化的熏陶下，我们的野外情境课程，让作文生长在广阔丰富的时空里，不仅是认知，更有思考和企盼。感性的认识逐渐深化为理性的认识，最终融进儿童血液中去，成为永不丧失的深厚情感。

三、荧光夜跑健身形式

荧光夜跑健身形式给野外情境课程穿上了时尚迷人的运动服饰，运动产生多巴胺，并且交感神经处于兴奋状态。多巴胺是人体关键的神经递质，可以传递亢奋和愉快的信息，使人产生幸福感、快乐感，还可以提高人的记忆力。作文课程设置在夜跑活动过程中，有主题、有内涵、有意蕴。荧光点亮的不仅仅是一个夜晚，她滋养的是人的一生。作文课程的幸福感、快乐感应运而生。作文课程也从儿童小课程扩大为家人一起参与、支持、享受的大课程。较高的社会认同感使语文野外情境课程焕发迷人的魅力。天、地、人一体，言、语、心一脉。

四、生命荣枯感受形式

择合适场地，感受生命一季兴落。秋季，学校东大街的梧桐树林从绿色氧吧到城市森林到一树炫彩，最后像天使的翅膀飘离枝头。这是多么美好的一季生命的荣枯，让孩子感知生长、成熟到稀落的生命的过程，带给世间美好的情感体验。孩子们在生命荣枯的过程中，感悟爱曾经到过这里，爱永远不曾远离。这是生命的欢歌，这是阳光下的舞台。

第三节　野外情境课程的价值引领

置顶作文学习域场的野外情境课程使课程成为真正意义上的儿童课程。姓"儿童"，注重对儿童作为人的命题的关注，是对儿童世界的关注，是对人的主体价值、人的主体性的张扬，克服了传统作文课程疏远人性、淡化主体、漠视人本的尴尬，真正实现了以生命为主题，以生命体验为手段、以寻求实现生命自由为归宿的生命美学思潮，实现了教育美好。

一、儿童成长的精神指向：发挥作文课程的生涯效应

置顶作文学习域场的野外情境课程不仅仅在于实践领域，她真正走进了儿童的生存世界，走进儿童的生命世界、精神人生，使儿童一生受用，是发展儿童心灵的学科。儿童沉浸、沉醉其中，获得自由生长的力量，奠基生命世界的美好，就像萧红记忆中她和祖父所住的园子，成为儿童一生的精神寄所和抗挫能源。

美是人对于客体的价值判断，野外情境课程满足儿童的生命需要，保证儿童生命更好地发展，给予儿童充分自由的生命活力。她根源于生命自身的自由审视，以超越生命为落归，屹立在未来的地平线上，从终极关怀的角度推进儿童的自我认知和自我成长，使儿童成为完全意义上的人。他们的自由精神、创

造精神、探索精神都在默默生长。野外情境课程中，儿童欢欣鼓舞地回到知识的近旁，信心倍增地建造理想的生活世界，儿童的生命力伴随着儿童对生命的自由探索、感知、想象而存在着、发展着。儿童有解放的感觉，他们俯瞰田野、瞭望未来。他们触摸历史、描画未来。儿童在野外情境活动中积攒童年的光亮，这份记忆是他们一生的"童年精神"，作文凭借野外情境课程发挥生涯效应，滋养儿童人生，使儿童一生受用。

二、教师课程的创新思维：打造教师福祉的精神高地

教师在传统作文课堂的教学过程中，往往缺少独特的见解，缺少鲜明的主张，缺少深刻的思想；一介布衣，常常感觉言无物行无格。野外课程中，教师成为文化的创造者，为灵魂注入自由的风格和品格，更能展现语文教师的风华与风采，更能体现教师独立的人格和自由的精神。野外情境课程中，自由、严谨、深邃的教学思想打造了教师福祉的精神高地。

野外情境课程在教师创造性的生命活动过程中，摆脱了课程的枷锁和时间、空间的桎梏，"蹒跚畦苑，游戏平林，濯清水，追凉风，钓游鲤，弋高鸿……如此，则可以陵霄汉，出宇宙之外矣……"教师行走大地山川，感受日月星辰，自主发现、探索、创新，运用自身的创新思维，教学情感与教学思维双重沸腾、相互碰撞，使作文课程成为教师的生命课程，教师本身成为课程，教师清朗的工作成为教师的幸福生活，教师的烂漫生活成为教师的炫彩工作。置顶作文学习域场的野外情境课程以生命全程、思想创新、实践有力的特点成为实现教师福祉的精神高地。

三、课程空间的有氧呼吸：摆脱"实践无力"的现实困窘

置顶作文学习域场的野外情境课程，生命色彩和背景造型浑然天成，锻造了无拘无束、自由自在、轻松欢快的课程空间，引领教师和儿童发挥生命潜能，"乘天地之正而御六气之辨"，自由自在地遨游于天地之间，从而到达"天地与我并生，万物与我为一"的精神世界。在天人合一的佳境中，实现心灵的自由创造和对生命的深刻体会。

野外情境课程推翻了作文课程冰冷的墙壁和僵硬的符号，摆脱了作文"实践无力"的现实困窘，赋予了课程天地合一的自由空间，给予了作文知识和能力的生态容纳。野外情境课程让孩子学会思考天上的灿烂光辉，地上的丰硕成果，隐蔽的河流源泉，浩瀚无边的大海，数不尽的生物家族，作文课程成为教师和儿童心向往之、身栖居之的精神高地。野外情境课程成为最有营养、最有

魅力的语言文化栖息地，创造精神和实践能力在这块文化栖息地里生长起来、强壮起来，使作文课程摆脱了创新无门、创造无力的现实窘境。

野外情境课程，置顶作文学习域场，点亮了儿童、教师和课程视界，实现了儿童、教师和课程的精神明亮。

第二章 "看见"：野外情境作文课程的教师首场

在教育的田园里，人们总是深情地探究儿童是否幸福；锻造让儿童幸福的教育，是教育人的终极梦想。无以计数的教育工作者为实现这一梦想前赴后继地奉献着青春和智慧。探本溯源，儿童在教育生活中的幸福，在很大程度上源于教师教学情感中蕴含的幸福因子，源于教师教育智慧的草根化日常呈现。

卓越学校里的卓越老师毕竟只是百分之几的概率，登顶所需的竞赛课名额如同天山雪莲，核心期刊的发表更是个位数计。追求教育梦想的教师，她的幸福到底何处可寻？"沦"为教育大军的普通教师群体，她们的价值到底如何体现？投入毕生教育激情的草根一代最终情归何处？

这些追问都直击教师心灵，直抵教师灵魂，直接指向教师生涯的幸福感。幸福的教师才能教出幸福的孩子。学校教育的指令、家长的苛求、较大的班额、"双减"工作减时不减质的要求，儿童学习上教师"风雨一肩挑"的现实窘境在很多时候让教师疲于奔命、满面灰尘，最要命的是导致教师创新意识淡泊，激情泯灭。心揣教育梦想的教师往往在"匠"与"师"的角色间徘徊、交替、张望……

让春风吹进心田，自我救赎是当代教师必备的精神铁甲。教育的伊甸园以追求儿童幸福为旨归。教师披一身烟雨、携四季精华、挎一篮月光、载一世柔情，是打造教育伊甸园的灵魂舞者。灵魂之舞让教师成为精神存在，精神存在让教师绽放幸福之花。

第一节 野外情境作文课程需要教师首场

野外情境课程应儿童期望而生，直指儿童特质，一颦一笑都点燃儿童快乐的心花。她能让儿童满眼星、满身光、满心喜、满梦甜。一提野外情境课程，他们都不约而同地从座位上站起来欢呼雀跃、眉飞色舞、高举小手、兴致昂扬。

野外情境作文课程应教师幸福追求而生。教师能自己"当家做主",自己是自己的主心骨,为自己能创造儿童钟爱的课程、课堂、教法而欣喜不已。这种欣喜是永动机,鼓舞教师不断地去发现、去创作、去牵引。最终,教师成为一种存在。这存在缔造野外情境作文课程,缔造儿童的快乐。这是一种幸福的存在,是教师的自我救赎。

野外情境作文课程是磁石,磁场是幸福。再往深处探究,幸福起源于美。美滋润生命,美呼唤教师向往崇高和圣洁,美给人愉悦。当人处于愉悦状态时,大脑处于兴奋状态,神经元连接加快,心理的愉悦感促使人主动创新,想象力、创造力有效发挥作用,大脑潜能得以开发,创新野外课程成为教师高兴参与的有趣而有意义的教学行为。没有强制、没有指令,课程开发完全成为教师的"自我需要"。教师因为自我价值的主动生成而快乐,因为儿童野外生成的快乐而快乐。教师因热烈的情绪生成工作的内驱力,一种超脱凡尘的内修力助力教师成为美的追光者、创造者、演绎者。

教师主导的野外情境作文课程首先要求教师自己能"看见",要求教师自己眼中、心中"有物"。儿童是大自然之子,要让儿童走出封闭的教室,走向广袤的天地,使儿童获得解放,教师必须自己成为大自然之子,走出封闭的备课室,走向广袤的天地,自己的身心需获得解放。野外情境作文课程作为一个美好的事物,她的诞生、成长,需要教师首场,需要教师"看见"。

一、"看见":孕生物境

"真景物"自然、真实地存在于广袤的天地中。美自然、真实地存在。教师充分借助自己的内修美,将"外物美"同自己的"内修美"融合在一起,使精神与物象交融,就能去发现美,使"真景物"成为教师的眼中之景、心中之景,转化成野外情境作文课程中的物境。

教师踏雪寻梅,感寒梅吐冷报早春的洋洋喜气;教师水边漫步,由飞雪芦花寻水边芦苇,赏芦苇群居自成小岛,脚踏一方绿水的独特风姿;教师听春之歌声,春鸟、春雷、春风、春雨用曲调歌唱春天,桃花、柳树、油菜花、春苗用色彩歌唱春天;教师看东风拂面、春水荡波、水暖春江桃花浪;教师沿翠玉般的小河,走过通幽小路,觅得几丛青翠的竹园,看青竹在潭水中的倒影;教师寻得向日葵花海,看向日葵向阳而生,金光耀眼,花谢果实饱满、丰收喜人;教师游走格桑花田,看彩色的花朵如同星星般闪烁;教师一路行程,看一路春花浪漫,桃花岛粉色如霞,小区门口的梨花炫白如雪,沿春水边赏黄金条灿金染水，李花、杏花、樱花繁花似锦；教师游走北濠桥，看早春柳嫩丝如金，阳春柳万柳拂晖，晚春柳杨花飞雪；教师聚焦学校东大街，分四个时间段看十月初嫩绿的梧桐叶组成绿色氧吧，看十月底葱绿的梧桐群是城市森林，看十一月的梧桐叶凝聚秋天最炫的色彩，是浓墨重彩的油画，看十二月的梧桐叶空中飘飞，是一首悲壮的离歌；教师走过通吕运河，看见水边人家现代美好的生活图景，运河水流灯光璀璨，新生水运船只鸣笛运行；教师走过通扬运河，看运河边的历史遗存；教师走过中创区紫琅湖，看光影水秀，听动感音乐漫卷全场；教师走过濠河博物馆，看濠河人家往昔的俭朴生活；教师走过灯光漫卷的北市街，看古镇夜景、听古镇声响、品古镇小吃；教师走过校园新景，看飞瀑倾泻、听喷泉欢歌、赏小溪淙淙……

教师走进大自然的四季牧歌，走进家国遗景，走进校园新景，走进水的世界。"真景物"的"外物美"与教师主体活动和谐协同，与教师的"内修美"融合在一起，教师全身心地沉浸其中，一处处、一件件野外情境作文课程的"物境"应时应景应心而生，实现了野外情境作文课程中的"看见"：教师首场。物境是美的凝聚，是由教师物色选定等待教师去开发的课程宝藏。她将以美的形式、美的内容、美的语言去占领儿童的心灵。

二、"看见"生发情境

"情以物兴，故义必明雅；物以情观故词必巧丽。"教师"看见"美的物境，沉浸在美的境界中，激起情感的升腾，这升腾必然带着职业情感的因子，将自然场景——物境转化为教育情境。教师的精心设计和引导必然再次考验自身的"内修美"。超脱凡世的心境，对崇高和圣洁的向往必然是催化剂。

引领野外情境活动，由美的"物象"激起教师情感升腾，教师自身脑海中生发出情境，是教师首场的野外情境课程生成过程中的"再看见"。情境是"真景物"孕育的情感，她动人、深厚、醇美，直抵心灵。

教师在观赏了向日葵花海的万里流金之后，感慨为了把营养给果实，也是她的孩子——瓜子，无论是她花瓣的金黄，还是她茎的青绿，都心甘情愿地褪去了青春的色彩，宁愿黯淡。教师探寻向日葵的花语，知晓关于向日葵花语的美丽传说。教师引导孩子自己试着赋予向日葵新的花语，情感真挚、美丽动人。教师在踏雪寻梅之后，喜红梅独步早春、凌寒傲雪、传递新春的祥和，是寒梅、是喜梅、是勇士。人们给她的花语是幸福、和睦，唯有古诗中的诗句与诵梅之歌最能表达喜梅之意。在由芦花寻到芦苇后，教师倾心于芦苇一季冬寒萧条，她们一直在舞蹈，以一身枯黄舞出独特风采的姿态。教师看早春、阳春、暮春柳的不同风姿，从用典故、情感、形象、背景等不同的探究法去探究蕴藏在诗歌中的情感，淡泊避世、依依惜别、乐观自信的情感应柳景柳诗而生；教师走过青竹潭影，深感"宁可食无肉，不可居无竹"，深感"虚心竹有低头叶"的淡泊风骨，深感四季风吹、万物更替，竹，不过一身青绿的万世淡泊之心；教师走过梧桐叶的一季荣枯，感受梧桐叶与季节低语、与人们低语，从绿色氧吧到城市森林到油画大街到天使的翅膀凄美飘落的生命赞歌；教师奔赴春天，听春之欢歌，感受四季皆故乡的浓情蜜意；教师走过三月的春江水边，觉得水把暖意给了小野鸭，把色彩给了春花，把鸣声给了春鸟，她映照出春天里生灵的美丽容颜，水是有情的；教师屋檐下听雨，觉得雨中有香、有色；教师走过通吕运河2.5公里，以此致敬红军长征二万五千里；教师走过通扬运河，古老与现代交织的交响乐章不禁让人怀念起四十多年前运河边的童年趣事；教师观赏紫琅湖的光影水秀，感觉七彩夜带着光亮和力量，美好的生活、盛世的繁华浓缩在三十分钟的水上舞台上；教师走过濠河博物馆，更加怀念旧时光，更加喜爱人杰地灵的南通城；教师走过灯火里的北市街，听古镇声响，感觉"春到人间人似玉"，万物更新纳新瑞；教师走过校园新景：白鹭精巧入诗行，感觉充实美好的一天应是白鹭迎日起舞、枕戈待旦、归巢沐浴星光……

"内修美"的交融，教师内在情感的迸发，实现了野外情境作文课程教师首场的"再看见"。教育情境有了体温，足以去亲近儿童的肌肤，野外情境作文课程有了美的物境，有了热烈的情绪，生发了情境。

三、"看见"蕴积意境

物境美了教师的眼睛，情境诉诸教师的情感。随之，物境吸引儿童的全身心，情境渗入儿童的肌肤，在血管里随体温汩汩流淌。最能深入骨髓，留于一生的是意境。由表象物境入情境，于灵魂深处蕴积意境。意境是"真景物"的"外物美"与表现的思想感情融为一体而形成的主观范畴的"意"与客观范畴的"境"二者合一的意蕴之境，传万物之灵趣，状生命之律动。她是令人感受领悟、意味无穷的意蕴和境界，是形神情理的统一、虚实有无的协调，既生于意外，又蕴于象内。意象达思想之境，悟世间情理、有意蕴之象，存灵感于心境处。

向日葵花海给人向阳而生、磅礴生长的力量；红梅凌寒独自报春，喜气洋洋，每个枝头都独自成章、自有风骨，又一树繁盛、星光灿烂；芦苇一季严寒没有停止过炫舞，她们懂得变通，群居水岛，众志成城，知道面临困境也摇曳生姿；早春之柳细丝如金报春来——言志；阳春之柳万柳拂晖——表送别之意；

暮春之柳阳花飞雪——立志。意象之美在具体的情境中，是为野外情境课程的意境。竹清华其外，淡泊其中，清雅脱俗，通过联想，明晓竹无论是在阳光中、明月下、烟雾迷蒙、烟雨迷蒙的时候，或是在四季风吹时，无论世界怎么变化，她们只一身青绿；梧桐叶在秋天的一季荣枯，无形中自然根植了生当炫美、落亦豪壮的积极生命观；奔赴春天，运用通感，用眼睛、耳朵、鼻息去感受春天的歌声，感受一季天籁、感受一季繁花似锦、感受一季生命如歌，四季皆故乡；一江春水是春天的眼眸，她滋养万物，洗涤心灵的尘埃，只留一心清净和美好；运河边的 2.5 公里，闪烁的是二万五千里长征的史诗精神，做人、立志、创造、沐浴阳光生长以荧光夜跑为起点；通扬运河担负着历史和现代的运输使命，滋养着两岸人们的幸福生活，人们的情感流淌在从容浑厚的运河水流里；紫琅湖的光影水秀，漫卷全场的动感音乐歌颂的是盛世繁华。七彩夜的光亮和力量，引导人们走向新生活；元宵节灯月娱春，繁灯似锦、千树繁花，观灯人如花似玉、福气满满。春已来，人已新；濠河博物馆里老时光的风貌，记录了南通的岁月年华，人们心生热爱南通的浓厚情感的同时，立志挥毫续写历史页面，肩负建设使命；灯火里的北市街，以一街的烟火生活，感受历史的变迁，萌生时代的梦想；多少诗行入境来的白鹭展现的是高雅的生活情趣，引领健康美好的生活方向……

教师"看见"物境、情境、意境是野外情境作文课程的必经首场。

第二节 助力"看见"：野外情境作文课程中的教师特质

一、自由

"看见"过程中的首领精神是自由。这里的自由指的是积极自由，积极自由是追求自我实现。自由是人与生俱来的精神诉求，作为教育教学中的引领者，教师的教学自由不仅有利于教师本人精神价值的实现，而且直接关系到学生的自由发展。如果教育者没有对自己的教育行为进行选择与决定的权利，那么就不可能有儿童的教育自由。费希特（Johann Gottlieb Fichte，1762—1814）认为："教师在专业上可以自由探讨、发现、出版、教授在各自专业领域内所发展的真理，并且这种真理不受任何限制，也不听任何权威的指挥，任何政治的、党派的和社会的舆论不得加以干涉。"

教学自由是教师拥有的在教学过程中进行自主教学的行为空间。教学自由要体现教师的意志，但同时，教师要承担相应的教学责任，它并非不受限制。对教师而言，它是教师进行创新的前提，是教师教育智慧产生的条件，是教学美创造的基石。自由让课程回归教师，自由让教师心喜，自由让教师的主观能动性得到最大程度的挖掘和发挥；自由让教师的工作热情高涨，因为怀揣教育梦想的教师的教学个性得到充分的张扬；自由让教师自然生成教学风格；教师成为自由人，备课自由，教学过程是自由表达，教材可以自由选择，自我演绎教学主张。野外情境作文课程实现最大限度的教学自由，是真正的教学运动，建立在教师自由、自觉的基础之上。教师自由地徜徉宇宙天地之间，教学灵感自由迸发，教学过程自由设计，物境、情境、意境都是在自由状态下递进生成。四季牧歌、家国情怀、历史人文、校园新景都可以作为野外课程的原型，集天地灵气，集人文历史积淀，集日月星辰之光辉，集倾情童心的专业设计，一切都是鲜活鲜嫩的，一切都富有作为生命的人悦纳的温情，诉诸视觉、听觉都具有与生俱来的无法抗拒的美感。被美包裹的"境"仿佛磁石在召唤，裹在被窝里的人会一骨碌从被窝里爬起去亲近；在洗澡的恨不得赶快擦干身体套上衣服去亲近；在路上的会加大汽车马力去亲近；在写作业的会扔掉作业本去奔赴，那是作为生命的人渴望归去的精神家园。每次都有新鲜的玩意儿在招手。自由是野外情境作文课程赋予教师的一道精神馈赠。"生命诚可贵，追寻价更高。我为自由故，两者皆可抛。"在追寻教材、采风的过程中，教师也沉醉于四季牧歌、骄傲于家国情怀、沉浸于历史人文、惊喜于校园新景。"仁者乐山，智者乐水"。天性爱水的教师将各类水题材纳入野外情境作文课程，这过程于己就是一种精神释放。教师的工作成为一种精神享受，真正描画了教育的伊甸园。这里鲜花满地，这里绿草如茵，这里鸟鸣清幽，这里东风拂面，这里绿水荡波，这里深情款款，这里人间烟火可亲，这全是教师自我价值体现的精神殿堂。一切都像春天里的花草一样在自然地绽放，无声无息，无关世俗名利，无关某一张证书、某一个课题、某一个总结，一切都是自然生长的，一切都遵循自然规律，一切都喷发着自然花草的馨香，一切都流淌着历史的厚重和人文的体温，这一切都是自由的力量盛放的花朵。

自由，让怀揣教育梦想、充满教育激情的教师目光炯炯。充满诗意的躬耕，播下希望的种子，用汗水和热情灌溉。无须过问收成，坚信小花小草会蓬勃地自然地生长，会喷发生命的活力，会滋养诗人的气质。作为大自然之子的小花小草儿，在大自然的怀抱中，吸取大自然的精华，自然会生发阳光雨露烘焙的光泽。教师作为探寻课源过程中的大自然之子，自然也是春光满心，暖情入心，逐渐行走成自然境界里的哲思者。一根草、一颗星、一丝雨都将可能成为教师深邃思想的导引。教师开始有意识、无意识地为夕阳驻足，为红梅早春盛放的景象感动，为春水泛绿惊喜，自愿成为古运河文化的传承者……教师的脚步变得诗意盎然、情感变得充沛丰盈、思想变得悠远隽永。教师自然地被锻造成诗意的行走者、诗的思想者。生活有了意义，世界万物有了生命、有了温度、有了韵致、有了被探索被咀嚼的风骨。自由生花，自由生情，自由生意。

二、创新

自由，让教师成为野外情境作文课程的创作者，这是教师创新精神的自我激发，就像某一篇将孩童纳入田园倾听，点燃他们快乐心跳、开启他们智慧之门、激发他们无限热爱作文之情的散文诗作。这是教师教学的形式创新、内容创新和方法创新。创新是一个民族进步的灵魂，也是一个教师进步的灵魂。

一个民族要发展、要前进，就必须敢于走新路，走有自己特色的路，而不是按部就班，跟在别人后面小心翼翼、亦步亦趋。这就需要教师不惧怕权威，敢于开拓，富于创造性。一个唯唯诺诺、循规蹈矩、照本宣科的教师培养不出鬼灵精怪、富有创新精神的孩童，走不出明媚可期的未来。

野外情境作文课程首先是形式的创新。教师将孩童带到野外，童年本就属于广袤的原野大地，广袤的原野大地上才会有真正的童年。形式创新使野外课程与孩童有了灵魂的相遇，小眼神儿滴溜溜转起来，小翅膀飞起来，小细腿儿跳起来，小歌喉亮起来，小脑袋转起来，小嘴巴说起来，小嘴巴偶尔还嚼起来，有声有色、有滋有味、有情有趣……

各种不同领域的野外情境作文课程的创设，给了儿童不同的野外情境，每一次都是新感觉，每一次的新形式都让他们欣喜地沉浸其中。

其次是内容的创新。这些内容是教师首场沉浸其中的"境"，以个人独特的感受择"活色生香"之境：或清幽雅静脱俗，或粉黛宜人忘返，或烟火可亲暖心，或文化馨香长久，或震撼视听入梦……

再次是方法的创新，教师以儿童喜闻乐见的自编读本阅读介入，古诗有浑厚而深刻的蕴藉。无论什么选题，都以一两首古诗"佐料"，味美汤浓，是以唇齿留香，咂嘴回味，以慰心神对图景、情感、意蕴等"营养"之需；再以童谣搭配，童趣是一股清凉的溪流，无论是早春、酷暑、彩秋，还是严寒时节，四季皆宜。她是教师的一根棒棒糖果，闪一闪、晃一晃，先美了自己，再看直了儿童的眼，勾了他们的舌尖，甜了他们的嘴，入了他们的心；每一次野外情境作文课程是一个主题，根据主题内容特点，辅之以一首辞美意浓曲美的经典主题曲，用诗意的歌词去渲染课程主场，让动人的旋律在课程主场激活"境""人""意"。音乐的艺术之美行走在野外情境作文课程的全场，为美增色，增添心动。有儿童喜爱的小课题研究：竹与我们衣、食、住、行、玩息息相关，有关竹的各种艺术领域、竹的医效都值得探寻；舌尖上的北市街是去探寻草鞋底、麦芽糖、臭豆腐、黄桥烧饼这些传统小吃的来历。野外情境作文课程前，这些探究式小领域满足了儿童的求知欲，保护了儿童与生俱来的珍贵的好奇心和探究欲望。他们自己建构起亲身探究获得知识的办法，也因此真正理解、真正相信属于自己的知识寻得之路。探究过程使儿童受到最好的锻炼，不仅有利于儿童问题解决能力的培养，他们还会进行合作，使各种能力协调发展。

小课题研究充分调动了儿童的好奇心，关注儿童的实践体验，注意儿童能力培养和知识创造。当儿童知道黄桥烧饼的来历时，他们嚼起来就更加津津有味。他们边嚼着边把自己放置于故事的情境中，似乎自己正在经历一场烽火硝烟弥漫的战斗，似乎自己就是战场中的一员，正在经历黄桥烧饼起源的故事场景。这比单纯吃个烧饼有趣多啦，不仅吃出了味道还探究出了文化！现场看自然的光景，现场听自然的天籁，现场寻找梦想中的美好；现场闻、摸、拍、画、闪，现场文字速写、诗歌创作，现场游戏……这些都是教师在野外情境课程中的方法创新。想到儿童现场的自由呼吸，想到他们在绿色氧吧中的自由生长，想到他们自由轻快的脚步和乐不可支急于参与游戏的表情，于教师而言，野外情境作文课程是一场茉莉的花事。

野外情境作文课程的形式、内容、方法的创新考验了教师的教育智慧。教师用智慧与真情温暖四季，创造性地行走在自己开垦的教育伊甸园里。创新精神使教师不知岁月。一双行走的腿，去发现自然之美；一支愿意落花的笔，去耕耘美、淡泊宁静、不问世事繁华的心。这是教师自我价值的体现，是人在日常琐碎、世事繁杂间寻一处水洼中的绿岛，让美的思绪摇啊摇、飘啊飘，涅槃出的心灵的花朵。她像四季始终把鲜活的色彩、独特的个性呈现给世人一样，把物境之美、情境之美、意境之美以自由的、创造性的形式呈现给生命最初的花朵，期待生命的蓬勃生长和大美溢香童年之路！

三、儿童

野外情境作文课程中的教师始终怀揣一颗童心。就算平日生活不可避免地被岁月染尘，但只要回到野外情境作文课程，教师又回归了儿童。这是对野外情境课程中作为主导的教师最大的精神褒奖。当我们划着岁月的小河，走进岁月的深处，陷于现实的泥沼，感觉一地鸡毛、满心疲惫时，教师为夕阳驻足，去寻小鸟的身影，去听春天的歌声。教师看梧桐叶的一季烟雨，感受生命的枯荣；教师去向日葵地里采风，举着彩色风车走过万里格桑花田的弯弯小路，再回味并且沉浸在童年的快乐时光；教师在屋檐下找小雨滴，看雨丝、雨幕，打着小花伞沿翠玉般的小河看雨花绽放。教师踩着雨靴去水洼里踩水，折了彩色的小纸船写上梦想在水洼里放航；教师在梧桐叶落时，听《天使的翅膀》："落叶随风将要去何方？只留给天空美丽一场。曾飞舞的身影，像天使的翅膀……爱曾经来到过的地方，依稀留着昨天的芬芳……"教师长久地坐在音乐里，一遍又一遍地单曲循环，深深地沉浸其中。教师站在飘飞的梧桐叶前，一天又一天，怀念起她们曾经的嫩绿、葱绿的年轻时光，怀念起她们炫彩一季油画般的生命辉煌时刻。物境、情境、意境在岁月的光影里递进地生成，教师入境三分，课程入情三分，生命入理三分；教师馋了嘴、迷了眼，也皈依儿童。北市街建筑古色古香，明月红灯笼交相辉映，青石板街巷古朴宜人。舌尖上的北市街多么爽朗：教师麦芽糖卷一卷，谁说我不是大馋猫？臭豆腐拌香菜，嚼得唇齿留香，连汤汁也一口气喝完，草鞋底一口气吞两个，打着饱嗝也算是致敬童年时光。教师手腕上、脖子上也戴着荧光手镯，运河边蒙蒙细雨中夜跑2.5公里，唱着《生长吧》："扬起了笑脸把志向写进童话，用今天的起跑向明天出发！"教师把白鹭诗行入境的学校东大门小池塘取名"月牙泉"，又以这一首主题曲单曲循环，坐在旋律里美美地畅想月牙泉的每一个朝夕。月牙泉是童年的眼，星星沐浴的乐园。

教师首场，"看见"野外情境作文课程的物境、情境、意境，她以自由、创新、儿童的独特形式等候儿童的到来。野外情境作文课程的始终，教师将课程人生化，追求教育的大我之境。

教师诗意地栖居语文大地，野外情境成为教师有意义的停泊地，很好地回答了教师我是谁、我从哪里来、我将归根何处的自我追问。教师用激情和热情的本质力量实现了自我救赎，最终以美为自身的价值归属。

第三章 "遇见"：野外情境作文课程的童年救赎

人到中年，淡泊了一些名利，于夜晚的暖灯下伏案，反而能以一颗宁静的心去面对投入半生心血和全部青春从事的教育教学工作的过往和今朝。离退休还有七年时间，我也会想到未来，但更多的是站在儿童的角度，这是三十年从教自然生成的教育情愫。深觉自己有一颗至少是半超脱凡尘的心，这让我有足够的力量和勇气去审视我应该审视的作文教学现状，这让我能有足够的温情站在儿童的视角去规划我的"经纬"。

作为一名始终沉潜在教育教学最一线的普通语文教师，在三十年的教学浮沉中，听到过不少教师、家长、儿童、各级教学权威颇具见地的主张，甚至是呐喊，但依然觉得在小学教育阶段，作为人生之初的童年需要救赎、值得救赎、必须救赎。

常常想起早春二月，麦田里刚冒出头来的苗儿，青葱可人，在料峭的春寒中不畏风雨、强势生长，这像极了每天课堂上的孩子；也会想起二月春风里满田野的狗尾巴草，在阳光下暖融融的，保持着生命的原有姿态，叶是叶，茎是茎，花是花，却完全不见生命的一丝绿色。

常常想麦苗儿渴望怎样的田园：是我们的教育应该赋予儿童的渴望式家园。狗尾巴草草丛里蔓延的生命危机也许会随着春的深入逐渐褪去，褪去她的枯黄，然而在这一季却无可否认，生命的空洞像极了童年的危机。

第一节 探源童年危机

一、来自学校

教学的现实性蒙蔽了童年的光辉。

教学的现实性是声势浩大的。教育行政部门对学校和教师教学质量的要求，社会和家长对教学质量的要求，都给教师带来无形的压力。考学生就像考教师，似乎只有通过有形或隐形的超前排名才能离不会教书的耻辱远一点，再远一点。教师的压力无形或有形中会转嫁给儿童。一部分同学学得轻松愉悦，考试对他们来说小菜一碟，听进老师指导的细节，一切都不是问题。但放眼课堂现状：好动症，倾力于体育运动、学习完全不能入门的"运动员"，考试要求造成了他们极大的童年恐慌，这恐慌是一场童年危机，让他们无所适从。这危机足以泯灭儿童的天性，让他们暗无天日，让他们触摸不到生命的精彩，让他们失去童年。

二、来自家长

美好的未来期许遮蔽了童年的光辉。

放眼当今社会，儿童作为未来社会人的雏形，他们个人的综合素质直接决定了将来在社会大熔炉中的名位。一个孩子肩负着一个家庭几代人的厚望。家长极尽所能，为孩子提供最优的学习技能炼造的环境。童年的时光被"爱"大面积占满。全能金刚娃几乎没有童年。

他们的童年是被名师指引、被强化训练、被各类竞赛占满的。孩子们不是在比赛，就是在去比赛的路上。"爱"锻造了一个个神孩子。神孩子无比优秀的背后，是童年的缺失，是儿童天性的丧失，是对父母亲情的淡泊，甚至带着憎恨。童年的恐慌像枯草一样蔓延，被打造成神童的孩子带着成人的表情和一身的疲惫，身怀绝技地走向更深的黑暗。家长是爱孩子的，爱超越了一切，包括他们自己向往的童年快乐也被无情地丢弃在路边。吸引他们的是路尽头的那颗果。在"爱"孩子的家长看来，那颗果才能庇佑孩子未来的幸福生活，这幸福生活包括他们看得见的时光和看不见的时光。这颗果让他们不顾一切地用"爱"罩住了孩子的全部。当夜深人静，看到孩子睡梦中的脸庞，他们会想起，这童年青涩的时光本该有的一切似乎不曾来过，此时他们似有几分愧疚。但第二天旭日初升时，对孩子未来的美好期许都将淹没父母心中尚存的疼爱和对童年的尊重。

三、来自伙伴

同伴的组队要求弱化童年的光辉。

儿童群体具有自由组合的意志。儿童会根据喜好、特长和个体在班集体中相对模糊的定位自由组合成相对集中的合作小组。这些组合有课堂上老师带有相对指令的学习小组，有纯自由组合的郊游活动小组，有课间相对集中的游戏小组，还有课余时间家庭间在校外的娱乐小组，等等。儿童个体在班集体中无形或有形的定位以及他们心目中选择伙伴的主观标准会在一定程度上给部分不苟言笑、不善交流或者相对不够突出的孩子，甚至还有特别专注于学习而在其他方面比较淡泊的孩子，在心理上造成一定的童年恐慌。小学阶段的儿童呈现出不同的类型：

"杜甫型"：这一类群体头脑冷静、性格沉稳。他们在一起和睦相处、温文尔雅，课间活动时的场地一般为教室的一隅或者走廊上某一处角落，活动场地相对固定，上课铃响，随即安静。

"李白型"：这是几个儿童诗者组合的群体，充满遐想，儿童的天真烂漫在他们的言行中表现得更加突出。课间的时候，他们喜欢在草丛中抓抓西瓜虫、在银杏树下捡捡树叶；也是他们首先发现鸡爪槭树顶上久待的鸡毛彩毽，说那是鸡毛毽子在和鸡爪槭叶谈论初冬的话题，一招一式都尽显浪漫。他们沉浸在自己的世界里，很少注意别人的目光，写起作文来也是极富创意。

"刘禹锡型"：最惹眼的就是"刘禹锡型"儿童群体。他们是整个班级中最活跃的群体，精力充沛，活力四射。听，嬉笑声不绝于耳；看，只要有时间，就在走廊上追跑，基本上没有固定的活动场地。他们一会儿跑到这里，一会儿溜到那里。小脸儿通红，双眸生辉。这个群体基本上都由男生组成，颇有"江湖侠客"的味道。

"王维型"："王维型"儿童群体显得厚道、乖巧。班级事务只要交给他们，不需要监督，就能比较好地完成好，从不以逃跑来回避责任。在执行班级规定时，能够及时到岗到位，交给他们的工作，有时候老师都已经忘记了，但他们还记得很牢，时间、地点都很准确。他们对同学们也比较宽容，是大家比较信赖的群体，与世无争，在参加各项竞选时，往往能获得较高的票数……

日本学者佐藤学（Manabu Sato）认为，对孩子最大的伤害不是学习成绩的差异，而是被摒弃在小组合作的团体之外。这种伤害不仅仅是儿童时代的心理恐慌，甚至会造成一生的心理阴影。

融入小组合作、共享集体的智慧和在集体中贡献自己的智慧、获得自我认同，是儿童精神成长过程中的一件大事，融入得好是一件阳光灿烂的美事，融入得不够顺利，将会造成童年恐慌。

学校、家长、同伴的三重要求，极大地造成了童年恐慌，最终童年消逝。教育家们给出了解决问题的秘方：解放儿童。解放儿童的头脑、双手、眼睛、嘴、空间、时间。陶行知把解放的价值指向儿童的自由，自由是儿童创造的前提。解放儿童既是教育的真谛，又是教育成功的密码。

解放、自由、快乐是儿童应有的权利。在拉丁文中，儿童意味着自由者。自由是人存在的本质，更是儿童存在和发展的根本。不给儿童自由，儿童就失去了自由，也失去了其存在的本质。自由在哪里，儿童的创造就在哪里。自由在哪里，儿童的生长点就在哪里。

野外情境作文课程"活"在儿童的天性上，活在儿童的原初意义上，是儿童的学习方式，也是儿童的活动方式。野外情境作文课程中，儿童将现实与超越、真实与想象联结起来，将规则与创造、个体与伙伴统一在一起。这样的学习、活动方式是快乐的、开放的、有效的。儿童是自由者、探索者、游戏者，他们应当是幸福的。野外情境作文课程以足够的空间、时间和内涵承载童年这个深刻的话题，异想天开的天性和创新的欲望在这里都可以展翅高飞。

爱主场、美主场的野外情境作文课程是对童年世界的救赎，遇见野外情境作文课程是儿童一生的福祉。

第二节　解救童年危机

野外情境作文课程给儿童修筑赖以坚守的儿童根据地，解码儿童需求，使儿童在课程中有勇气探出头来，看看墙外更广阔的天地和更美丽的风景，给予儿童驱赶童年恐慌的丰富体验、丰盈情感和丰满的意志力，是儿童渴望归去的精神乐园，赋予儿童精神成长的无穷动力。是什么样的给予让儿童以热烈的情绪向往野外情境作文课程？

一、快乐与幸福

当快乐与幸福填满课程时间与空间时，童年恐慌就消失在了广阔无垠的荒原，化成了一朵朵芬芳的心花、一支支反复循环的沉醉其中的心曲。野外情境作文课程给予儿童的快乐与幸福缘何而来？

（一）美

美是野外情境作文课程的磁石。

美客观存在于野外情境作文课程的"课境"中。课境是"有美之境"，一切课境皆美，是一种开放和自由的环境，是一个空灵之境。四季牧歌皆美景，传统佳节融合文化馨香，水主题集天地灵气，是智者灵魂寄居所。历史遗存意蕴厚重，足以震撼人的心灵。教师将这些美的场景转化为教育物境，吸引儿童释放作为大自然之子的本性。儿童走进野外情境课程，如飞鸟归林，如春鸭戏水，如婴儿恋母，是一种天然的迷恋。学习成为儿童愉悦、无意识、主动参与的教学活动。没有强制、没有指令，学习完全成为儿童的"自我需要"。这种需要生成儿童学习的内驱力。在愉悦学习的过程中，儿童成为美的追光者。追求美，逐渐成为儿童的行走方式。在野外情境作文课程美的时间和空间里，在美的浸染中，在追求美的过程中，儿童获得幸福和快乐。幸福和快乐抵抗童年恐慌，奏响童年世界的主旋律。

"儿童是情感的王子。"儿童是社会人的雏形，人之所以为人，人之所以高贵的原因是拥有丰富的情感。孩子的情感越丰富，孩子的人性就越丰富。儿童时期是孩子情感最丰富的时期，这个阶段是建立儿童情感的最佳阶段。情感丰富可以造就语言的丰富性，还可以造就孩子良好的性格，让孩子形成良好的人际关系，是现代人走向成功的重要因素。被学校、家庭、同伴不同角度高度期许，形成童年恐慌的儿童存在情感缺失，情感缺失会成为孩子的"童年之殇"，将会影响孩子的一生。

野外情境作文课程的课境是"有情之境"，帮助儿童走出情感真空，与他人和世界建立情感链接。儿童作为"情感的王子"，他们的情感世界绿草如茵、溪流叮咚、阳光灿烂，随时会有扑棱翅膀翻飞的诗性。这里情感真挚不染尘埃，这里可以直抒胸怀、不迂回曲折。野外情境作文课程的"有情之境"，激发了"情感王子"内蕴情感的自然喷薄，他们的心灵插上彩色丰满的翅膀飞在童年清澈的上空。由此产生的幸福和快乐，是对童年恐慌的疏解。

向日葵花海无与伦比的物境之美，就像儿童手上彩色的风车，一直在梦里转啊转啊。教师创设有情之境：前些日子，每一棵向日葵都是亭亭玉立的少女，表现出最灿烂的金黄和茎叶的青绿。最近，无论是她的金黄还是青绿都失去了原来的明艳，你有什么新的发现？

根据现场指引，孩子们发现她有了果实，就是瓜子。他们剥开几粒瓜子嚼一嚼生生的味道，知晓为了让瓜子长得更饱满，花、茎、叶褪去最美的颜色，把营养给了自己的果实，也是自己的孩子。这是一种爱的传递，就像父母把爱给了自己的孩子。再了解向日葵花语是"沉默的爱，没有说出口的爱"。如果你给向日葵赋予一种花语，你想让她们代表什么呢？

"情感的王子"沉浸在情感的时空和空间里，情感喷薄，快乐和幸福将他们的心包裹起来，小脸上带着光辉，心海里情感泛滥，体悟生活之香、情感之美、语文之乐。物境的美感、情境的美感给儿童愉悦身心的和谐体验，这是生命的和谐，和谐消散童年恐慌。

由芦花飞雪寻到水边芦苇。芦苇纤弱，但仍成为白鹭、野鸭成长嬉戏的乐园，这也许正是她们的生命有情。

一棵长长的柳啊，枝也悠悠，叶也悠悠，情也悠悠。柳诗入梦情感入梦。早春、阳春、暮春一季柳韵，一季情感的河流。

梧桐总是有情叶。从嫩绿的绿色氧吧到葱绿的城市森林，到一街炫彩的浓墨重彩油画，再到最后的落叶飘飞。孩童用泪光为梧桐叶歌唱："爱曾经来到过的地方，依稀留着昨天的芬芳。那熟悉的身影，像天使的翅膀，划过我无尽的思量……"在单曲循环里，心中是对生命归去的无限眷恋，也是对生命重生的新企盼。

运河边 2.5 公里的荧光夜跑里饱含着儿童对红军二万五千里长征的崇高敬意，来时的雨没有阻止脚步，湿透衣襟的汗带来仲夏夜的清凉，疲乏的脚步浅浅地体验路途的艰难。二万五千里长征是世界战争史上的伟大创举，珍爱幸福生活的情感自然开花。当儿童的世界被情感丰盈填满，幸福和快乐就成为儿童的积极情感，童年恐慌被驱赶殆尽！

儿童是哲学家，从小就有哲学的思考和探究的愿望，并渴望有人和他一起讨论和研究。野外情境作文课程的课境是"有意之境"，用美、用感性表达理念和理性。她以蓬勃深邃的意境培植儿童精神成长的大地河川，提供可供儿童讨论和研究的理性场。单纯的愉悦是短暂的，愉悦过程中的理性思考和明亮的精神指引，必将深入儿童的骨髓，助力儿童的精神发育，慢慢地成就儿童良好的性格特征，成为其思考、解决问题的方向指引。

在"向阳而生"向日葵花海野外情境作文课程中，教师结合《小溪流的歌》，引导孩子回忆我们要像小溪流那样"永远唱着歌前进"。来到向日葵花海，进一步明确生命的姿态："永远向着太阳生长。"举着彩色风车，走过向日葵花海，来到格桑花花田，儿童永远把金色的阳光和向阳而生的力量刻铸在心中。

在"踏雪寻梅"野外情境作文课程中，学生感受红梅花凌寒报春、玉洁冰清的风骨气韵；在"芦花飞雪"一课中，学生懂得面临困境也要懂得变通，众志成城、摇曳生姿，感受生命之美；在"青竹潭影"中悟竹之风骨之美，无论何时何境，从容淡然，超凡脱俗，"宁可食无肉，不可居无竹""虚心竹有低头叶"……

"梧桐叶的秋"让学生明白，生命终将归去，但要在生命存在之时，展现最美的光彩，不负此行，同时要给予生命新的期许。

"听，春天的歌声"让学生感受一季天籁烟雨，感受一季繁花似锦，感受一季生命如歌，只要心怀希望，每一天都是春的起始……

野外情境作文课程的"有意之境"，助力儿童精神之美，以精神力量排解童年恐慌。在美丽的时光中，实现了课程给予儿童成长的递进过程，是小学语文教学的根和魂的归属之境，最终以美为价值归属，以物境之美、情境之美、意境之美给予儿童快乐与幸福，解除了儿童危机。

（二）智

野外情境作文课程开启儿童智慧之门。

自由，让课程"活"到儿童的天性上去，同时也是"活"到儿童原初的意义上去。自由，包括课程空间自由。墙外的天地和风景让儿童呼吸到新鲜的空气，眼见到鲜亮的色彩，触摸到新鲜的生命。儿童头脑、双手、眼睛、嘴，都得到自由的解放。儿童从封闭的门窗、束缚的手脚、成堆的作业、指令式的考试中被解放出来，自由是儿童智力发展和创造的前提，是解放儿童的价值所在。

在自由的课境中，儿童的言语技能得到充分的发展，形象真实的物象和教师在课境中的现场引导，都让儿童的言语表达如春风花草香般形象流畅，他们带着诗意创新自己的作品。

在"青竹潭影"野外情境活动中，孩子们在自由的自然环境中快乐地感知、充分地联想，创作诗歌《如果》："春风中，我随着和煦的微风轻轻摇摆；酷暑中，我挺立身姿为小鸟带来凉爽；风雪中，我穿上洁白的舞裙，化身天使；暴雨中，我张开双臂享受着雨水的洗礼；月影中，我穿梭在月影婆娑的夜景中。我就成了一根竹子。"

自由的课境，是儿童良好语言情境的催生新码。

情境教育中的"情境"有着民族文化内涵，主要表达的是情与境相互交融、和谐统一的意思。这种情境是人为优化的，激发儿童的意识能动地、积极主动地参与其中的环境。它能促使儿童在情境与活动交互作用的统一和谐中展现他们的生命力量，获得素质的和谐发展。在野外情境作文课程中，物境、情境、意境统一融合成"课境"。

课境衍生儿童的言语智慧。言语智慧在相当程度上依赖存在于学生头脑中的内部情境。儿童良好的语言情境是储存于儿童头脑之中呼之即出的语言积淀，是能依据各种情境自然生成言语的能力和乐于表达的情绪冲动，成因于儿童的智慧、生活经验、道德情操、文学气质、词汇积累、表达技巧，是儿童语文素养的物质化和精神化体现，是与自然环境、人为环境等外部情境呵养生成的内部情境，物质表现为温润的情感、语言的积淀、丰富的想象和表达的激情。这是野外情境作文课程最终希望馈赠儿童的物质积淀。

儿童良好的语言情境缘何而生？

从语言学角度溯源：

静观：语料储备——包含语言词汇的积累和认知、语法的理性把握和认知、语用理性把握和认知等。野外情境作文课程的"课境"以生动的形式为儿童充分提供语料储备。

动观：语言能力及实践过程——包含意欲表达的心理状态和过程、言语运用的感性经验等。野外情境作文课程的"课境"以生动的形式激发儿童的语言表达热情，提高实践能力。

动静相宜：语文素养——单向的、不断趋同的、由动与静的因素相互作用而折射出的综合性母语品质，包含情感态度、价值观念、审美情趣及人文精神。

因此，野外情境作文课程施以静、引以动，作用于动静相宜。

从心理学角度溯源：

儿童语言是在个体与环境相互作用中，尤其在人们语言交流中，在认知发展基础上发展起来的。儿童语言富有创造性，但模仿、学习在语言获得中仍起着不可低估的作用。野外情境作文课程的"课境"提供这一心理场。

从教育学角度溯源：

影响儿童言语表达的因素有言语能力——语音、词意理解、词汇量、语用技能等，还有认知发展——知识经验、认知水平、需要与情绪状态。野外情境作文课程的"课境"提高儿童言语能力和促进认知发展。

野外情境作文课程的"课境"以科学的视角，催生儿童良好语言情境的生成，是儿童良好语言情境的催生新码。

野外情境作文课程是孩子们的精神绿地。孩子们会在春天的新柳下站成水墨画，边吟诵《咏柳》边享受"春风送暖我先知"；会在桃园中迷醉，感受"桃花一簇开无主，可爱深红爱浅红"的诗韵；会在夏日荷塘边摄影，然后在作品上题"接天莲叶无穷碧，映日荷花别样红"；会在冰天雪地上感受雪韵、雪情、雪趣，吟诵雪趣诗；会在元宵节跟随爸爸妈妈挤过熙熙攘攘的人流，观灯赏月，然后在习作的文头文尾写下"有灯无月不娱人，有月无灯不算春。春到人间人似玉，灯烧月下月如银"。诗情诗韵在他们的野外活动中铺展，孩子们享受着生活、品味着古典诗歌文化、积淀着才情，丰盈着精神世界。

幸福的言语源自幸福的内心，表达是思想的外露。野外情境作文课程诉诸儿童良好语言情境生成的科学价值主要有以下三方面。

其一，放眼语言学：野外情境作文课程为儿童提供了语料储备，主题活动创造了语言能力及实践过程，折射出综合性的母语品质。从语言学的视角来看，野外情境作文课程弥足珍贵。

其二，探秘心理学：野外情境作文课程引导孩子感受四季、节日、生活，儿童个体与环境相互作用，不断交流，提高认知能力，在此基础上有利于内部良好语言情境的生长。这是儿童再创造的过程。从心理学的视角看，野外情境作文课程弥足珍贵。

其三，遵循教育学：野外情境作文课程的"课境"中，儿童能在母语精华中获得言语能力，特别能加强词意理解、增加词汇量、感悟学习语用技能。最值得一提的是促进认知发展：使知识经验、认知水平从哲学的高度不断提高，并不断以生动活泼的形式激发儿童的需要与情绪状态。从教育学的视角看，野外情境作文课程弥足珍贵。

儿童是野外情境作文课程的主语，就是施行了陶行知先生的"生活"教育理论。在科学视角下，孩子内在的语言情境得到优化，语言素养得以提升。

自由课境开发了儿童的智力，使儿童的言语能力不断提升，实现了作文课程的价值，提高了儿童的语言素养，野外情境作文课程中的课境让儿童成为探索者。好奇探究是儿童的天性，儿童是天生的探险家、探寻者。探究式学习让儿童更加主动地参与学习活动。智力在探索过程中得到开发和提高。

异于课堂书本知识的极富挑战性的"小问号"让儿童耳目一新，小问号引航调动儿童最大的学习兴趣。探索过程充满了攻坚克难的意志力考验。探索结果满足儿童的求知欲望，让儿童获得极大的心理满足感。探究让儿童成为哲学家，哲学是源于对周围世界的惊疑；探究让儿童成为科学家，因为儿童可以进行意义层面的科学研究。探究的意义在于开发智力，在于丰富野外情境作文课程的课境。

在野外情境作文课程中，儿童是自由者，是探索者，他们应当是幸福的。在"青竹潭影"野外情境作文课程之前，以小课题研究的形式，以图表填写的方式，教师抛出一系列小问号，点燃儿童的探索欲望。

小课题一：竹与生活

衣	
食	
住	
行	
玩	

小课题二：竹的医效

竹叶	
竹沥（茎经烤火流出汁液）	
竹笋	

小课题三：竹与艺术

画竹名家	
写作名家及名诗	
竹笛名曲	

在"灯火里的北市街"野外情境作文课程之前，设计小课题研究

北市街传统美食	来历（历史传说）
草鞋底	
臭豆腐	
黄桥烧饼	
麦芽糖	

坐在小板凳上讲故事，品着传统小吃，真是别样滋味。

苏霍姆林斯基（Васи́лий Алекса́ндрович Сухомли́нский，1918—1970）说：让我们教会儿童思考，在他们面前展开思维的最初的源泉——周围世界吧！让我们把人类最大的欢乐——认识的欢乐给予儿童吧！

种种课境满足了儿童的探索欲望。探索过程中生成的知识积淀和智慧火花都来自自由和探究，体现了永远的儿童意义。他自己所求来的知识，是真知识；他自己发现的世界，是真世界。儿童的世界因为对纯美的人与事的怀念，他的心温暖起来，开始走向开阔，像鸟儿一样飞得更远。

野外情境作文课程赋予儿童自由、探究的行走方式，开发儿童智力，激励儿童创新，在这一过程中，培养孩子的聪明才智同时积累记忆，培养知识的探索者同时培养博学之士。教师想方设法唤起各种各样的力量，用推动思考力的方法，用赋予思考力以活跃、敏捷、持续和多样性想象的方法，来充实外部世界的创造性作用。野外情境作文课程成为悬在屋顶的金星，扫除童年恐慌。

（三）趣

野外情境作文课程回到儿童的活动方式上去。游戏是儿童的活动方式，也是儿童的学习方式。野外情境作文课程的学习、活动方式是快乐的、开放的、有效的，在这一由物境、情境、意境组成的课程中充满游戏。一旦听说了哪里有他们喜闻乐见的游戏，在洗浴的会立刻擦干身体套上衣服来参加，被窝里的会立刻掀开被子赤着膀子来参加。这是游戏方式的野外情境作文课程给予儿童的狂热。游戏的魅力在于趣味性、挑战性，以快乐、开放有效吸引儿童，得到儿童的青睐。

运河边的荧光夜跑是赛跑游戏，半程在手背上盖章，折回终点，最后颁发冠亚季军和纪念奖。音乐、跑旗、陪跑，才是玩跑，比赛的方式点燃儿童的游戏激情，成为一生的馨香回忆。

春雨中穿着彩色套鞋去小水洼的踩水游戏，光说就让孩子们心驰神往，真的去踩水的欢畅神魔般地吸引着他们的全身心。雨中踩水的快乐诠释了童年的意义，折上彩色的小纸船在小水洼中放飞，放飞的是雨中的快乐，放飞的是童年，放飞的是想飞的心情。小纸船上记录的梦想是童年的模样，充满童真与纯善；春雨中撑着小花伞走在濠河边的桃红柳绿，是香、是美。濠河水面上东风拂面、绿水荡波，无数小水花在河面上盛放，光这幅图景又把人看痴啦！听春雨天籁，感一季烟雨。

"灯火里的北市街"课程中，孩子们赏古镇夜景，走古镇街巷，听古镇声响，品古镇小吃，还在古镇的畅音台上来一场炫目的快闪节目"飞侠闹春"。处处、时时充满游戏意味，人人是游戏之人。

游戏的学习方式使野外情境作文课程成了儿童的精神高地。她以儿童企盼的情趣席卷儿童的全世界，让他们眉飞色舞、心驰神往、如痴如醉。

野外情境作文课程以她的美、智、趣给予儿童快乐与幸福，把童年恐慌阻挡在童年大门之外，让阳光透进儿童的全世界。

二、坚强、勇敢、感恩

成尚荣先生说，坚强和勇敢是另一种快乐幸福，更是快乐幸福的钢铁般的内核。具有钢铁般内核的快乐幸福才经得起考验，儿童需要这种坚强、勇敢、感恩的幸福表情。坚强、勇敢、感恩具有生长力，使人的心灵深处拥有永不枯竭的快乐幸福源泉。这个源泉滋养整个人生，使人即使在艰难困苦中仍拥有人生最高级的快乐。可见，引导儿童追求持续的幸福，就必须在当下的现实生活中，让他自然地、适度地去经受坚强、勇敢，包括感恩的磨炼，培养创造能力，培育幸福的源泉，培育生长幸福的力量。

坚强、勇敢与感恩足以摧毁童年恐慌。

野外情境作文课程培育儿童的坚强、勇敢与感恩，实现作文课程的精神品格、价值理想和永远的儿童意义。

在水主题的"'古运河之恋'——通吕运河以 2.5 公里致敬二万五千里长征"野外情境课程实施过程中，跑旗在夜色中迎风领跑，《生长吧》主题曲激动人心、催人奋进，灯火璀璨的运河水，运河上鸣笛驶过的运输船队是古老又现代的音符，跳跃在孩子的眼眸中。2.5 公里夜跑具有一定的挑战性，天公不作美飘起了雨，被雨水、汗滴浸湿发丝、脸颊、衣裳的孩子此时已经感觉到疲惫，然而活动主题的指引、长征精神的光辉照耀、随行师长的鼓舞、同伴快速奔跑的脚步、超越的身影、迎风招展的跑旗、半程处可盖到"你太棒啦"的印章、终点处名次的角逐，都在给予孩子新的力量，超越、超越、再超越，跟紧、跟紧、再跟紧！孩子们冲破疲劳点，有的一路领跑，夺得冠亚季军；有的战胜自己，坚持到终点。雨水、汗水，甚至还有泪水都在运河边璀璨的灯火里闪烁。

荧光夜跑野外情境课程，在那个荧火璀璨的雨夜，锻就了儿童坚强的意志力，冲破雨的阻碍锻炼了他们的勇敢，在冲破困难、战胜疲惫、坚持到底的过程中，浅浅地体会长征的艰难。以荧光夜跑时看到的运河两岸人们的现代生活图景，感恩革命前辈在战争年代的浴血奋战。

向日葵花海之行，当看到金花绿叶逐渐褪去青春的色彩，瓜子长出大大小小的个头时，大家都感受到为了自己的孩子——果实，向日葵妈妈心甘情愿地奉献营养和年华。孩子们回头看到爸爸妈妈正在花丛中温柔地看着自己，一股对父母的感恩之情暖暖地在心中升腾。生活不可能没有困难与挫折相连，因而要有坚强、勇敢伴行，一个不经受困难挫折考验的儿童不可能真正体味到快乐、幸福，一个缺少挫折考验的儿童不可能真正体味到快乐、幸福，一个缺少坚强、勇敢品质与精神的儿童，其人格可能不完善、不健全。

中创区紫琅湖的光影水秀夜荡人心魄，正值元宵佳节，温度偏低，早春寒气料峭。半个小时流光溢彩的光影水秀水上舞台，音乐伴灯光齐飞，光影伴夜天一色。但孩子们也经历了严寒的考验，穿着厚衣服，戴着帽子，裹着围巾，沉浸在视觉、听觉的盛宴中，面对相对遥远的路途，有的孩子出了地铁站，步行三十分钟，再步行，寻找紫琅湖水上舞台。面临严寒，他们严守观影台，站成最美的水边风景。坚强、勇敢、感恩在寒风中，在享受炫彩舞台的过程中悄悄地生长。这堂野外情境作文课程为儿童提供了自然地、适度地去经受坚强、勇敢包括感恩的磨炼。她是儿童精神成长的力量，是儿童创造能力的源泉，培育了儿童幸福生长的力量。

濠河边的柳树携一季烟雨，呈现早春、阳春、暮春三种不同的姿态。早春柳言志、阳春柳惜别、暮春柳立世，风致翩翩、情韵悠然，柳诗入梦、春光入梦，勇气、勇敢、坚毅也随之入怀。

野外情境作文课程携美、智、趣给了儿童快乐和幸福。童年不仅仅是教室前流过的湛清的水，应让童年生活犹如清泉，清澈、广阔、快意。野外情境作文课程携主题设计、日月星辰给儿童以坚强、勇敢和感恩，让他们有能力、有力量去递进式地生长新的快乐和幸福。

这幸福、快乐、坚强、勇敢、感恩的课程回到儿童最初的意义上去。这幸福、快乐、坚强、勇敢、这感恩足以治愈童年恐慌。儿童遇见野外情境作文课程，是对童年世界的救赎。

第四章 "洞见"：野外情境作文课程的意义建构

"白鸽奉献给蓝天，星光奉献给长夜，我拿什么奉献给你，我的小孩。"

"我不停地问，不停地找，不停地想……"

——野外情境作文课程。

儿童是教育的主语，儿童是教育的根据地。野外情境作文课程的意义在于洞察这一教育规律，积极建设这块神圣的根据地。

野外情境作文课程是把作文课程设置在野外，在野外情境中现场进行作文教学的课程。她是教师馈赠给儿童的幸福的礼物，这是一份课程礼物。儿童的期待和呼唤在等待的日子前落地，儿童的回味和再期待、再呼唤在另一场期待里开花。课程实施的全过程开垦了童年暖记忆的沃野。

第一节　野外情境作文课程的意义建构

野外情境作文课程的意义建构是通过从课程的角度实现对儿童特质的研究来实现的。美和游戏场能让儿童生成热烈的情绪，生成学习的内驱力。

野外情境作文课程以美的形式、美的内容、美的语言去占领儿童的心灵。野外情境作文课程以游戏场吸引儿童沉浸其中，是对儿童自由、游戏、故事特质的有效研究。在对儿童特质进行有效研究的野外情境作文课程中，儿童的情绪是真正沸腾的。他们在美的情境中感受着丰富的审美体验，沸腾的情绪使学习成为暖认知的过程。

一、儿童主语：创生野外课堂

（一）田野课程：自由生长的力量与童年相遇

田野上"春风花草香"，是一切热爱生命、向往自然美好的"人"所喜爱和向往的天高地阔的心灵栖息地。以田野研究为指向的野外情境作文课程，使田野成为儿童的文化栖息地、游戏场所、精神成长的沃野，儿童内在语言情境生成的教师引导式的自然风景区。

教师是田野上的一只青鸟。青鸟不爱追赶时代的潮流，但青鸟迷恋田野，因为田野上自由生长的精神像极了童年。青鸟飞遍了田野的每一个角落，知道每一朵花开的讯息，知道田野上哪一只小雏鸟哪一天学会了飞，知道哪一条溪流的水甘甜可人，知道哪一个枝头上结了果子，知道草堆里黄鼠狼家的宝宝开始他的第一次站立。青鸟是田野的痴迷者，生于田野，以田野为家，田野是青鸟的故园。

青鸟有天生的田野情愫。田野上有一千年的日光，田野上有四季风吹，有雨露甘霖的呵养，有自然生长的蓬勃的生命，有清澈如绸缎的甘甜的水流在汩汩地流淌。这里有赋予生命成长的天然保障，更重要的是田野里，青鸟可以自由地舒展翅膀，可以停立在树的枝头远眺，可以在溪流边畅饮，可以在花草瓣上迷醉，可以飞往不同的高度呼吸到新鲜的空气。田野，对作为意义追寻者的青鸟来说，是富含神奇、神秘和探究意味的，也是心灵皈依地，是情感寄托所。田野使青鸟拥有丰富的心灵生活，呈现完整、高尚的精神状态，将赠美与启智相融合。将自己视为青鸟的教师在田野上更具文化活力与魅力。田野课程将儿童需求作为课程的起点，将儿童发展作为教育的出发点，将童年精神作为最后的归宿。童年的天空在原野上，原野上是童年的天空。在这个意义上，田野研究是野外情境作文课程研究。

国外人类学与社会学非常重视和流行的田野作业，比如"田野考察""田野调查""田野描述"等。这里的"田野"已不仅仅是"野外"的意思，实际上已经成了"现场"的代名词。称其为"田野"，其真正的含义是指真实的、本来的，甚至是原始的、开放的、丰富的、完全敞开的，因而这种研究是实打实的。只有在"田野"里才能呼吸到新鲜的"空气"，产生研究的激情。新课程改革的一个重要任务是将理想的课程转化为运作的课程，教师领悟的课程，最终转化为学生体验的课程。

基于这层意思，田野研究是指教师深入适合儿童的真实情境中所从事的野外情境作文课程研究。在这一课程的诞生过程中，教师起着关键性的作用。认识田野、发现田野、深悟田野的内涵是认识儿童、发现儿童、引领儿童的过程。

田野通过被教师发现，转化为野外情境作文课程中可供研究欣赏的物境，被赋予儿童文化的意义和审美的价值。

教师在捕捉信息的过程中有着一双能够发现美好的眼睛，教师用眼睛去看世界；又有着一颗充满好奇的心，用这些去进行儿童式思考。

教师扔开了学校里的桌椅和教科书，把田野上的"春风花草香"当成教材，把田野上的石头和海岸的岩石当成听课凳，运用大自然这本书，这是多么智慧啊！

教师站在田野上，自然成了追光者。此时此刻，教师追的是自然界之光。教师与自然融为一体，心里装的是儿童、是课程，装的是眼中所看、耳中所听、鼻息所闻的美。教师自己是美，是田野上的美，她代表着田野，她就是新鲜的呼吸，她就是甘甜的溪流，她就是盛开的花，她就是这片田野上最原始的最本初的花草香。

教师站在田野上给儿童上课，自然成了追光者，教师追的是学术界之光。教师在大自然里选择作为教材的对象。教师采用的教学方法，教师的教学语言，教师布置给儿童的田野作业都是对儿童的创造性研究的成果呈现。这些研究赋予野外情境作文课程的意义就是让教师拥有丰满的情怀，拥有丰满情怀的教师能拼、刻苦、勤奋。这都是源起于教师自身的积极心理状态。教师有了自己的"田野"，有了自己的"田野研究"，教师对工作充满兴趣，也彰显了生命的灵性，教学工作走向内核、走向深处，教师就拥有了富足的精神生活。无论是向儿童预约野外情境作文课程，还是站在田野上春天般地上课，抑或是之后给儿童留下的一页页暖的记忆和回想，这都使教师拥有丰盈富足的精神生活。作为追光者的教师有了梦的田野，心灵有了安放之所。这是奇妙的境地……

站在田野上的向日葵花海里，教师带着孩子研究向日葵的外形美、向日葵褪色之后的果实之美、向日葵的美丽花语，研究在向日葵地的快乐活动……童年的田野金光闪耀，回忆里全是阳光的馨香、水流的无声叮咚、帐篷里的快乐、旋转的彩色风车，童年的田野是美丽的田野……

站在三月清潭水边的竹林里，竹影摇曳，青鸟啁啾，竹香扑鼻，观竹风姿之美，悟竹风骨之美。竹走进人们的衣、食、住、行、玩的世界，和孩子有了更多的亲近。

早春，沿翠玉般的小河，由芦花飞雪寻到水边踏一方绿水自成小岛、摇曳生姿的芦苇。无论是芦花飞雪，还是水边芦苇，都是风姿绰约、自有美感。

在北濠桥下沿水看一季柳韵：早春柳嫩丝如金，阳春柳万柳拂晖，暮春柳杨花飞雪。形象之美、意象之美是一季烟雨春天。柳，枝也悠悠，叶也悠悠，情也悠悠……

二月，红梅报春早。冰冻河面，万木萧瑟，更可见红梅的喜气和妖娆生姿，每个枝头都自成盆景，各有风姿，每每拍进镜头都各不相同，摄人魂魄……

站在学校东大街，看梧桐叶的秋天：嫩绿到葱绿到满大街的炫彩油画到落叶飘舞，感受生命的一季荣枯……

田野研究中的教师是一只青鸟，"看见"田野的光亮，赋予眼前之景以课程的意味，将物境、情境、意境以递进生长的形式创新式呈现给儿童，儿童站在了田野上，教师站在了田野上，课程站在了田野上。此情此景，本身就是洞见了课程的意义，建构了课程中生长的意义。

（二）水课程：水品格与童年相遇

"仁者乐山，智者乐水。"水，清澈透明，有情义、有志向；水，叮咚作响，身形活泼，洗涤尘埃；水，穿越山林、渗入根须、蓬勃生命，花朵的绽放、草丛的泛绿、枝头的果实无一不是她的笑颜；水，身形多变，小溪淙淙，裹挟着小鱼小虾的欢歌，活跃着被青绿水草染绿的身影，裹挟着或清澈通透或浓绿泛光的油彩或桃花浪涌的美丽叮咚向前。小河澄静，春天是雨季，无数雨花在河面上一朵接着一朵无声绽放，开出一季烟雨迷蒙，开出一季柳绿桃红；潭水翠玉深邃，东风拂面，无数的酒窝在潭面笑出银铃声响，无数层层叠叠的绿色笑纹是春天的表情。青竹影映在潭面上，给人无尽的遐思。古运河水千年流淌，运河两岸人们生活富足，夜晚灯火璀璨；湖水宁静，静静地流淌，安静地穿行；光影水秀耀耀中华，盛世繁华漫卷眼前之景、心中之曲；长河落日圆，长江澎湃东去海，激越的情感，浩瀚的胸襟是一曲雄浑的军歌。春雨迷蒙，如烟如雾，如诗如画，如歌如舞。雨水甘甜，是孩童的声音；雨水馨香，透着桃花香和青草气，是孩童的体香；雨水明艳、柳条绿、杏花粉、冬青红，所有明艳的色彩都在雨水中，是孩童打扮得花花绿绿的活泼身影；春雨来有形，乐呵呵飘洒一整天，去无形，光亮了整个世界，是孩童天生的诗意和没心没肺又纯净清澄的心境……

水无论声响、身形、情韵都是自由、活泼、奔流不息的，水品格与童年相遇。

儿童如水：如水的双眸、如水的肌肤、如水的穿着、如水的笑声、如水的顽皮、如水的酣梦。儿童，通身明澈，似水；儿童无邪的探寻目光，似水。

儿童有水的情韵：儿童眼中的世界具有儿童特质，蝴蝶在谈恋爱，狗狗在生气，儿童抬起腿踢屋檐上滴落的雨滴，童心世界的纯美都具有水的情韵。儿童的心思是水的情怀，儿童是水。

儿童有水的心灵：儿童疾恶如仇，吵吵小架，还没有等你完全看清楚听明白，转眼间他们又不计前嫌、和好如初。

儿童似水，有心有形，又好像无心无形。

水课程是儿童的课程。水课程是属于儿童的自己的故事。

在水课程中，儿童找到自己，他们看到清澈明亮活泼流淌的生命，就像看到了自己；他们听到"哗哗哗"的水流欢歌，就像听到自己在春天里快乐地歌唱；他们看到水是有情物，与万物相融，呵养自然的色彩之美，就像看到自己也活跃在能到达的世界的每一个角落，把快乐和热情传递；他们看到水的澄净和沉静，悦纳柳条拂水面，悦纳雨花在湖的胸怀里无声地诗意地绽放，就像自己对世间万物的宽容和对烦恼的转瞬即忘。儿童如水，儿童在水世界，就像在自己的世界，这里有生命的欢歌，有生命之初纯美的情意和诗意，这里有容纳儿童意义的全元素……

一江春水是春天清澈的眼眸，给我们一个生机勃勃的新世界。我们在春水边吟诵《三月桃花水》。景语、情语在春水里，在童声里。师生一起畅谈春天的小河。小河水的清、绿、柔、香、暖和她声音的清美，还有她本真的智慧，都流淌着孩子们的情感和智慧。到过桃花浪的春水边，才算是真正地到过春天。孩子们成了水，成了春天的最美，潜移默化了水的情韵和气质。泉水叮咚、泉水叮咚响，孩童蹦跳蹦跳欢。

早春二月的雨带着些许寒气，在屋檐下看雨的孩子是一季烟雨春天的起始。雨因为娃而有了生气，娃的生活因为有了雨而添了诗意，有了快乐。春雨多诗意，春雨会给世界染色，春雨里有香，春雨有生命、有情感。屋檐下的钻石雨滴、水滴雨串，天地间的斜织雨丝、如尘雨雾，笼罩整个世界的雨幕都无声无息，却又生生不息。这水世界能使最烦躁的孩童沉静下来，这湿湿的美释放了所有在冬季严寒萧瑟中的躲藏。一切都在悄悄地探头、生长。春的气息是儿童在春雨中站立的获得，生长的快乐是课程给儿童的天然馈赠。儿童、雨构成了一幅水墨画。

通吕运河的诞生从属水路运输，然而她现今带给我们的不仅如此，她还是现代城市繁华、运河两岸的人们生活安好的写照。荧光棒被串成了手镯、项链，被七彩光亮点缀的孩童开始了在运河边的 2.5 公里的荧光夜跑。天公不作美，飘起了不算小的雨。雨水、汗水、运河水，灯光、荧光、孩子眼中的星光都是现场最跳跃的音符。坚持、超越，和着音乐的节拍战胜一切。夜色迷人、回忆馨香，运河边的雨季是永远珍藏在童年扉页里的一首值得回味的岁月欢歌。

通扬运河年代久远，她沧桑的面容陈述着两千多年的栉风沐雨和厚重的历史变迁。在运河上鸣着汽笛缓缓而过的船队，依然保留着运河过往的岁月风采。老唐闸人会联想起在运河边卷着裤脚捉蟛蜞的童年，还有三分钱的摆渡人撑篙到河对岸去的时光。运河边的种种历史遗存，诏示着她作为张謇先生"父教育，母实业"的工业重镇曾经的繁华。光着膀子在大生码头扛运货物的工人的号子声似乎还在耳边回响，百货公司里络绎不绝的人流似乎还在眼前闪现，大生纱厂车间里的机器声似乎还在"轰隆"作响，头戴白帽的纺织女工伸在断了头的纱线间的纤纤玉手似乎还在不停地穿梭。这一切的声响、场景都代表着一个时代，孩子们不曾了解又满怀好奇，这是一个对他们来说充满着神奇、神秘可供探究的时代。观古运河风貌，参观唐闸印象馆，带领他们回到老时光，去探寻脑海中的问号，这是一场精神之旅。

中创区年轻又富有朝气，紫琅湖水静静地流淌。湖面上的光影水秀是一场流光溢彩的视觉、听觉盛宴。虽然在元宵节夜色的寒冷中冻成了冰棍，但所有的孩子都感受到了"春到人间人似玉"的光景。玉人，一身春光，一心璀璨。春光，在玉人的一心春光中启幕。

水声、水形、水影，孩童在水中成了水，他们享受着水的情韵、情义，水的情韵、情义带着他们各不相同的体温移情到儿童的身上。儿童如水，水课程中，水品格与童年相遇。

（三）传统课程：香醇情感与童年相遇

"十五的月亮十六圆。"中秋节的夜晚，于北濠桥上赏月，感受皓月、河水，月影、灯光组成的美丽画卷。晚风习习、灯火阑珊，北濠桥就像一座彩虹横跨在濠河两岸。流光溢彩的濠河因为升起了中秋的圆月更加如诗如画，中秋的濠河水依旧很满，似乎要向我们的脚边漫溢过来，灯火仿佛环绕水域的彩色织边。水、夜、桥都是彩色的啦！秋虫鸣唱，他们的歌声带着秋夜的微凉，婉转动人。沁入鼻腔的水气，草味儿和星星光影的味道都安安静静的，让人迷醉。升上天空的圆月仿佛一双慧眼。月光的味道、花草的香是夜的主题。月光使人间仙气袅袅，河面上的月影碎了，像碎金，像碎银。水中的灯影碎了，像满把的彩钻。碎金、碎银、碎星、碎钻、碎了的月影都在水波里不停地闪烁、跳跃，迷了眼、迷了心。孩童牵着月光的手，走过波光粼粼的河面，仿佛在浩瀚的天河中漫步……走着走着，濠河水渐渐地远了，我们捧着月光回家啦！

正月十五夜，圆月当空。师生一起于紫琅湖畔赏明月，诵经典，游灯海。"春到人间人似玉，灯烧月下月如银"，春已来，人已新。节日诗情穿越历史绵远的河流，洒落在亘古不变的明月清辉中，以荡人心魄的浓情厚谊，感动着我们的心灵。她是开启童心芳菲的一盅美酒，是愉悦儿童心灵的一缕月光，是丰美童年生活的一曲歌谣。喜庆、热闹、和谐是以节日文化为主题的野外情境作文课程赋予儿童的精神休闲。

以传统文化为主题的野外情境作文课程让儿童的生活充满了千古情思与怀想。多了沉静迷人的民族风味和情趣，多了情感的触动和共鸣，给予儿童精神世界的丰盈和美丽，像一幅幅等待舒展的多彩画卷。漫游灯海的娃快活得像一条条彩色的小鱼，灯如繁花满人间。老人、孩子，穿着汉服的姑娘、小伙儿都是玉人、美人，一路上都笑语盈盈，带着香风。灯月娱春，吉日良辰让人沉醉。传统节日的美好时刻，陪伴最美，共享文化馨香。节日美景令人沉醉，文化的馨香传递美好的情感。

"儿童是情感的王子"。传统文化唤起了儿童潜在的情感意识，古典情蕴是耐久品味的香茗，因此野外情境作文课程的形式融入儿童的生活和心灵，让儿童濡染于心，儿童在快乐的野外情境作文课程中拥有快乐的经典人生。

以儿童为主语，让儿童拥有幸福的童年是野外情境作文课程的意义价值。田野课程、水课程、传统文化课程遵循儿童探究、发现的天性。研究儿童教育哲学，就能让课程站在一个新的高度。儿童站在野外情境作文课程的课境里，就意味着自由，寻求自由是儿童的天性。当野外情境作文课程洞见童年的秘密，解码童年的秘密，就真正地与童年相遇啦！

二、创造联结：实现深度学习

深度学习是新形势下对儿童学习方式的新要求。封闭的教育空间，压抑的教育空气，制约人的教育规则，落后陈旧的教育内容，实质上是在扼杀儿童的生命活力。缺少生命活力的教育空间里，无论是儿童学习的投入程度，还是在思维层次和认知体验等诸多层面上，都会缺少对知识的本质理解和思维的深度参与，儿童的深度学习就比较难实现。

野外情境作文课程以她充满生命活力的课境，以她直指儿童特质的精神品格实现儿童的深度学习。儿童学习的深度是经验的不同范围间的不同联系。关注儿童的深度学习，是关注他们的"创造联结"。儿童的创造联结需要在具体的情境和实践中生成清晰的概念并厘清思路。相互有关联的野外情境作文课程，为儿童走向深度学习的"创造联结"提供了丰富而强有力的课境和方法指导。

"白鹭——多少诗行入境来"情境课程和"青竹潭影乐春风"野外情境课程有效"创造联结"，实现了儿童的深度学习，使野外情境作文课程更具文化魅力与活力。

"青竹潭影乐春风"实地观察竹风姿之美。"虚心竹有低头叶""宁可食无肉，不可居无竹"，然后展开联想：阳光下、明月下、烟雨中，四季风吹的竹各有风采，悟竹风骨之美。这样把竹的风姿之美和风骨之美融合起来，无论世界是姹紫嫣红还是枝叶繁盛，是彩叶飘舞还是玉琢冰雕，竹，不过一身青绿。竹形象是一眼青翠，竹韵、竹文化超凡脱俗。作为野外情境作文课程，作为生动的作文课，实现写实和联想相结合以达到丰富描绘对象的写作构想。

"白鹭——多少诗行入境来"是校园的一处新景。美丽的月牙泉、清凌凌的水草、活泼欢畅的小锦鲤、哗啦哗啦的瀑布水流是校园的一处胜景。水中的三只白鹭高雅美丽、韵味无穷。孩子们按照从整体到部分的顺序描述眼前的白鹭，喜爱她们高贵苗条优雅美丽的外形。

有了"青竹潭影乐春风"的写实和联想相结合的前课经验，孩子们对于在头脑中构建此类学习的框架，有了初步经验。此时，教师引导孩子有效创造联结。在这堂课中，孩子们在细致描绘白鹭高贵活泼的外形之美的基础上联想到清晨，初升的太阳给它们穿上耀眼的阳光纱衣，她们在月牙泉舞台上表演"捕鱼舞"，有的以水面为镜，梳妆打扮；中午，她们是枕戈待旦的战士，秀一把真正的捕鱼神技，美餐一顿；黄昏时，白鹭列队飞上蓝天，雪白的翅膀都被夕阳染红，飞成了最美的诗行，夕阳与白鹭齐飞；夜晚，星光沐浴在月牙泉中，她们单脚独立，头缩进翅膀中，睡得很香，咂巴着白天的轻歌曼舞，有的还在呓语，有的又借着月光，捕着几只鱼虾，当成了宵夜。

创造联结，实现了儿童的深度学习。深度学习是有效学习，是高效学习。野外情境作文课程通过同类型课例之间的有效类比学习，实现了儿童学习过程中的创造联结，发展了儿童的言语智能，真正地实现了"教"是为了"不教"。之后，儿童在自主学习桃花、柳等主题的内容时，很快实现了写实和联想相结合的写作方法。儿童在这一学习流中，尝试了自主学习、深度学习，同时也可实现小组共同学习。

"荧光夜跑"活动中，儿童主要抓住动作进行细致描写，然后把所见、所闻、所感融合进去，文章就更加具体生动形象、有血有肉，实现了"文章本是有情物"。在夜色中一路指引的跑旗，一路陪伴的运河水，在眼前闪现的运河灯火的璀璨，半途中飘起的雨打湿了跑者的发丝、衣裳和他们的面庞。一路上听到的催人奋进的《生长吧》的歌声，半途返程跑时的劳累的感觉，把这些所见所闻所感融合进去，这篇文章就丰满生动起来。读起这篇作品，宛若置身于当时坚持、陪跑、超越的夜跑现场。汗水、雨水、运河水一路闪耀，人影、灯光、旗帜一路闪现。抓住动作细致描写一路行程，所见所闻所感相结合，这是儿童在头脑中初步搭建此类型作文的初步框架，初步厘清思路。

"灯火里的北市街"野外情境作文课程也是要教会学生运用写实和想象相结

合，抓住事物特点来描述的写作方法。然后，教师引导创造联结，将"荧光夜跑"活动如何将所见所闻所感相融合的方法引进这一堂课。儿童厘清层次，实现了"创造联结"，创造联结实现了儿童的深度学习。

第二节　野外情境作文课程的儿童形式

儿童的特质是自由、游戏和故事，野外情境作文课程研究儿童，直指儿童特质。

一、自由

自由开创课程的新纪元。

自由是创造的保姆，更是儿童新火花的点燃剂。

自由在哪里，儿童的激情就在哪里绽放。

自由在哪里，儿童的创造就在哪里。

自由在哪里，儿童追随的目光就在哪里。

自由，意味着生命又回归到本初的意义。

自由，是连梦境都指向的方向。

野外情境作文课程，还儿童以自由的形式。

（一）自由的时间

择晴天，择雨天，择雪天，择"芦花飞雪"天，择踏雪寻梅日，择水暖春江时，择灯月娱春夜……没有四十分钟的限制，没有上课铃，没有下课铃，没有课间操……时间不是我们要遵守的限制，时间只是即将要在我们的眼前展开的花瓣儿。

课程前的美丽邀约，课程中玫瑰花瓣的盛放，课程后的隽永式回味，自由的时间给了美的憧憬、美的过程、美的回忆，一切都是开放在时间里的花朵。

野外情境作文课程的时间是自由的。

（二）自由的空间

空间是存在场，是生命的容纳；

空间是栖息地，是情感的熔炉；

空间是停泊湾，是心灵的港口；

空间是草如茵，是顺畅呼吸的缘起……

野外情境作文课程的空间是自由的。

自由空间里有自由的时光、有新鲜的空气、有婉转的鸟鸣、有竹叶的清香、有潭水的深邃、有纯真的情感、有香醇的意蕴，一切都缘起于空间的自由。

没有了教室里排列整齐的桌椅，天高地阔。田埂、歪脖子树、石块、台阶、随带的小爬儿凳、凭栏，这些都是天然的桌椅。孩子们坐在田埂上，就像小鸟停歇在枝头，空间的自由使内心的快乐油然而生，孩子们会因为内心由衷的快乐而欢呼雀跃，会因为内心由衷的快乐而绽放儿童的表情；孩子们坐在石砖上，就像蝴蝶停在花瓣上，这里有他们向往的露的甘甜，这里有他们倾心的花的芬芳，这里有他们乐意参与的舞蹈的天地，他们会因为适合自己的天然环境而沉醉不已，会变出许多新的花样；孩子们坐在歪脖子树干上，就像小鹿欢悦在森林里，这里有他们张开嘴就能采到的鲜果，这里有他们俯下身就能吮到的溪水，这里有他们眨眨眼就能寻到的快乐游戏的同伴，他们会因所有的美好将这里当成天然美家、嬉戏乐园……天然花草香、皓月清辉下、灯火璀璨中、烟雨迷蒙里、绿水清风中，这些都是野外情境作文课程的自由空间。

只要待在野外情境作文课程的自由空间里，儿童的眼睛就明亮，呼吸就顺畅，小脸儿就泛红，心灵就欢腾，因为这个空间是自由的，打破所有封闭的壁垒，给小鸟、蝴蝶、小鹿他们想要的家——属于童年的乐园。这是真正的童年，童年是油菜花田里的奔跑，童年是疫情期搭在卧室的带有星星屋顶的帐篷。野外情境作文课程中的自由是儿童创造的前提，解放儿童是教育的真谛，是教育成功的密码。

（三）自由的内容

自然万物、自然水流、人间大美、历史遗存都各具美感，当他们过经教师的筛选，内化成野外情境作文课程的"课境"时，她们就被赋予了儿童文化的意义和审美价值。天然的教材，以她无与伦比的天然花草香、震撼灵魂的厚重之美、沁香入骨的人性大爱，呵养童心的纯美。

自由的内容呼吁着儿童——林子里刚刚睡醒的小鸟开始一天诗意的劳作，这些都会有别样的情趣；自由的内容呼吁着儿童——青青小草里的小虫，把一天的阳光铺展在大瓣儿绿叶菜上，然后愉悦地咀嚼。天然的汁水、各种维生素滋养了虫儿生命的各种营养所需。美美的阳光浴，天然的营养餐厅，困了时候的香香觉，满足机体生长所需的多种营养，给了童年更多的眷恋，抑或是迷恋。

野外情境作文课程以她的自由的内容创造"课境"，课境与儿童的主体活动和谐协同，使儿童全心地沉浸，悄悄地沉静。

向日葵花海、格桑花花田、清水潭边的竹园，踏雪寻梅、芦花飞雪、柳诗入梦、春天的歌声梧桐叶的秋天、水暖春江桃花浪、春雨……这些都是四季牧歌中的自然画卷。这天然的诗作，是野外情境作文课程中自由的"课境"。

"古运河之恋"——通吕运河、通扬运河、紫琅湖的光影水秀，参观濠河博物馆探寻濠河水边人家往昔和今天的生活风貌，滨江花海看"长河落日圆"，八月十六月圆夜沿濠河边看月亮，都以自由为伴，与新鲜的认知、新领域携手，自由的脚步、自由的内容编织了自由的"课境"。

街头工艺师——去瞅瞅修拉链师傅的传世绝技，怎么用一双生了老茧的大手化腐朽为神奇，平日里为我们所忽视的街头角落原来是如此令人感动的存在；精神丰碑——去寻找巷子里的磨刀声，听感动中国人物吴锦泉磨磨刀，听他说说话，看看他挂满墙头的捐款单，摸一摸他斑驳生锈的自行车老物件，摸一摸他的磨刀石，握一握他苍老厚实的大手。读一读"感动中国人物组委会"给他的颁奖词。野外情境作文课程中，这样的"课境"是大境，大美人间，与孩童人之初的纯善意义相通。怀着暖暖的情感流出发，带着浓浓的人间大美回来，这是照亮孩子一生的宝贵珍存。在人生旅途中，遭遇孤独、寂寞、冷漠、挫折时，只要想起巷子里的磨刀声，想起那双粗糙的老人的手，就知道人间有真情，知道人间有大爱。

真情与大爱出自平凡又伟大的人生。一个推着自行车，背着磨刀石的佝偻老人栉风沐雨的身影，一句句"要磨刀吗"的询问，一声声金属蹭磨刀石的声响，谱写了人间大爱。这大爱从巷子里传出，传遍中华民族的每一个角落。只要是春风吹过的地方，到处在传颂巷子里传来的嚓嚓嚓的磨刀声。

野外情境作文课程实现了课程和教科书自由。野外情境作文课程的自由的时间、自由的空间、自由的内容是野外情境作文课程动人心魄的魅力所在，显现生命之意，充满思想张力。

二、游戏

一旦知道同伴们有了有趣的游戏，冬晨睡在房里的会立刻从被窝里钻出来，穿了寝衣来参加；正在穿衣服的会赤了膊参加；正在浴室的也会离开澡盆，用淋湿的赤身去参加。设想把学习变成游戏，创设游戏的状态来组织学习，学习岂不是像游戏一样充满魅力？

野外情境作文课程正是实现了课程的游戏化变革，创设游戏的状态来组织儿童的学习，以游戏的魅力吸取儿童主动学习、深度学习和共同学习，如果给野外情境作文课程取一个姓，毫无疑问的是儿童。

　　野外情境作文课程的"课境"本身就是一个全游戏场，自由的时间、自由的空间、自由的内容创造了游戏的"境"——开放和自由的美的环境，儿童一旦站在了野外情境作文课程的中央，就是站在了游戏场里，成为游戏的主角。

　　"课境"本身是全游戏场。野外情境作文课程的组织形式有研学旅行嬉游形式、文化乡情探究形式、荧光夜跑健身形式、生命荣枯感受形式，这些都是游戏。这些形式的学习对儿童来说都是充满魅力的。

　　儿童如水。儿童有水的形态、儿童有水的情韵、儿童的心思是水的情怀。儿童似水，有心有形，又好像无心无形。每一节野外情境作文课程都丰富了水的形态、体会着水的情韵、滋养了水的心灵。儿童在雨中玩水的游戏，其实就是在和自己游戏。春雨中有花香，有万物生长的色彩。穿着雨靴，打着小伞去踢水洼里积存的雨水，每一脚踩下去都像按下一个琴键，叮叮咚咚，一串串乐音弹奏在孩子的心头，每串音符都是快乐。水花溅起有多高，快乐就有多深。用彩色卡纸折纸船写上点什么，在小水洼里放飞。小纸船旋转、远航、停泊，孩子嘴里念念有词，小水洼里远航的分明是孩子的心，是他们奇妙的想象，是他们无尽的浪漫的遐思……这是属于孩童的游戏，雨是孩子的快乐，小水洼是快乐的全世界。雨靴、雨伞、纸船都是游戏的物件，以后只要看见雨靴、雨伞、小纸船，孩子都会想起快乐的雨中游戏场，都会咧开嘴笑。眼中、心中只有那雨、那水洼、那溅起的水花，那水洼中远航的小船，那飞扬远去的遐想……这是天然的诗作，每一个小水洼里自有一片童年的天空。

　　在运河边 2.5 公里荧光夜跑竞赛游戏中，快乐让孩子忘了雨、忘了汗、忘了疲惫、忘了路途遥远。坚持、超越，再坚持、再超越，游戏的快乐战胜一切，孩子在快乐中战胜了自己，到达了胜利的彼岸。

　　我们举着风车行走在格桑花田中的弯弯小路，彩色的风、彩色的旋转、彩色的我们、彩色的花海、彩色的心绪，彩虹以不同的格调降落人间。我们愿意一直迎风走着、奔跑着，奔跑着、走着……忘了时间，忘了空间，只想一直快乐下去。任何一个孩子，无论是伶牙俐齿的，还是呆板拙舌的，是外秀聪颖的，还是内秀含蓄的，都会在同一个地方容光焕发，那就是舞台。在孩子的心目中，站在舞台上意味着能凝聚所有关注和欣赏自己的目光，可以表现自己的卓越不凡，舞台效应就是能使原本嘻嘻哈哈的开始凝神，原本弓着背的挺直了腰杆，原本无精打采的神采奕奕、跃跃欲试、乐此不疲。在"灯火里的北市街"野外情境作文课程中，十分钟"飞侠闹春"快闪游戏着实让孩子们过了一把瘾。教师珍惜儿童因游戏生成的快乐，快乐生成热烈的情绪，热烈的情绪点燃浓厚的兴趣，浓厚的情绪生成智慧的火花。

游戏是野外情境作文课程诗意的栖息地和意义的停泊地。激情和热情是他们的游戏表情，美和愉悦是他们的情感体验，向往和投入是他们的参与状态。野外情境作文课程把学习和游戏结合，把好奇和想象链接，实现了游戏形式的主场。

三、故事

童年的天空下是一片故事的原野。建构、丰富童年生活就是要建构、丰富童年的故事原野。教师是故事的创造者。

（一）大故事

野外情境作文课程是教师创造的一个大故事，这个大故事之所以大，是因为教师把课程当成了自己的人生。这个大故事无论从哪个年龄段开始讲述，都会是人生的起点，而且是充满生长点、追寻人生价值的起点。教师从开讲的这一天起，就实现了课程的人生化。教师积极投身野外情境作文课程建设，成为开拓者，教师也因此拥有了丰富的心灵生活，呈现完整、高尚的精神状态。

在创造大故事的过程中，教师遵从内心，研究儿童，考查课程。教师从成人生命的意义考量儿童生命的存在样态，研究儿童是野外情境作文课程的价值意义。儿童需要什么样的课程？什么样的课程能有效促进儿童的文化生长和精神成长？这样的追问是儿童研究。教师的"看见"、儿童的"遇见"、课程意义的"洞见"是教师创生的野外情境作文课程的大故事。这个大故事体系足以建构、丰富童年的故事原野。这个大故事之所以大，因为她姓儿童，以儿童为主语，野外情境作文课程本身就是童年的原野。大儿童观是课程的原野，是大故事。

（二）小故事

每一节野外情境作文课都是教师讲述的一个小故事。教师先自己走故事：爱美、寻美、理清儿童认识美的思路，在美的物境中去引导儿童认识美、描述美，在美的情境中引领儿童生成美的情感，在美的情感中再引领儿童感悟美的意蕴。每一节野外情境作文课程都是儿童在美的"课境"中，听教师讲述的一个独立成章的"美"的故事。这美的故事滋润儿童的心田，呼唤儿童向往崇高和圣洁。

（三）微故事

在某一节野外情境作文课中，教师讲述的是微故事。站在向日葵花海中，教师讲述向日葵的花语"沉默的爱，没有说出口的爱"背后的传说故事："相传一位女子喜欢太阳神，甘愿化为一棵向日葵，每天观察着太阳的升降……"站在早春二月的春水边，教师讲述水边芦苇自成小岛，整整一个萧瑟的冬天，她们都一季飘舞、独具风采的故事。教师讲选自《伊索寓言》中的《大树和芦苇》的故事："有一天，狂风刮断了大树。大树看见弱小的芦苇没受一点损伤，便问芦苇，为什么我这么粗壮都被风刮断了，而纤细、软弱的你什么事也没有呢？芦苇回答……"童年的故事在童年的原野上，童年的原野上有童年的故事。在故事中，向日葵被赋予了美丽的花语，花魂是花语，花语是美丽的传说，摄人心魄、震撼人心。美丽的传说是儿童文化，她开放在童年的原野上，她的香醇芬芳在童年的原野上生长，她的累累硕果必将在人生枝头微笑。

（四）香故事

每一节野外情境作文课中教师自编的辅助读本是教师给儿童的香故事。在每一节课程中，基本辅之以主题古诗、童谣、童话、歌曲。课前美美地引读、引唱，课境中适时地诵、适时地唱都是教师讲给孩子最动人的故事。

"诗是人类的母语""语言的源头是诗"，童谣童诗里发现儿童语言是儿童的家，野外情境作文课程是童年的史诗。站在童诗童谣里眺望灵动的教育智慧。无可置疑，中华古典诗歌中所蕴集的香醇图景、聪颖智慧和瑰丽想象，所表现出的款款深情、深度思考是对儿童心灵的深层滋养。

可是——

有多久了，诗歌，连同她最为虔诚的追随者，就像被历史流放的囚徒，带着其完美的躯壳与昔日辉煌的韵姿，于人烟稀少的巅峰独自起舞；有多久了，这些远离当今儿童生活时代的诗歌更是远离了儿童的兴趣，远离了儿童的生活，就像被珍藏在黑暗中的玩具，时空的隔阂蒙蔽了孩童理应狂喜的双眼；有多久了，这些被珍藏的宝玉迷失了诗性与童心的结合变得虚无缥缈。

野外情境作文课程携古诗童谣，深情款款，让古典诗歌成为儿童在"课境"中朗朗的口头之乐，成为儿童快乐玩赏的汩汩香泉。

野外情境作文课程精编古诗童谣读本，用适合儿童的方式将诗性融入"课境"，融入儿童的心灵，在赏玩活动中让诗性与童心一起飞翔。

儿童在诗境里读诗，自然成为了诗人。这些诗来自他们的生活和他们在"课境"中当堂衍生的情思和智慧。这是真正的言语教育。

音乐是通过有组织的乐音在时间的流动中创造审美情境的表现艺术，她具有强烈的艺术感染力，能够在人的心灵深处产生强烈的共鸣，有感化人心的力量。音乐艺术的核心是情感体会。每一节野外情境作文课中，教师都在"课境"中择一支主题曲，词美情浓，应时应景。教师和孩子常常在音乐的单曲循环里，久久地、久久地沉醉。直接强烈的抒情，情感的再创造这些美学特征，让音乐渲染"课境"，拨动人的心弦。

"梧桐叶的秋天"是用文字描画的四个乐章，最终以《天使的翅膀》伤感落幕。我们久久地沉醉在单曲循环里，怀想她的生命葱茏和生命炫彩时候的年轻时光，拨动着情思；"荧光夜跑"搭《生长吧》："童年的梦想是在快乐中长大，伴着光阴的期待生长吧……"雨夜，这样的歌词和激动人心的旋律催人奋进。

"幸有柳诗入梦来"搭《送别》："长亭外，古道边，芳草碧连天……""课境"中，万柳拂晖的物境之美、折柳相送的情境之美和依依惜别的意境之美，在主题曲中得到升华。

教师精编的野外情境作文课程中的读本是围绕课程讲述的香故事。香故事带着香气息，是开启童心芳菲的一盅美酒，是愉快儿童心灵的一缕月光，是丰美童年生活的佐餐。

教师是创造故事的人，有故事、会讲故事、创造故事。教师以野外情境作文课程为载体，讲的大故事、小故事、微故事、香故事建构、丰富了童年的故事原野。她使野外情境作文课程以儿童的形式实现了课程价值。

以儿童为主语的野外情境作文课程与童年相遇，实现儿童的深度学习，她洞见课程意义，研究儿童，以儿童的形式实现课程价值。

第五章　野外情境课程：构建"沉浸式作文的教学"新模式

野外情境课程，照亮作文教学，构建"沉浸式作文的教学"新模式，解锁儿童作文密码。

沉浸式是全身心的投入，全时间、全空间、全感官的参与，全情感的交流，全思维的活跃，全想象的激发，如痴如醉甚至到达忘我状态。

"沉"，形声字。从水，冘（yín）声。甲骨文字形，中间是牛，周围是水，表示把牛沉到水中。商代祭祀用牲的方法，本义是"没入水中"。作为动词用，可以有"沉溺""迷恋"之意。当我们迷恋向儿童捧出明亮的"教育之境"，自身就变得脱尘透明，作文教学就成为师者的主观投射，教师成为诗教者——诗意的行者。《毛诗序》中说："诗者，志之所之也，在心为志，发言为诗。情动于中而形于言，言之不足故嗟叹之，嗟叹之不足故永歌之，永歌之不足，不知手之舞之，足之蹈之也。"情意、语言、文学、音乐、舞蹈等等都是表征人的：人的特性，人的本质。

无志之人，无异于空洞的躯壳。躯壳只是在行走，只是四季牧歌中一晃而过的形影，只是复制粘贴中的一页呆板的印刷，生命枯竭、激情丧失、碌碌闲散、目光涣散、一身尘埃、一心繁杂，自觉岁月冗长，了无生趣，随之而来的职业倦怠加速容颜衰老，加速心境老成。

诗教者有志，志向在儿童，为儿童解乏、解困、解锁；

志向在课程，书写"沉浸式作文的教学"的密码本；

志向在自己，沉静、沉潜、沉迷"童世界"，捧"课境"，悦纳世间美好，长吟长笑，一路春光。

第一节 沉浸，成就诗教者的"课程人生"和"人生课程"

一、沉静

"沉静"是沉在某一境界中，平静地独处。

（一）行

诗教者沉静。

沉静的心会惦念早春二月的红梅有没有如期绽放，沉静的心会生成天然的魔力，真正地裹起厚厚的围巾去"踏雪寻梅"。雪中红梅馈赠给寻梅人的是春天的新喜，是每一个枝头都各自成章十分入境的独特风姿。寻不到两枝完全相同的梅枝。相看不厌，半日不恋归。每一朵梅都玫红耀眼，仿若无数幽香里带着生命色彩的柔嫩坠入凡尘枝丫间。红梅的魅力是在寒风凄冷中给人新的希望，看到生命的色彩，寻的是一季希冀，寻的是一季芳香起始的四季牧歌。

诗教者会走在空无一人的唐闸北市街，高跟鞋的鞋跟踩在高低不平的青石板砖缝里，心灵沉静在魏家大院的安静、整洁、敞亮中，想象"口字"形状的四合院一家人其乐融融的烟火场景。主房花厅里长辈一声吆喝，东厢房的长子，西厢房的次子连声应和，后院的女眷也带着香风飘然而至，阳光满庭院，膝前小儿女，慈母多训导。主房后开一小门，四合院扩散开去，成"日"字形，"日"字形四合院又开一小门，扩散开去，成"目"字形，发奋图强的幸福之家一定越发家道兴盛，蒸蒸日上。数一数古屋下映红春夜的红灯笼，这浓情的灯红里有多少古典的情韵，撩动人多少挥之不去的情丝，在畅音台上站一站，遥想青衣名伶香腔一口，细步微波，顾盼传情。在传统小吃小店铺门口走一走，这些传统小吃里有多少动人的历史传说故事：清军围困江阴城的时候，烧饼铺的店主急中生智，将烧饼做成草鞋样设法送入城内。这种做饼方法被江阴人沿袭，正名为"草鞋底"。明成祖朱元璋出身贫寒，年少时当过和尚和乞丐，乞讨途中，饥饿的他拾起别人丢弃的豆腐，以油煎之，味美刻骨。之后，朱元璋作为军事统帅，在军队凯旋之日，命全军共吃臭豆腐庆祝。于是，臭豆腐的美名广为流传。传说灶神在天上向天神汇报民间情况，然后除夕夜返回，百姓就用麦芽糖给灶神奉上，让他的嘴甜一些，说多一些好话，使自己的日子一年都红火。于是在每年的农历十二月二十三日，就是小年，人们会吃麦芽糖。走一走斑驳墙壁上的花瓣儿光影，读一读戴望舒著名的诗作《雨巷》，仿佛看到一个丁香般带着忧愁的姑娘在巷子里撑着油纸伞独行。诗教者都有些痴痴地、久久地沉静在这美丽的意境中。

早春二月的小河展现翠玉般的生命活力。东风拂面，绿水荡波。诗教者喜春归，游走在小河边，见芦花飞雪，甚是浪漫，追起一朵飞花，拈在指尖，就像握住春天的心跳。追飞花到水中芦苇丛，芦苇一身枯黄，集群而居，脚踏一方绿水，婀娜起舞，曼妙飞花，别有风味儿和情致。一堆一堆的芦苇丛，在诗教者眼中是一座一座诗意的小岛。枯黄能展现如此的身形之美、艺术之美，这枯黄分明是生命的咏叹，但不是绝唱。因为谁都知道这枯黄将褪去，绿色将重新到来。但谁也不想催促这枯黄离去，因为这纤弱中包含着智慧，遇寒风弯腰，连弯腰的姿态都显示出一个舞者的卓越风姿，袅娜优雅，风致翩翩；谁也不想这枯黄早早地离去，因为这纤细的个体手挽手站成一座小岛，站成绿水之上诗的图景，站成料峭春寒里的众志成城；谁也不想这枯黄早日离开，因为这枯黄的枝叶早就是春鸟喜停的游戏棒，即使因承重左摇右摆，却还是温言软语，体现着母亲慈爱的天性——于春鸟，她是母亲般的疼爱；谁也不想这枯黄早日离开，因为水边的白鹭、野鸭，水中的鱼早已把她当成暖和的床褥，婴儿恋母的情结是对这枯黄的迷恋……

（二）坐

诗教者沉静。

静悟美，静生情，静生慧。美、情、慧在诗教者心中如文火一般慢慢地煨出野外情境课程馈赠给"沉浸式作文的教学"的"课境"。这课境是由沉静而出，由诗情和爱焙煨，让孩童欢欣鼓舞，让作文课程茅塞顿开的大美之境。

周国平说："人生任何美好的享受都有赖于一颗澄清的心，唯有内心富有充盈，方能从容抵抗世间所有的不安与躁动。"

沉静，戒掉急躁与慌张，静听花开花落，淡看云卷云舒，淡定从容。沉静，会给自己带来力量，沉淀自己的内心，丰盈自己的灵魂，提高自己的精神境界。

有沉静的心才能有沉静的眼。

诗教者沉静，有一颗超凡脱尘，淡泊淡然的心，心境平和，情致自生。

"采菊东篱下，悠然见南山。"心境悠然，身形翩翩。这东篱小院就是诗教者创生的课程，可以东篱采菊，可以把酒黄昏，可以撒下童声童趣的花种，可以将诗种在阳光下，种在雨雾中，种在竹园中，种在花海里……每一个"课境"，都是诗教者对美的悦纳，然后经心灵洗礼开出的花朵，芬芳、香醇，回忆温暖，历久弥新。

北市街的沉静诉说着诗教者所需要的一切"课境"元素。这些如水月色的"物境"被诗教者用心、用爱、用情慢慢地煨，煨成适合儿童的"沉浸式作文的教学"所需要的"课境"。

（三）思

诗教者沉静。

沉静的心是"沉"的，沉在自然天地中，沉在四季天籁里。

静气——沉下来的静气生发一双慧眼去感知美、悦纳美、创新美。

就像芦花飞雪，水中芦苇的风姿之美、风骨之美是大自然中客观存在的，可是追逐虚无繁华的人无法遇见，遇见了也无法看见，看见了，也不会为之心动，也不会去触动心弦。

诗教者沉静。

沉静的心是"沉"的，沉在人间烟火里，沉在凡尘俗世中。

城镇的街角，一个倚着修鞋缝纫车的六旬修理工，分明是一位街头工艺师。风吹日晒让他皮肤黝黑，但他依然面色红润，瘦削的面庞、乐观的谈吐，阳光下的耕耘让他心中充满阳光。这是一项阳光的修补、阳光的事业，同时也是一门街头绝技。找他的人都急急而来，舒一口气乐乐而归。剪、缝、敲、合无不显示他的卓尔不凡，简直是化腐朽为神奇的瞬间演绎，处处可见专业水准和天生的智慧。简单中蕴含着非凡，平凡中彰显着不凡。阳光下的生计，也是人世间的一种给予。被人需要，才是内心真正倚靠的生存支柱。

他的世界好简单：匆匆来的求取，匆匆去的不必回首；

他的世界好丰富：继续合在一起的拉链双边，赞叹了世纪相遇，继续行走的锃亮鞋船航行在滚滚红尘。

"梧桐叶的秋天"中，最后梧桐叶飘然而落。我们回想她们年轻时的容颜，以一首《天使的翅膀》反复歌吟："落叶随风将要去何方？只留给天空美丽一场。那熟悉的温暖，像天使的翅膀，划过我幸福的过往。"凄婉的旋律、凄美的歌词震撼着儿童的心灵。凄婉和凄美的情感是最好的祭奠。

沉静中的诗教者寻找"课境"，雕琢语言，创生各种课堂情趣。课堂情趣以各种形式达到极致，就像温度、水分、阳光、各种营养都达到饱满状态，作为生命之体的花朵一定会如期绽放，而且鲜色欲流、芳香满枝；就像儿童在"沉浸式作文的教学"下新呈现的作品，如海棠新开，鲜色可人。

二、沉潜

沉潜是沉下心来潜心研究，有面对困难的勇气，有持之以恒的锐气，有淡定自若的心气，专心致志地积蓄力量。

野外情境课程如何能神奇解码"沉浸式作文的教学"？

野外情境课程如何让儿童沉浸？

野外情境课程如何实现生长点的深度成长？

……

这样的追问，需要诗教者沉潜。

诗教者沉潜，潜入四季，潜入水境，潜入传统文化，潜入烟火人间，带着迷恋和痴恋遁入美的境地。美的境地是可以铺展给儿童的朴素视野，秀色内涵，就好比家常便饭时，母亲端上来的一盆水饺，汤淡却馅丰，让人感觉生活的甜美原来可以铺展到平常百姓的平常日子，布衣粗粝，却真情实意，意蕴悠远。视野的质朴，仿佛现代都市名车车流里的田园诗画，剥去华彩的外衣，感情质朴，草根飘香。环顾巅峰上的教学境界，心醉神迷，但也心生忐忑：我离那样的教学境界还有多远？花朵的绚丽，闪耀着近乎佛光的圣洁，然而通往的道路是这样的冰冷和遥不可及。

"王谢堂前燕，飞入百姓家"——对崭新教学模式和教学策略的渴望，是教师自我价值的认定，是给自己的一颗定心丸，不必为推陈出新的教学手段烦忧，不必为蜂飞蝶舞的教具而磨蹭，不必为"天人合一"的演出而怯场。诗教者创生"课境"，一身布衫、一缕月光、一腔热爱、一眼万年。"课境"是美的，携采风所得草根飘香的物境，于沉静中、于孤灯下用儿童的方式抒写野外情境作文课程的故事，好像在大自然温润的胸怀中放歌，好像在和童心稚言细语，好像在和作文课程说，让我剥去你钢铁般沉重的外衣，给你一身羽衣霓裳；让我抹平你眼角沧桑的褶皱，给你永远的星眸皓齿；让我诊治你略带沙哑的嗓音，还你三月叮咚泉水的天籁之声；让我来改变你冷漠的表情，还给你春天般的笑靥。"课境"是诗教者讲述给儿童的故事，在丰美、丰沃、丰茂的童年的故事原野上，诗教者描画着每一个细节，设想着能开启儿童的情感之门，点燃他们智慧火花的每一个生长点。

"物境"是美好的：离愁别绪、月下伤怀、日月星辰、都市乡野，草原的牧歌、真挚的亲情、深邃的哲理，经诗教者心灵的洗涤，孕生出一节节"课境"。

"课境"是自然的馈赠，是心血的结晶，是情感的衍生，是全感官的聚集，是师教者思想的涅槃。走进"课境"，是走进了诗教者情感，走进了她美好的期许。"课境"以语言为本位，画意行间照。诗教者孕生"课境"的过程，正如怀抱一把风雅的琴弦正迎风在绿色的原野上谱曲、演奏、听曲之回响，暗香疏影、姹紫嫣红，发于内心，成于自然。"课境"中的一切都充盈着美感：溪水般的舒缓、白云般的清悠、浪卷般的激越、不着边际的浪漫、不经意的遐想……

一切都像是无形的，如行云流水一般。但一切又都是有形的：孤灯下的思索，孤灯下的带着幻想式的构思，每一处"课境"都是诗教者用"爱"孕育的孩童，带着情感和"爱"降临，期盼着落地、生长……

"课境"中蕴含的情感、荡人心魄的蕴意是最激动人心的魂。"课境"都带有朴素的深度，使儿童和诗教者心有灵犀：深度溯求，甘泉深井流。"课境"中蕴含的意义，宛如生命的泉水不息地喷涌，到达儿童思维的深处。

泰戈尔（Rabindranath Tagore，1861—1941）说："教育的目的应当是向人传递生命的气息。"

李吉林老师说："儿童是散发着生命活力的，如同花草般清香的生命。儿童是真正的美的精灵、智慧的精灵，他们是动态的、光亮的，造就未来的生命体。因为情、因为美、因为香、因为趣，幼小的心灵常常激荡不已。"

诗教者会因为儿童即将到来的激荡不已的情感甘愿在深夜孤灯下沉潜，这让她因感觉到生命的意义和存在价值而同样激荡不已。这激荡不已会化成持续而热烈的情感，驱动诗教者继续沉潜，这沉潜仿佛是期待儿童羽化成蝶前最深耕的生命助力。

综上所述，野外情境作文课程无疑闪现以下光点，这光点化身"沉浸式作文的教学"的解码锁。

（一）真体验

野外情境作文课程中的所有素材光鲜、真实、可感，直接吸引儿童感官，以美的形象、美的情感、美的意蕴震撼童心，震撼的力量催发儿童语言能力的生成。

"课境"是儿童语言的家。用心营造的"课境"给儿童深刻切身的体会，在大美的境地中始终置身游戏场，全程情感牵引，引起儿童情感世界的共鸣、共情、共振，催发儿童言语能力的生成。

野外情境作文课程以游戏为主要教学手段。游戏是儿童积极情感参与的主要推动力量。课境中儿童因游戏显得活跃，儿童进入游戏情境显得特别兴奋。儿童是游戏者，游戏能力是儿童与生俱来的能力。李吉林老师说："儿童在游戏中感受快乐、友爱，全身心投入其中，以至忘我，迸发出勃勃生气和创造力。"

游戏是野外情境作文课程中主打的教学方式。

进入野外情境作文课程的"课境"里，儿童就像进入了天然的游戏场。这里没有生硬的黑板，没有晃眼的PPT，没有教鞭；有的是生动的情景，有的是诗教者生动的指引，有的是爸妈的陪伴，有的是磁石般的吸引，有无数新鲜的玩意儿在等待他们去发现、去探索……他们即将获得新的技能，这些都让他们惊喜至忘我的状态。

进入野外情境作文课程的"课境"里，儿童不用坐在生硬的桌凳上，野山石、小桥上的踏步台阶、歪脖子树都可以接纳他们娇嫩的身影，这里足以容纳他们欣喜的双眼和悸动的心。

走、跑、说、尝、摸、拍、唱、跳……在课境中再添加游戏情境，激发了儿童的学习兴趣。"灯火里的北市街"就设置了研究草鞋底、麦芽糖、臭豆腐、黄桥烧饼这些传统小吃的历史传说的游戏；还有讲传统故事的游戏，去尝尝传统小吃自是不在话下。还可以坐在野山石上和小桥的踏步台阶上，看讲述唐闸旧风貌和新生活的水上光影，暖风习习，灯火璀璨，露天电影的情境自是游戏场；在畅音台上表演说唱童谣、跳童话的舞蹈《枕边童话》，唱童话的歌曲、挥舞手中的彩键、敲打手中的木制鱼嘴都让他们快乐不已。诗教者用阳光般的心境组织教学，给儿童激情飞扬的舞台，课境是激情澎湃的世界，引起儿童情感世界的共鸣、共情、共振，催发儿童语言能力的生成。

（二）多指导

教师在大美课境中贯穿全堂课的教学语言本身就是组成课境的主要元素：简朴、优美，与课境相融。

如"灯火里的北市街"：夜幕降临，整个北市街显得尤为光彩夺目。今天，我们将在这里赏古镇夜景，走古镇街巷，听古镇声响，品古镇美食，还将自编自演一台小节目。那么，就让我们迈开脚步开启快乐行程吧！

起始导语向儿童描述了此次活动的全景蓝图，激荡儿童的内心，掀起他们无限向往的情感波澜和恨不得插翅膀快飞进灯火中去的兴奋之感。

接着教师继续引导：此时此刻，站在北市街的入口处，你觉得最耀眼的是什么？

向着最耀眼的入口，教师再引导：那就让我们一起走进这灯火漫卷的北市街，一起走进她彩色的呼吸，去听一听她在向我们诉说着什么。

每一步所搭配的教学语言都独具匠心，牵引儿童的目光，点燃儿童情感的火花，抓紧他们的心绪，引领他们的脚步。这是诗教者必须具备的语言教学能力。诗教者自觉词不能达意，故以体态语言附和，以古诗、童谣课前辅佐之，以主题曲渲染烘托之，让儿童用舞蹈歌唱的形式咏叹之。

　　野外情境作文课程中，诗教者的语言助力直观体验，符合儿童的认知和情感活动。在课境中，诗教者伴以诗意的饱含情感的语言描绘和牵引，就提示了观察顺序和观察重点，引领儿童观察活动和思维活动结合进行。诗教者的语言强化了情境，渲染情境的氛围，使课境展示的形象更加鲜明，并带着浓厚的情感色彩作用于儿童的感官，调动起他们的情绪，使他们主动进入课境中，产生情感的体验，也促进思维的发展。

　　在辅之以音乐的审美活动中，灵活、准确、细腻的情感活动不靠思索获得，也不来自他人的说明介绍和欣赏体验。而是与音乐动态过程同步或同时的深度心灵共鸣——音乐是最感性的直接体验。

　　歌词本身就是深度浸润情感的诗歌，再辅之提升情感的动人旋律，激起儿童的深度共情。《灯火里的中国》唱道："都市的街巷已灯影婆娑，社区暖暖流淌的欢乐……广场焰火在节日诉说，星空升腾时代的巍峨。"此时此刻、此情此景、此歌此曲让孩子心中升腾起对灯火下的家乡、灯火下的中国的赞美之情。

　　每一节野外情境作文课都有具体的写作方法的指导：如何开头、结尾？如何将描写和想象、议论、抒情结合起来？如何将写实和联想结合起来？如何进行细致描写？如何将同类别的一组课程放在一起比较着深度学习，创生联结，形成儿童的写作经验？

　　野外情境作文课程拥有磁石般的吸引力，以其独特的魅力吸引儿童期待下一节课快点到来。

三、沉迷

　　"课境"中总是寄托着温润的情感，表达激荡心灵的深邃，展现直观形象的美。意境之美磁石般地吸引儿童，可以波澜壮阔，可以峰回路转，迈进去都是动人的诗境，品起来幽香缕缕，明净、激情、意味深长。这种积极的情感让诗教者沉迷。

　　"课境"是诗教者借助物境，用爱与智慧生成情境，以心灵开掘意境。"课境"之美就像初生婴儿明澈的眼眸、天籁般的笑声、如雪的肌肤，更具人生第一生长期旺盛的生命成长活力。新生命孕育的过程让诗教者沉迷。

　　"课境"解码作义教学，让儿童在美的时间和空间里遇见最好的自己，在美的现场情景、情感的流中实现轻松的深度的学习。这一期许和已逐渐实现的现实意义驱动着诗教者沉迷，对这一种神仙境地的追寻，让人乐此不疲。课程价值绽放的初始成果让诗教者沉迷。

"课境"前儿童高度热情的期待，高举报名的小手，像大鹅一样伸长的脖子，嘴里哼哼唧唧的踊跃；"课境"中他们不问路途、匆匆赶来的脚步声和满怀欣喜的眼神，和"境"完全同呼吸的如水的快乐身形；"课境"后他们完全没有难度和障碍的作品表达……最终"教"是为了"不教"的课程价值的实现让诗教者沉迷。

高强度的工作，社会的高压、繁杂的事务，常常会使常年耕耘在教学一线的教师满心尘灰，"一只枯井里的蛾"是教师的自我写真。这一写真映照了教师内心的疲惫和无言的酸楚。

野外情境作文课程，使教师沉静，促教师沉潜，让教师沉迷。美好的故事从教师将儿童带进野外有情之境的那一天开始发生，并一直发展推动着情节的发展。枯井中的蛾发现自己逃离了枯井，涅槃成了蝴蝶，不带凡尘的物利，只迷醉花朵的天然芳香和清晨露水的甘甜，这是生命的物质归属，是生命的价值所在。

因为沉迷，诗教者忘记了疲惫，忘记了岁月，实现了"课程的人生"和"人生的课程"。

（一）相约最美时光

诗教者最美的时光和课程、和儿童在一起。

元宵节的美好夜晚，诗教者和野外情境作文课程在一起，紫琅湖的光影水秀是师生共同在场的视觉、听觉、运动觉盛宴。半小时的光影水秀后是四十分钟的"课境"，夜色冷风是最好的助场，新春的祥瑞在夜风伴着细雨中全场到来。诗教者先从紫琅湖水域开始谈起：紫琅湖和濠河都是宝葫芦形状的，南通城有了更多的祥瑞，是名副其实的宝地。夜色中的紫琅湖显得安宁、静谧，披着夜的面纱，透着天光。接着谈到紫琅湖远处水边美轮美奂的国家大剧院，荧光蓝的波浪形屋顶，金色的灯光簇拥着，像金碧辉煌的宫殿，像在水面上正待行驶的巨型花车，光彩熠熠；孩子们说它是在水面绽放的巨型的宝莲灯，流光溢彩；说它是掉落人间的幽蓝色的云彩，如梦如幻……瑰丽的想象比灯光还要闪耀。

当光影水秀正式开场的时候，周围的世界瞬间安静，只剩下凝聚在水上舞台的无数双惊异的眼神，世界只剩下音乐、光影、水秀和心跳。

音乐震撼全场，动感十足的英文歌曲《信使》捷足先登，每一个音符都在燃烧；接着是一首美妙的《光年之外》，应和水上舞台的每一次光闪和每一次色变；最后是漫卷全场的摇滚乐《加勒比海盗》，全场的观众都热血沸腾。

"东风夜放花千树，更吹落、星如雨。"看，随着划破夜空气势磅礴的水浪声，五彩缤纷的水柱错落有致，如一位位披着霓裳羽衣的曼妙舞者，和着音乐的节拍或直冲云霄，或婀娜俯首，视听盛宴带来的是震撼。盛装的水影瞬息窜、降、扭、舞、转……像立于天地间的恢宏竖琴，弹奏着南通发展的华美新乐章；像高高隆起的金色山脉，象征着南通人民披荆斩棘、勇于攀登的无畏精神；像降临人间的缪斯，被南通的欣欣向荣感染，欣喜地曼妙轻舞于紫琅湖上；像高高扬起的帆船，象征着南通在发展道路上乘风破浪、一往无前；像镶满宝石的皇冠，象征南通这颗江海平原上的明珠，必将闪耀东方，大放异彩；像从天而降的莲花，象征着天佑南通，祥瑞吉祥；像即将腾飞的巨龙，只待风起傲视东方……所有的变化都是在转瞬间。诗教者引导孩子用"刚刚还是……一眨眼……转瞬间……"这样的句式描述变幻莫测的水秀。

沉静、沉潜、沉迷的教师成为诗教者。诗教者是志之所向的诗者。野外情境课程是诗教者的志向，是诗教者的发言，是嗟叹，是咏歌，是足之蹈也，是诗教者极尽情意的课程诗篇，是人生诗篇，是心中所爱。

"浸"用作动词是指泡在液体中。泡在液体中的物液体的环境中与液体外的世界完全隔绝。她的全世界是液体世界，她全部的感官、身心、心智甚至灵魂都交付给这一液体世界。

没有浸在液体中的物常常因世界的多变、世界的干扰、世界的风雨雷电、人世的纷争烦恼而改变行走路线或存在状态。她会顺应时代的潮流而忘却自己的本心，只为迎合这多彩的世界。

浸在液体中的物，她的全世界是这液体，她为之痴迷，甚至为之疯狂。她的生命都交付给她认为值得交付的神仙境地，这是她的精神赖以栖居的停泊地。

沉迷到液体的境地，眼中所见，再无境外之境；耳中所闻，再无境外声响；鼻音所闻，再无境外之气；心中所感，再无境外之情。这是一个心心所念的有情之境，担得起生命的意义，扛得起课程的重托，负得起生命的成长。

阿基米德（Archimedes，公元前287—公元前212）浸泡在浴缸中，看到水面上升得到启示，发现了关于浮体问题的重要原理，并通过王冠排出的水量解决了国王的疑问，从而鉴定了纯金王冠是否掺假，并阐述和总结了后来闻名于世的阿基米德原理。如果不是他沉迷到极致的状态，怎会有这一科学原理的诞生？

诗教者沉浸于自然风光和社会图景，时时、事事、处处寻"课境"原型。迈开的每一步里都藏着解锁"沉浸式作文的教学"的新模式，藏着为儿童设计的探究式小课题，藏着孩子们喜闻乐见的新游戏，藏着让孩童沉醉其中不断单曲循环的主题曲，藏着儿童悦纳的契合主题"课境"的童诗、童谣、小美文，藏着与"课境"有关的稀奇古怪的新领域。寻"课境"，走"课境"，美了诗教者的生活，野外情境课程成了她的"课程人生"和"人生课程"。眼中所见、耳中所听、心中所想都散发着天然的草根香，谈吐、衣着、生活都变得简单而恬淡。

"腹有课程气自清"，就好像望向生命的瑰丽处，孕育的一个通体芳香的孩童，耗尽才思育其成长，待她出落成一个妙龄姑娘，再择一良辰吉日，让其穿戴最纯洁美丽的婚纱隆重出嫁。出嫁意味着新的希望，新的成长，也是一个美好夙愿的达成，标志着一个新生长点的起始。月圆花好、望尽天涯，处处皆是真爱，皆是浓情，皆是期许，皆是生命美好的解码。

"灯火里的北市街"择阳春三月周六 18 时 58 分，集合于北市街牌坊入口处，集合于灯火阑珊的芳香中，集合于古香怡人的畅音台，集合于古色宁静的四合院，集合于唐闸古镇草鞋底、麦芽糖、臭豆腐的美食传说里，集合于唐闸镇热闹发达的"中国近代第一城"的繁华史，集合于古朴雅静的石板街弄堂，集合于古街巷随处可见的新颖别致的随街游戏中，集合于天上有皓月、人间有烟火的祥和之气，集合于师生共同活动的"沉浸式作文课堂"里。

在这样的沉浸里，诗教者不断地去创造人生中最佳相遇的美好时刻，带着最美的期许。沉浸之前的憧憬、之时的美好、之后的隽永式回味都是美丽的馈赠。这是诗教者和儿童彼此生命的成全，这是课程与活动最完美和谐的融合，这是"天人之作"，是最正向的沉浸美好。

"沉浸式作文的教学"植根于诗教者的精神耕耘，洋溢着儿童的自信和自觉。她以厚实而饱满的激情，达成诗教者和儿童生命的彼此成全和完美。形式新颖多样的"课境"是诗教者自选的教材和自编的课程。这是诗教者对人生意义的追寻，人是意义的创造者，意义是人生的价值。诗教者永远住在童年里，住在童年里就会有创造。

诗教者的追梦脚步在月下交错，爱如少年，爱的力量推动着日月星辰的运行。18 时 58 分，这是一个多么美好、神圣的时刻。这是爱的时刻，时间是情感的溪流，诗教者拥有丰富的心灵生活，呈现完整、高尚的精神状态。他们对儿童的引领，不仅仅是在工艺的层面，也不仅仅是技术层面，更是心灵的引导，用心灵的力量引领精神和文化的双重成长。

"孩童如初的美丽，诗教者也如初的美丽。诗教者如初的美丽源自孩子。"爱孩子，在爱的照耀下去寻找和发现，寻找童年的秘密，发现儿童成长的密码，解码"沉浸式作文的教学"。

诗教者沉浸于花前月下和人间烟火中。她的脚步、心境、精神状态与儿童是一致的,一个人达到真趣的极致,就会"复归于婴孩",拥有一颗纯真朴素的童心。诗教者使自己再现儿童的精神状态,本身充满儿童文化的意蕴。这样复归式的美好体验,让诗教者从一个"沉浸"走向另一个"沉浸",在精神愉悦中寻找本真的个人意义。诗教者在保护并建设这块神圣的根据地的同时建构起自己的精神高地,生长起自己的智慧。

诗教者沉浸于"野外情境作文课程"的理论探索中。时时是课程之时,事事是课程之事,处处是课程之地。野外情境作文课程为什么会磁石般吸引儿童的目光?野外情境作文课程如何有效解码儿童的"沉浸式作文的教学"?她是否有指向儿童未来的生长点?她以儿童为主语的入口到底在哪里?如何体现活动与文化学习的融合性?

这些提问和探索,真正地寻求野外情境作文课程实现儿童"沉浸式作文的教学"从何处来,往何处去的答案。

诗教者所擅长的是诗意的行走——"教",最短板的是"思",是归去来兮。

昆剧《班服》中的唱词是:

"最难耐的是寂寞,最难抛的是荣华,

从来学问欺富贵,真文章在孤灯下。"

孤灯下的寂寞是最丰富的。

丰富的寂寞的歌在心中悠扬。

最动人心弦的旋律是热爱下的探索。

探秘儿童文化的思想波澜就像推动思想小船的河流,在宁静的夜里缓缓流淌。

沉迷是心无旁骛的深深迷恋。诗教者对野外情境作文课程心无旁骛的深深迷恋甚至达到一种如痴如醉的状态,全身心地沉浸其中。

(二)相约最美时刻

诗教者最美的时刻和课程、和儿童在一起。

"灯火里的北市街"在"春到人间人似玉"时。18时58分,诗教者将集合时间约定为这一人生中最美好的时刻,是将野外情境作文课程看成人生最重要最带美好期许的时刻,似乎是看亭亭玉立的女儿出嫁的激动人心的时刻。这一幸福时刻,会生成深厚的幸福和指向未来的生命成长的力量。

18时58分，这个时间点，是一个昭示美好人生的时刻，给人太多的美好期许和期盼。这个美好时刻，有最美音乐的赶场，有鲜花的簇拥，有无数祝福的目光和掌声，有指向一生的最华美最浓情的幸福箴言，人们畅快谈笑，举杯共饮。金风玉露一相逢，胜却人间无数，柔情似水，佳期如梦。18时58分，在向往美好人生、为追寻美好人生而不断奋发图强的中国人眼中，是一个时代的交付，更是一段最美行程的起始，是最美最浓情的邀约，最真最诚挚的祝福，最痴最愉悦的沉迷。

18时58分与明月相约，与清风相约，与美相约。就像是在开往生命绿洲的路上，脚步会轻快，心情会急切，目光会向往，去欣赏美，去呼吸新鲜的空气，去自由地歌唱和奔跑，去看从没有看过的新鲜玩意儿，去看平日里似乎见过但从未真正动心，丝毫没有品出过味道的熟悉而又不熟悉的美。

不会欣赏的人生就等于沙漠人生，如果把一切作为有人格、有心灵和有灵魂的东西来看待，那么人生和自然中的一切事物都变得可爱了，我们的世界自然就变得广阔深邃。所谓"美"把世界从平面变成立体，就是这么一回事。

美的时刻，美的奔赴，儿童紧紧跟随着快乐的脚步，美的生长让诗教者沉迷，沉迷于此时此刻、此情此景，乐意为此时此刻、此情此景的美好花费几倍的时间去追寻、去躬耕、去追问。沉迷是对美好的追寻，是对意义的追问。

18时58分，一切都是人间值得。

18时58分，有坐在大石头上吹着夜风的水上露天观影，有走在青石板小巷自由的脚步，有走进魏家大院听四合院的故事，有古典灯红的一路映照，有斑驳墙壁上的光影彩秀，有一路在墙壁上、地面上飘飞的彩色花瓣儿如梦如幻，有各路特色小吃的小店铺和她们的美丽传说，有畅音台上我们的童谣、舞蹈快闪的畅快。

孩子们和他们的家长沉迷在"课境"中，18时58分的美好起始，一个半小时的课程、表演之后，他们久久不愿离去，继续着穿街走巷，在古典灯火里流连，继续着他们的游戏，唱着他们的歌，嚼着他们的小食，说着他们的笑话。姐姐的脖子上坐着弟弟，哥哥的手牵着妹妹，小顽童有了施展才艺的广阔天地。夜，盛满了甜美和酣畅。直至深夜，一切都才酣酣地睡去。北市街，灯火依然在微笑，各种造型的吮指糖画艺人春天般的微笑美成了一幅画。

沉迷，是一首歌，歌吟到深处，越发沉迷，沉迷在人生最美的时刻。

（三）相约最美暖情处

诗教者最深的感动和课程、和儿童在一起。

普通劳动者奉献的人间大爱是人间致情。他们没有豪言壮语，在无人注意的角落只是默然的存在。然而，大爱无言，大爱给人神圣的精神洗礼。吴锦泉——88 岁高龄仍坚守老手艺的磨刀老人，可贵的是坚守，更可贵的是数年如一日，他将磨刀积攒下来的一枚枚硬币，捐给灾区和慈善机构。他每月生活费不过 300 元，而捐出的善款却超过 40000 元。他的生活并不富裕，老两口还住在三间破旧的瓦房里，但他关心社会，为村里修桥补路，去福利院看望残疾儿童。他得知四川芦山地震的消息，通过江苏省南通市红十字会捐款，两年磨刀积攒的一元硬币 1714 枚，五角硬币 503 枚，一角硬币 7 枚，共计 1966.2 元全部捐给灾区，这样的事例在老人已经习以为常、举不胜举。"寻访巷子里的磨刀声"，去听吴锦泉老人"磨刀磨剪子"的吆喝声，去看他布满老茧的双手，去看他和老伴共度的温馨时光，去看他的三间破旧瓦房和井台、鸡埘、菜园组成的小院，去看他磨刀得来的一枚又一枚的硬币……

让我们一起用他的颁奖词来歌颂他："窄条凳，自行车，弓腰沐背……"

一次深刻的人生课程，一次对人生大美的刻骨沉迷，是课境，是敬仰，是对尘世纷扰的释怀……

平凡的人总是给我们太多的感动，日日风吹中红红的脸、红红的手，一台修补缝纫机上绕着硬硬的丝线，一张矮凳、一把剪子、一条皮围裙，躬着腰，瘦削的脸庞，长长的胡茬儿，他修补的是普通人家的生活，修补的是凡人小疵，完善的是凡人心绪。日复一日，年复一年，每天都在重复，每天也都在重生。

平凡的人们给世间最深的感动和最温润的明亮，美好由平凡人、平凡心、平凡事铸就，心灵的温暖是最接地气的咏叹，是诗教者给儿童的平凡的情感小食：阳光下的平凡，值得咀嚼的温暖。这温暖润泽心灵，让人平静。

孩子咀嚼着诗教者的咀嚼，惊叹着诗教者的惊叹，他们小小的身躯容纳这广阔和博大，这咀嚼、这惊叹、这广阔和博大让诗教者沉迷。因为沉迷，脚步不停，求索不止。

和课程、和儿童在一起，最深的感动、最圣洁的洗礼才有了生长的沃野，这生长、这洗礼让诗教者沉迷，因为沉迷，心耕不停，思索不止。

最美时光、最美时刻、最深感动是诗教者的"课程人生"和"人生课程"，这是心灵的耕耘沃野，是儿童文化的探寻桃源，是诗教者人生的意义停泊地。

第二节 沉浸，成就诗学者的"有我之境"
和"有境之我"

一、"有境之我"

儿童在野外情境作文课程中入境、体悟、表达，实现了"沉浸式作文"中的抒情主人公的占位，是"有境之我"。

杜甫是有情的旁观者。他一生仕途不得志，几经周折，后家道中落，经逢安史之乱，见战乱给百姓带来无穷灾难和人民忍辱负重参战的爱国行为，感慨万千。他以切身体会，与民众共情、共鸣，体恤最底层民众的悲苦，奋笔创作了不朽的史诗——《三吏》和《三别》，忧时伤乱，咏叹国难民苦。在这些不朽的史诗里，杜甫的主场是客观，客观地记录，愤慨地揭露。

李白是主观抒情者，以"我"为主语，情感奔涌。"我"的"仰天大笑出门去，我辈岂是蓬蒿人？""我"的"归去来""行路难""郎骑竹马来，绕床弄青梅""云想衣裳花想容，春风拂槛露华浓""两岸猿声啼不住，轻声已过万重山""我寄愁心与明月，随君直到夜郎西""天生我才必有用，千金散尽还复来""相看两不厌，只有敬亭山""举杯邀明月，对影成三人"全是李白主人公占位。绣口一吐，就是半个盛唐；缕缕情思，都在字里行间。诗歌尽是李白酣畅淋漓的怡然自得的外表和内心世界，感情淋漓尽致而跌宕多姿，诗风瑰丽，潇洒出尘。

李白的诗歌达到古代浪漫主义的巅峰，读李白，就是品一千年的浪漫。多少人想梦回盛唐，亲眼看一看那豪情万丈的李白，见一见他刚刚面临绝境，但只要有一点点希望就又成为李太白的自信与豪迈；见一见他环绕不去的孤独、愁苦和他寄情山水的洒脱。李白和他的诗作耀目后世，给人无尽的美感和遐思。

杜甫和李白，有情旁观和主观抒情。诗教者思忖，思忖主观喜好，思忖课程特质，思忖儿童天性，取李白。

在即时的场景中，诗教者带领孩子描绘整场音乐、光影、水秀的魔彩和炫目。三十分钟水秀光影笼罩了世界，水声、音乐席卷全场，果真是视觉、听觉的盛宴。随之，趁热打铁，诗教者教给孩子们，可以按观察和描绘的顺序——秀场前、秀场中、秀场后详略得当地描写，也可以分水秀、光影、音乐三个并列段，按总分总的结构写。

开头和结尾可以用古典诗句、心情和自创诗句，尽量做到首尾呼应。原来，作文如此神奇又如此简单。

元宵夜美好的时光，在义无反顾的集体奔赴中，听到生命花开的声音，这绽放的光亮让诗教者沉迷。

孩子在格桑花田里飞跑时手中如彩虹般飞转的风车，在柳条飘逸下吟诵柳诗的满面春光，在油画般炫彩的梧桐树林里像鸟雀一样快活的身影，在绿潭边竹林里说"宁可食无肉，不可居无竹"的清雅会意……这些都让诗教者沉迷。这种感觉就像十月怀胎时，无数回梦想孩子出生时的天使容颜和天籁笑声。经历了苦苦酝酿和想象式的期待，待孩童出生时，终于看到孩童的模样，果真有天使般的笑声，果真和无数次梦想中的一样，那种幸福和满足会立即让人忘却十月怀胎的辛苦，并愿意为新生命的诞生付出所有，这就是沉迷。在野外情境作文课程上实现的愿景让诗教者沉迷，这种感觉驱动诗教者继续忘我地躬耕，不问春夏，不问年龄，不问尘世。

水境，带着春的美好，带着历史的醇厚，带着传统文化的馨香，静静地流淌、流淌，轻轻地吟唱、吟唱，美美地入境、入境……一身桃花涌浪，一季花草飘香，一江千古柔情，一湖钻石璀璨……有了水境，有了灵气，有了神韵，有了情丝，有了可以枕着的想象和联想，有了可以吟唱的心曲和情感，也有了心中的游戏和诗意。这些都让诗教者沉迷，沉迷在东风拂面、绿波荡漾里；沉迷在古运河上鸣笛而过的运输船只开辟的层层涟漪里；沉迷在月下濠河醉了又醉了的月影、星火灯光里……沉迷，已不问西东，水境就是沉迷，沉迷就是水境……

如果大多数时光都由美好和快乐合集，这段时光该是多么值得回味，她也许会成为一个人终生的精神光亮。

天气略寒，孩子们在紫琅湖水影舞台站成冰棍，但寒夜丝毫没有影响大家高涨的情绪。这场光影水秀吸引师生、家长从四面八方匆匆而来又兴致勃勃的脚步声，一样的脚步声是一样的心声、一样的向往。这是对美的意境的向往，是对生长的向往。这种向往让所有人不惧路途，这种向往让大家都抛弃了节日夜晚与长辈的团聚，这种向往让诗教者奋不顾身地迈进了夜晚，迈向了课程和儿童，把课程和儿童当成了远方，慷慨奔赴。也许我们可以把长辈的团聚放在课程的次日，也许我们可以把对美好节日的规划变成对野外情境作文课程"课境"的谋想，就像在刺绣一幅心灵的地图。用爱、用情感、智慧去编织梦想，迈开脚步，勇敢奔赴，梦想就实现了，实现梦想是在点燃心灵之灯。灯火中有照亮前方的力量，这力量和光亮振奋人的内心。

一瞬间光影在变：光亮玫红、光亮橙黄、光亮蓝色妖姬、光亮浪漫紫、翠柳绿、火焰红、雪花白、太阳金……眨眼之间，变幻莫测。这些变幻的光亮在冲、在扭、在舞、在转……震撼了世界。

诗教者沉浸式创作，创生野外情境作文课程的沉浸式"课境"；儿童沉浸式学习，沉浸式写作。

沉浸式的儿童是诗学者。

池田大作说："诗是连接人、社会、宇宙的心"。作为诗学者的儿童是在诗教者的牵引和召唤下，在自主构建中"呼出时代和生命的真实感"。这是诗学者的本质存在，实现对野外情境作文课程的本质追问和对非诗学教学现状的严肃反思。

儿童置身野外情境作文课程的"课境"，教者是诗，课程是诗，儿童是诗。

诗学者沉浸"课境"。

诗学者"沉浸式作文"，就是在种下他们来自生活、发自内心的诗的种子。

儿童为什么会"沉浸"？

（一）心理暗示

李吉林老师说："当儿童进入情境时，他们很快地被激起强烈的情绪，形成无意识的心理倾向，进而情不自禁地投入教育教学活动，表露内心的真情实感，并且迅速对学习情境的变化作出反应。这种不直接显露目的，而是通过创设情境、优化情境的间接方式，对儿童的心理及行为产生影响，从而一步步达到既定的目标，这就是暗示的作用。"

野外情境作文课程是"沉浸式作文的教学"新模式，诗教者会提前预告和邀约。这邀约是告诉他们儿童会是课程的主语，儿童喜爱到达的时间和空间，会遇见新奇的美的事物，会有新奇的游戏，会有新奇的行走，会有期盼已久的表演，会有吮指回味的小食，甚至会有新的本领。直接的美的召唤和深层的力的给予都给孩子积极的心理暗示。

要去开沙岛红杉林了，诗教者先预告播放一段风景优美的航拍录像，播放其中一段唯美的诗教者的"导游词"，再说说房车基地的烧烤，仅此三小招，就吊足了馋虫的胃口，孩子们的小眼儿开始放光，小腿儿已经做好了起跑的姿势。

要去屋檐下看春雨啦！诗教者谈谈春雨中百花的开放，说说河面上盛开的水花，听听草堆里野鸭的咕噜叫，聊聊踩水洼和放纸船的游戏。孩子们就猴急地开始准备雨伞、鞋套，催促着家长快瞧天气预报，希望一场天降甘霖，想去淋个痛快的表情早就是一首春诗啦！

要去向日葵万里花海啦，读一读诗教者自编的教材：古诗《客中初夏》"四月清和雨乍晴，南山当户转分明……"童谣《借耳朵》"太阳公公没耳朵，想找葵花借一个……""小葵花，竖耳朵，伸长脖子在听课……"听童话故事《向日葵与太阳公公的对话》，唱歌曲《向日葵》，边唱着跳着边告诉他们，我们将在向日葵花海里表演这些。谁能拒绝天然舞台的魅力呢？他们都欢呼雀跃，阳光、花朵、水流在召唤，还有他们亲爱的老师、家长的陪伴。

要去"灯火里的北市街"了，告诉孩子要去赏古镇的夜景，走古镇的街巷，听古镇的声响，品古镇的美食，还将在畅音台上快闪一台小节目。说得孩子们恨不得周六 18 时 58 分快点到来，脚下痒痒快生风；馋得他们恨不得一脚踏进古镇小食铺，口水直流三千尺；美得他们恨不得立刻飘到舞台上跳他们的《枕边童话》……

要去通吕运河以 2.5 公里荧光夜跑致敬二万五千里长征啦！告诉孩子半程手背盖章"太棒了！"然后返回至终点，冠、亚、季军将获得精美奖品，到终点的都将获得纪念奖。所有的人都将被荧光棒折成的手链、脚链、项链打扮成夜跑小达人！

要去通扬运河啦！我们将去尚书院讲故事、读书，在四合院里包馄饨，满院都是阳光，满屋都是书籍，满嘴都是馄饨。

校园新景——白鹭：多少诗行入境来。"哗啦啦"的水流、游动的锦鲤、石竹花篮下高贵优雅的白鹭都是最美的诗行，给人无尽的美好的遐想。

要去参观濠河博物馆啦！博物馆是怎样的造型呢？底楼大厅踩在脚下的沙盘是南通的全貌，古南通的水韵通过木船展示，南通是怎么形成的。我们还要穿越时空的隧道，来到南通城的老时光，探秘曾经的濠河人家的生活图景。

美景、竞赛、探秘、联想、美食、表演、踩水……所有的"节目预告"都吊足了孩子的胃口，给孩子最美的心理暗示。

实际上，在孩子们有了一两次野外情境作文课程的经历以后，只要听到"野外情境作文课程"这几个字，就是积极的心理暗示，暗示着快乐的游戏，暗示着畅快的呼吸，暗示着能力的生长，暗示着进步；只要听到"野外情境作文课程"，他们的羽毛就会扑棱起来，展翅欲飞；只要听到"野外情境作文课程"，他们的小眼珠就会滴溜溜地转起来，闪着光；只要听到"野外情境作文课程"，他们的心就燃烧起来，要赶快站在课境中，心才有了安放的地方。这是在以往经历的基础上，产生的自我心理暗示，这也是积极的心理暗示。他们表现出极大的热情，产生浓厚的兴趣。

教师给予儿童积极的心理暗示，是他人心理暗示，对儿童的情绪、行为和心理状态产生积极的影响，让儿童形成迫不及待的学习期待和学习敏感，激发学生的学习动机，诱导学生良性情绪，挖掘学生的学习潜力。

实践证明，积极的心理暗示，无论是自我暗示还是他人暗示，都让儿童产生强烈的课程向往，这种向往点燃儿童大脑的兴奋点，指向某一时光、某一时刻、某一暖情处的"课境"。去上野外情境作文课程，就像奔向一个最爱的玩具，就像奔向一个最相知的玩伴，一个心心念念、魂牵梦绕的乐园，一个深埋着宝藏、熠熠闪光，等待着他们去探秘、去开掘的深山，或是小鹿出没、鸟语虫鸣、溪流欢歌、遍地鲜花的丛林……那是诗学者的"家"，语言的"家"，课程的"家"，诗教者的"伊甸园"。

积极的心理暗示，使"沉浸式"野外情境作文课堂中的儿童成为"有境之我"。

（二）情感驱动

传统教学的着眼点在"知"，关注知识教学与儿童的知识接受，冷漠、冷淡、冷静的课程缺少体温，像腌咸菜一样枯燥乏味，课程魅力无从谈起。如此课程里教出的儿童冷淡、冷漠、冷静，知识的接受也是淡淡的、板板的，激不起涟漪，留不下回忆。

野外情境作文课程的"课境"，通过周围环境与儿童心理产生共鸣，从而迅速有效地推进教育教学活动，其实质是"用无意识引导有意识"，以及"用情感伴随理性"，使二者交织起来和谐联动。这样的"课境"着眼点是"情"，关注儿童学习过程中的情感作用，让儿童形成身临其境的主观感受，激起儿童学习的意愿，在加深情感中陶冶情操，这是野外情境作文课程的不懈追求。

李吉林老师说，儿童是富有情意的，真情总是激荡在儿童纯真的心灵间。在野外情境作文课程的"课境"中，儿童很容易将自己的情意移入所感知的对象，知识的学习与理解就更为深入和丰富。野外情境作文课程最大限度地发挥了情意的纽带作用和驱动作用。

1. 诗教者与儿童共鸣

"课境"是儿童鲜见的，引起他们强烈的好奇心和探究欲，激发强烈的探究情感。儿童身处的"课境"真实可感，震撼的视听、自身融入的活动、现场参与的游戏、诗教者饱含情感的语言描述，甚至拍照、学校公众平台发布的内容、视频号制作、电视台报道、新闻发布，这些都直接激起儿童情感的高涨。在此过程中，儿童对"课境"的情感体验是深刻的。他们全身心地投入，达到痴迷的状态。遇见"课境"是遇见自己。

2. 诗教者与儿童共情

"课境"能切实提高儿童的言语智能。"课境"是儿童的"有我之境",激起儿童情绪高涨、注意力无意识地高度集中。"情感伴随理性",他们用自己专属的童言稚语表达眼前之景、耳中乐音、活泼的想象和心中的情感。

在精心创作的"课境"中,诗教者因势利导,教会儿童使用合适的词语生动地描述,教会儿童细致描写和大胆想象的结合,语言的灵动能增加感染力,让所描写的内容更加具体生动,给人无尽的想象空间;教会儿童写实和联想相结合,充满美感和浪漫主义色彩;教会儿童同类型的文章"创造联结",触类旁通、一通百通,从"教我写"到"自己会写"。诗教者与儿童"共情",以情激情、以智启智。

3. 诗教者与儿童共振

诗教者通过教学语言与儿童共振。在"课境"中,诗教者运用好的教学语言,让儿童的直观、体验与学习语言相结合,符合儿童认知和情感活动的普遍规律。

在"课境"中,诗教者伴以诗意饱含情感的语言描绘和牵引,提示观察顺序和观察重点,牵引儿童边听边看,边看边想,促使儿童观察活动与思维活动结合进行。诗教者的语言,强化了情境,渲染情境的氛围,使"课境"展现的景象更加鲜明,并带着浓厚的情感色彩作用于儿童的全感官,调动他们的情绪,促使他们主动沉浸"课境",产生情感体验,也促进思维的发展。诗教者语言导入和描绘,都起着示范性作用,驱动儿童的情感参与。

诗教者在"课境"中的语言极富感染力,处处充满美感,处处激发儿童的好奇,处处调动他们的参与,驱动儿童的激情。

"踏雪寻梅"中,诗教者描述引导:"我们来看梅的枝头,每一枝都各不相同,各有各的风采,各有各的神韵。当我们把每一枝红梅拍进镜头,你会发现每一枝都各不相同,每一枝都是独立的风中盆景,她们各自成章,又联结成篇。"

"芦花飞雪"中,诗教者说:"一座又一座的芦苇小岛脚踏一方绿水。虽然一身枯黄,但舞姿柔曼,展现着万种风情,连弯个腰都摇曳生姿。她们并不难过于自己枯黄的颜色,面临困境,依然曼妙地舞蹈一冬。"

"幸有柳诗入梦来"中,诗教者说:"阳春,日落余晖中,我们读到风情万种的柳树,含烟惹雾,尽显袅娜姿态。看到这一幅画面,你的脑海中有哪些词语?"

好一个万柳拂晖,拂出了万种风情。

"青潭竹影"中，诗教者以语言引导："春风中，竹叶'沙沙'作响，翻滚着绿色的波涛，百花盛开，招蜂引蝶；竹，不过一身青绿。夏风中，竹园是'天然的空调器'，万木繁茂；竹，不过一身青绿；秋风中，竹影婆娑，引人遐想，秋叶炫彩；竹，不过一身青绿。冬天里，竹叶上积存着晶莹的雪花。万物凋零；竹，不过一身青绿。"

"梧桐叶的秋天"中，诗教者以语言引导："梧桐叶的秋从绿色氧吧到城市森林，为我们奏响了生命的乐章。又一个月过去了，当我们再站到东大街，我们又看到了全新的世界，你眼前的梧桐叶又成了什么？"

"春雨"中诗教者带孩子看一串串晶莹透亮的雨滴从屋檐滑落，又"啪"地落到早已被雨洗净尘垢的栏杆上，好似一粒粒水晶，大大小小地排列成春之曲；又好像水晶球，映着红艳的花儿、青绿的叶儿，还有自己肥嘟嘟的小脸儿；放眼去看春姑娘飘洒的无数斜织的密密的雨丝，细如牛毛，软如丝绸；再看天地之间织起银色的雨帘，模模糊糊，雨帘里是青翠的树木和一片大好的春光。操场上积起一朵朵晶亮的水洼，好似一封封春的邮件，寄给了正向春天奔来的燕子；小雨点儿一头扎进水洼里，盛开起无数的小水花。一圈圈银色的圆形波纹，向着四周荡漾开去，在不经意间打开了春天的大门，迎来了一个五光十色的世界。

小水洼还是我们天然的游戏场。快，我们一起撑起小花伞、套上雨靴，去雨中踩水洼玩儿，水花儿有多高，快乐就有多深。我们在用彩纸折成的小纸船上写上自己的心愿，放到小水洼中去远航吧！我们去小河边感受春雨，春雨是透明的，也是五彩的，雨带来自然界的各种绿、各种红、各种黄，争奇斗艳。春雨是香香的，有桃花的粉香、有青草的翠香、有黄金条的黄香、有梨花的白香……

"光影水秀不夜天"中，诗教者以语言引导："当动感浪漫的英文歌曲漫卷全场的时候，紫琅湖水上舞台的光影水秀感染了所有人。音乐伴歌声齐飞，水舞伴夜天一色，你能用哪些词语来形容此时此刻的情景？你能用哪些词语来形容此时此刻的心情？"

"月下濠河"中，诗教者以语言引导："沿着月下濠河，我们散步回家，圆月一直睁着明亮的大眼睛跟着我们。濠河的灯光渐渐地远啦，我们捧着月影回家啦！"

"灯火里的北市街"诗教者导语："夜幕降临，整个北市街显得尤为光彩夺目。今天，我们要在这里赏古镇夜景，走古镇街巷，听古镇声响，品古镇美食，还将自编自演一台小节目。那么，就让我们迈开脚步开启快乐行程吧！"起始导语向儿童描画了此次活动的全景蓝图，激荡儿童的内心，掀起他们无限向往的情感波澜和恨不得插上翅膀飞进灯火里去的兴奋之感。

接着诗教者继续引导："此时此刻，站在北市街的入口处，你看到的最耀眼的是什么？"

向着最耀眼的入口处，继续引导："那就让我们一起走进这灯火漫卷的北市街，一起走进她彩色的呼吸，去听一听她在向我们诉说着什么。"

走完街巷，诗教者继续引导："游玩的人们谈笑风生，赏明月，醉灯光。让我们想起唐寅的诗句'春到人间人似玉，灯烧月下月如银'。姑娘们穿着汉服，翩翩然惊鸿如仙女，孩子们在灯火中穿梭，像活跃的彩色音符。畅音台广场上，六十几岁的爷爷在唱歌，扭动的舞步，高亢的嗓音，边唱边跳边直播，热闹了整个广场。"

每一步所搭配的教学语言都是匠心所在，牵引儿童的目光，点燃儿童情感的火花，抓紧他们的心绪，引领他们的脚步。这是诗教者所必须具备的语言教学能力。

诗教者在"课境"中的语言极富感染力，处处具有美感，处处激发儿童的好奇，处处调动他们的参与，驱动儿童的情感参与。

语言的牵引和步步深入有时候也觉得不能极致地表达深刻的意蕴和奔涌的情感，诗教者就辅之童诗童谣课场吟诵的自编教材。自觉词都不能达意，还会搭配每节课境的精选主题曲渲染，深度渲染，即以歌唱的形式咏唱。

音乐像文字一样，有自己丰富的语言、鲜明的形象、辽远的意境。音乐通过乐声、节奏，给儿童最直接的情感体验，直接加深儿童在课境中的体验，激起与课境有关的联想与想象，起到推波助澜的重要作用。

主题曲是"沉浸式作文的教学"的重要辅助手段，更是课境中语言交织着音乐的深度审美。音乐化的审美活动中，灵活、准确、细腻的情感活动不靠思索获得，也不来自他人的说明介绍和欣赏体验。她是最感性的直接体验，是与音乐动态过程同步或同时的深度心灵共鸣。

歌词本身就是深度浸润情感的诗歌，再辅之提升情感的动人旋律，激起儿童的深度共情。《灯火里的中国》唱道："都市的街巷已灯火婆娑，社区暖暖流淌的欢乐。广场烟火在节日诉说，星空升腾时代的巍峨。"此时此刻、此情此景、此歌此曲，让孩子心中升腾起对灯火下家乡、灯火下祖国的赞美之情。

共情、共鸣、共振激发儿童情感的高涨，高涨的情感驱动儿童全感官的参与，随之激活了儿童的想象、联想、创新思维。野外情境作文课程通过情感的驱动，使儿童成为"有境之我"。

（三）心理场整合

儿童在"课境"中获得真实的感受和情感体验时，表现出积极的态度，始终集中注意力并产生积极的情感。他们全情参与，达到"境我同一""境情同一"的美好境。在这一过程中，随着情感步步深入地驱动，儿童的情感也随之一步步加深。

儿童成了情感的闪光体，也有了抒情的愿望。"课境"是儿童的"有我之境"，抒情的主人公——儿童是"有境之我"。他们沉静、体悟、表达、实践。以野外情境活动为载体的"沉浸式作文"模式解码作文教学。她以儿童为主语，是儿童的课——诗学者的课；成的是儿童的文——诗学者的文。

"清潭竹影"中，诗学者在诗教者引导下，于清潭竹林边，觅一眼青翠，感竹之风姿，悟竹之风骨，知竹之妙用，"宁可食无肉，不可居无竹""虚心竹有低头叶"……都让他们对竹的清雅脱俗心生喜爱也心生敬意，于是，以《如果》诗作："春风中，我＿＿＿＿；酷暑中，我＿＿＿＿；寒风中，我＿＿＿＿；暴雨中，我＿＿＿＿；＿＿＿＿中，我＿＿＿＿。我就成了一根竹。"我都想成为一根竹了，这是"有境之我"的情感倾诉，是最高境界的情感表达。这是诗学者在"课境"中，有效的心理场整合的诗化体现。我想成为一根竹，"竹我合一""竹情同一"。竹的风姿、风骨活生生地让诗学者折服，他们拿相机拍"清潭竹影"很有韵味，他们画竹配文鲜活灵动，他们落笔成文，清潭竹影美妙如画，清新可人，充满着浪漫主义的联想，超脱凡尘。

"春雨"中，诗学者仿佛就是屋檐下晶莹的雨滴，有着光亮的外表，像小耳坠，明亮的眼睛里折射着亮堂堂的世界；仿佛就是细细密密的雨丝，斜斜地飘洒；仿佛就是朦胧的雨幕，如诗如画，如雾如尘。雨，有着温润的新生的情感，给了花朵色彩和芬芳，给了世界甘甜和希望。可春雨并不满足于此，调皮的她们积成了水洼，在等待同样调皮的娃娃来和她们雨中游戏，在等待七彩的小纸船来水中放歌。"有境之我"是雨滴、是雨丝、是雨幕，尽是浪漫与温情；"有境之我"是雨中踩水洼的孩子，水花溅起有多高，快乐就有多深；"有境之我"是水洼边放小纸船远航的梦想者，"我要上北大，做一名语文老师"——小纸船上尽是畅快与希冀，这是有效心理场整合的诗化体现。"沉浸式作文"给了作文教学新的密码本。

"小李白"式的抒情主人公是"有境之我"，诗学者"我"的成功占位，使诗学者身处"课境"，情感奔涌，主观抒发情感，初显浪漫主义的超凡脱俗的格调。

野外情境作文课程中的儿童是"有境之我"。儿童是课程的主语，儿童是诗学者，沉浸"课境"，再"沉浸式作文""沉浸式回味""沉浸式生长"，是野外情境课程的终极指向。

二、"有我之境"

野外情境作文课程给了儿童"有我之境"。

野外情境作文课程是暖场模式，给儿童的是"境"，"境"以趣为灵魂，成为儿童的"有我之境"。

以"向阳而生"——向日葵花海野外情境作文课程为例解析。

（一）"有我之境"激发事趣

事趣是对事物的兴趣，这里专指对野外情境课堂的兴致，对课堂喜好或关切的情绪。兴趣是个人力求接近、探索某种事物和从事某种活动的态度和倾向，是个体倾向性的一种表现形式。兴趣在人的心理行为中具有重要作用。一个人对某种事物感兴趣时，就对它产生特别的关注，对该事物观察敏锐、记忆牢固、思维活跃、情感深厚。

野外情境作文课程是以儿童为主语的"课境"，是"有我之境"。

向日葵花海课堂以天地的阔大、花海的天然之美、游戏的畅快成就儿童的"有我之境"，吸引他们喜好、关切、投入，在大课堂中产生特别的兴趣，从而观察敏锐、记忆牢固、思维活跃、情感深厚。"课境"中，统一的服饰是一道光，惊奇凝视老师的目光是一道光，发自内心的向日葵般的笑靥是一道光，奔跑的身影是一道光……课堂现场的一道道光是兴趣所致。兴趣对正在进行的课堂教学起到推动作用，它使孩子集中注意力去获得知识，创造性地完成当前的学习。兴趣使儿童的智力得到开发，知识得以丰富，眼界得以开阔，并使儿童零距离地适应"课境"，从而对学习充满热情。

（二）"有我之境"迸发理趣

理趣是思理情致，是在课堂中获取对自然、对社会、对人生的有益启示，从而叩问儿童的精神世界和价值世界。理趣不是别人嘴里嚼过的馍，也不是为赋新词强说愁，而是在活生生的"课境"中给人真实的启示或者富有新意的个人的真知灼见。

向日葵花海"课境"中，有些向日葵无论是她花瓣的金黄，还是叶子的青绿，都没有原来初始盛放时的鲜艳夺目和娇嫩可人啦，观察想想原因，孩子们立刻发现，原来是有瓜子在花盘中悄悄地长出来了！向日葵把最美的光华给了自己的果实，也是自己的孩子——瓜子。为了能让瓜子更加饱满，花、茎、叶宁愿褪去自己最美的颜色，这是爱的传递，就像爸爸妈妈、爷爷奶奶把青春和爱给了我们一样。这时候，孩子们的眼睛都不约而同地看向了不远处陪伴和等待他们上课的爸爸妈妈、爷爷奶奶，小眼神儿里有特别的东西在闪动。闪动的是对爸爸妈妈的感激和对生命的思考，也许只是一瞬间，但这一瞬间足以温暖他们小小的心灵，触动他们的认知世界，引起他们现实的思考。

野外情境课堂现场"课境"中的借景说理和生成的理趣揭示了自然社会的客观规律，表现了人生深刻朴素的哲理。

（三）"有我之境"触发意趣

意趣是意向、旨趣。

向日葵花海"课境"中，教师引导孩子知晓向日葵花儿落了以后，就有无数瓜子长成。瓜子在生活中有多种用处，可以是受男女老少欢迎的零食，还可以榨油，瓜子油含有丰富的微量元素，给人丰富的营养。万里花海，是人们万里美好的生活。

感受果实之用，还能体悟生活之意：老师带大家来向日葵花海观花儿身形之美是为了体悟"向阳生长"的人生方向。体悟这样的生活之意，才使阳光下的所有美好都有安放的意义。

这都是向日葵花海"课境"现场触发的意趣。意趣耐人寻味，指向儿童一生的方向，护佑儿童一生的幸福。

意趣内化成儿童精神领域的拥有，这样的意趣沉淀在儿童"沉浸式作文"的字里行间，浪漫主义文风自然天成。

（四）"有我之境"生发情趣

情趣指情调趣味，也指情意。高雅情趣是健康、科学、文明、向上的情趣，她符合现代科学和文明的要求，体现一个人对美好生活的追求，乐观的生活态度和健康的心理。

向日葵花海"课境"捧出了一个又一个激发儿童式情趣的教学环节，现场生发的情趣展现了野外情境作文课程的无穷魅力。

首先，绿色的向日葵课堂本身就是儿童渴望的情趣场，无论从哪个角度去拍摄，都是飘满芳香的艺术摄影。向日葵花语带着她的美丽传说，以"沉默的爱"震撼儿童的心灵；现场朗诵的古诗、童谣，讲的向日葵的童话故事，表演的向日葵歌曲和舞蹈，都是最美好的情趣生成；向日葵花海更是儿童撒欢、尽情享受阳光浴的乐园；当孩子们举起手中的彩色风车，迎风转响童年的欢歌，奔跑在蜿蜒的花海小路上，仿佛涌动的彩色浪花的时候，大自然的芳香被深深地吸吮，孩子们鼻尖上沁出的汗珠是快乐的生长之歌；当孩子们搭起小帐篷吃起小零食，他们的心花儿在野外的春风里盛开。童年在田野上奔跑，童年在田野上欢畅地生长，生长成儿童一生的暖记忆，成为他们一生的精神力量。

第三节　沉浸，成就大学堂的"有境之课"和"有课之境"

野外情境作文课程区别于课堂四十分钟的主要特征是她有可供儿童沉浸其中的"课境"。儿童作为学习课程的主语，是野外情境作文课程中沉浸式的诗学者，他们笔下的作文都是"沉浸式作文"。教师作为野外情境作文课程的主导，在课程的全程是沉浸式的，是"课境"之母，"课境"囊括选境、自编教材、备课、组织课程、自愿报名、上课……教师是诗教者。诗学者、诗教者、"课境"构成了野外情境作文课程——大学堂。

一、大学堂是"有境之课"

课——小学作文课。

有境之课——作文课在"境"中。

小娃乘坐一叶小舟，小舟惬意地漂于湖面。漂流畅快自在，无论漂在湖中心、湖岸边还是湖水的哪一个点都听得水流淙淙，感觉湖风爽心。湖水幽蓝，自有资质，见水草丰美，鱼虾自得，田螺攀附船沿，欲与小娃游戏。湖影中，白云、蓝天、纸鸢、油菜花的倒影在水波中荡漾，美了一面湖水。

这小娃是"课境"中的抒情主人公，托着娃的小舟即为诗教者，一会儿将娃托举到湖心，一会儿托举到湖岸，看似无心，实则有意，每一次托举，都有惊喜，都有新的快乐，智慧花篮都能采携到新的花朵。这鱼虾、小田螺都是娃喜闻乐见的游戏。

这一面湖水是作为诗学者的儿童赖以生长的"有境之课"，她明澈、多情，处处笑窝迷人、处处容纳万象。

"有境之课"是沉浸式的。

"有境之课"是教师的课，是教师创生的物境，是有情境，有意境的"有境之课"，将儿童带入"课境"中沉浸式学习的小学"沉浸式作文"课。

教师沉浸式创课，成为诗教者。

诗教者化茧成蝶，沉浸式创课让教师充满活力，充满活力的教师以物境为基础，提升情境，厚之以意境，从而创生充满活力的野外情境作文课程——小学"沉浸式作文"课。在"沉浸式作文"课堂里的儿童充满活力，全感官全情感地投入并沉浸其中。沉浸，使语言应用能力、思维能力、想象能力、创新能力都被唤醒并综合运用，化解了小学作文的素材之难、思维之难、描述之难、想象之难、联想之难、情感之难、主题揭示之难……代之以鲜活新颖的素材、层次分明的构思、细致的描写、奇特的想象、瑰丽的联想、浓厚的情感、深刻的主题。

一名刚毕业的年轻语文老师在语文课上带领一班高中生下楼去观赏校园里盛开的花树。这位像极了姐姐的新老师作为新闻人物出现在网络，成为被赞誉的焦点。在人们把这位神仙小姐姐捧上神坛的时候，不免也让人私下里心生几分酸楚：这些高中生是被"非神仙小姐姐"的老师关了多久了？难道他们的习作全都是来自儒、道、法家传统言论的理性思考吗？他们的世界里是否还有花开满树和水满池塘？

小学"沉浸式作文"课的"有境之课"，是为儿童的作文课创"境"，使其全身心浸润课堂中感悟、体验，最终沉浸式表达的课。

"境"在这里已经成为儿童"沉浸式作文"的条件，是日常呈现，是一个"境"接着一个"境"，已经无需用新闻去褒奖，是精品、美味、营养，为儿童喜闻乐见，渴望沉浸其中的家常便饭。

"有境之课"是实境，有吸引儿童的真实的物境；"有境之课"是情境，有丰润儿童精神世界的丰富的情感；"有境之课"是意境，有引发儿童深刻思考的深远的意旨；"有境之课"是大学堂；"有境之课"中的儿童是"诗学者"；"有境之课"中的儿童"沉浸式的作文"，是解码作文之后呈现的浪漫主义作品。

二、大学堂是"有课之境"

境——物境、情境、意境。

有课之境——指向小学作文课程经诗教者挑选过滤，有情怀地有意境地引导儿童"沉浸式作文"的"课境"，是课的"境"。

一头欢快的小鹿在葱郁的森林里跳跃。这里有游戏的丛林，清晨的阳光透过繁茂树叶的缝隙，变成光斑闪烁在点点鲜花开放的绿草地上，鸟雀啁啾，小溪流在快乐地歌唱，小猫熊、金丝猴在枝干上玩耍。小鹿睁着好奇的眼，迈开欢快的蹄，这里瞅瞅，那里瞧瞧，喊喊他，拍拍你，跑到哪儿都有一串从心底里绽开的笑。丛林里还有新的惊喜：这是一座文化的丛林，树干上有一组词，砸吧砸吧；草丛里有一组诗，念叨念叨；小兔的蘑菇房边有一首童谣，叽咕叽咕；小猫熊的树屋上有一首歌，哼唧哼唧；小溪流边的岩石上有一根金手指，写着"描写和想象结合"，琢磨琢磨；草地上的帐篷上飘着一面旗，写着"写实和联想相结合"，尝试尝试。每一片偶尔飘落的树叶上，都有开头和结尾的多种方法，随便拾起一片都有妙用；更妙的是丛林入口处开始，就标有指路牌，袋鼠导游笑盈盈地等待，小鹿不会迷路，还可以从不同的路径寻到同样的风景和快乐。

小鹿一天的欢乐像小溪流一样叮叮咚咚。夜晚的酣梦中，小鹿收获了丛林的游玩之乐，同时也收获了文化丛林的学习之乐。

这小鹿是"课境"中的抒情主人公。袋鼠导游是诗教者，她指引不同路径是"沉浸式作文"的不同思路。

这丛林是"有课之境"。"境"是诗学者游玩嬉戏的乐园，也是诗学者"沉浸式作文"的文化乐园。走在哪里，都有嬉游的快乐，更主要的是在审美、游戏、活动的旅途中开发言语智能、激发情感火花、习得写作技巧、获得成功体验。

（一）境有入口处

诗教者的诗情以心血集天地之气，集课程期待烘焙出"有课之境"，以她超脱凡尘、儿童主语的魅力立世于诗学者的情感高地，成为诗学者的精神向往地和文化学习场域。

"向阳而生"——向日葵花海的野外情境作文课程中，诗教者乘风到一处向日葵盛开的万里花海，惊喜不已。诗教者课程情感泛滥，构想着孩童能在这里开课和快活地游戏，构想着他们喷薄着太阳香气的小小身躯在花海中奔跑，构想着他们高举着彩色风车呼噜噜地表达着快乐，构想着他们身处飘着天然花草香的课境中专注听讲、会心会意的笑眸和银铃般的发言，还有充满情感的诵读，构想着他们在清澈的绿水边搭着帐篷和小伙伴快乐地日光浴，嘿嘿！呵呵呵的快乐立刻从心底喷发。

于是，有了阳光下的三线备课，深觉组织一次野外情境课程的备课准备不亚于开国大典。

室外备课是实地勘探，看天气预报，确定时间，发课场预告给全班，组织自主报名，和家长签订来去途中和活动全程的安全责任书。确定集合点，庆幸花海路边有免费停车点。确定停留讲课区域，确定哪一丛、哪一朵向日葵成为我们课堂聚焦的明星，确定举风车后转走格桑花田路线，确定搭帐篷水边游戏场……实地勘探后，诗教者心中有了明晰的课程地图，还有一幅即将实现的蓝图，就像一个燃烧的梦想即将羽化成蝶，心事满满的，憧憬美美的。

室内备课注定是创新设计，诗教者自编向日葵读本，与向日葵有关的童诗、童谣、童话和向日葵歌曲都在课前美美地读起来、跳起来。课中以儿童为主体，以"沉浸式作文"的教学目标创作的是课程的诗作，品说数量之多，观察身形之美，感受果实之用，知晓花语之美，体悟生活之香，参与活动之乐。

课程中，指导作文自是重头戏。可以选择由远及近的写作思路，所见所闻所感相结合，远观到近看，描写和想象的结合，开头和结尾的方式，这些诗学者在"沉浸式作文"中的一切所需都在向日葵的笑靥里取得，一切都是以天然芳香的形式呈现。

事务性备课同样重要：活动横幅、彩色风车、小礼物、帐篷、野餐准备、摄影……详尽，再详尽。

一次野外情境作文课，由三线备课如期进场，入口处天地开阔，井然有序，花开有约，佳期如梦。

金花绿叶翩然如仙子，瓜子隐现，嚼一嚼生生的味道，自是新的体验。诗教者带着向日葵花语的美丽传说，以"沉默的美，没有说出口的爱"为之添彩。诗学者朗诵童诗、童谣，表演歌舞《向日葵》，分明是活跃在大自然中最快乐的音符。举风车奔跑，搭帐篷，野餐，阳光浴，都是最快乐的游戏。向日葵地、续看的格桑花田都是最美的课堂。

有了第一场野外情境课程的经验，在诗学者心中，野外情境课程是旅游，是游戏，是和老师、小伙伴儿们一起，甚至还有爸妈护航的活动。带着期盼和憧憬入睡，晨起，赶上爸妈的出行车，心情很舒畅；课上，遁入花海，是沉醉，在诗学者小小的心海里有着对成长的渴求。他们划着飘满花瓣儿的小船，乐哉乐哉地划过知识的河流，在河流的彼岸，收获的是"沉浸式作文"的果实。

之后的每一节野外情境课都有诗教者诗性、情感、课程的酝酿、烘焙、起锅的三线备课，是吸引儿童，甚至也让大孩子家长倾心其中的大课堂。诗学者是以儿童为主语，对儿童来说，带给他们的是快乐和成长。这样"倾袭"儿童情感的课程给了儿童快乐和成长的经验，这经验是美好温暖欢快的感觉。这感觉吸引儿童、家长参与其中，成为诗学者，诗陪者。

诗教者酝酿、烘焙、起锅是境之入口处。

只要入口，便会无意识地沉浸于美境，这美化难为易，这美化繁为简，这美怡养性情，这美一生护航。

野外情境作文课程的"境"有入口处，这入口好比陶渊明笔下的桃花源头。见入口处已然芳草鲜美，落英缤纷，以光亮导入，只要入口，便豁然开朗，有良田、美池、桑竹之属，黄发垂髫，并怡然自乐。

野外情境作文课程的入口同于桃花源的入口，所以常被诗学者念起，"寻向所志"。不同的是，桃花源在山中，天然形成，由向往它的人们避世建立，同时享太平盛世，安适愉快，自得其乐；野外情境作文课程的"课境"在自然中，被优选上的为"物境"，经诗教者的创作，成"课境"。

桃花源的入口，再去追寻，已无从找到；野外情境课程的入口，一个又一个，诗学者寻得的是一个又一个桃花源。

（二）境有通幽处

在"有课之境"中的诗学者——儿童，他们的姿态是沉浸，他们站在光影水秀的舞台，坐在水边的石块上，坐在流水小桥的台阶上，奔跑在格桑花田里，安静在四合院里，举着镜头在竹林里，朗诵诗歌在早春二月的红梅树前，寻"芦花飞雪"在翠玉般的小河边……

好美好美是课境，好美好美是语境；

好香好香是大自然，好香好香是最沉浸。

通幽处，最沉浸。参观环境与主体活动的和谐协同，使儿童全身心地沉浸其中。

沉浸，使儿童情感涌动，涌动的情感促使他们所有感官积极参与学习活动，以自己的方式，将亲身经受的语言之体验形诸语言。

有课的境，文化馨香，终究还是文化的旅程，在课的境中学词，形象生动，过境不忘，过情不忘。

有课的境，轻松式行走，沉浸式表达。

（三）境有生长点

有课之境最终指向儿童的生长。首先是精神生长，"课境"以她独特的美、清、雅、乐给了儿童深刻的审美体验；"课境"以她独特的游戏场给了儿童合作精神和战胜困难的勇气、毅力。这些真切的感受都将成为他们的暖记忆。这些暖记忆也将像萧红童年时她和祖父所住的园子一样，成为指向儿童一生的光亮。

"荧光夜跑"课境中，荧光娃们在运河边冲击 2.5 公里也是个不小的挑战。夜雨霏霏，仲夏夜依旧没有散去白日的酷热。跑旗的指引，同伴的呼唤，二万五千里长征精神的激励，让小小少年的心充满力量。他们咬紧牙关，迈开脚步，冲破疲劳关，任凭风雨淋湿了发丝和衣服也要跑到终点。这一次课境结合了孩子冲破困难阻碍的勇气和毅力。即使在未来的日子里遇到挫折和坎坷，他们也会想起这个雨夜，想起运河边的 2.5 公里。

　　"幸有柳诗入梦来"课境中，娃们在早春、阳春、暮春的柳树下分别吟诵柳诗《杨柳枝词》《折杨柳》《晚春》。然后他们选用情感探究法、典故探究法、形象探究法去探究诗人写这首诗的意图，也就是去探寻柳在这三首诗中的意象之美。

　　"青竹潭影""芦花飞雪""踏雪寻梅"课境中，清潭边的竹林、寒风萧瑟中弯着腰摇曳生姿的芦苇、早春二月迎风怒放的红梅，或清雅脱俗、或顺势而生、或凌寒开放，都独具风姿之美和风骨之美。"听，春天的歌声"中春天用曲调歌唱，用色彩歌唱，用活力歌唱，一季天籁烟雨，一季生命如歌。"梧桐叶的秋天"中，梧桐叶的青涩时光如绿色氧吧，她的青年时光如城市森林，壮年时光使东大街恍若浓墨重彩的油画大街，最终在初冬时节悠然飘落，留下生命的悲壮咏叹。

　　有课之境带着她独特的审美功能，影响人的情感、趣味、胸襟，振奋人的精神，温润人的心灵，全面促进人的和谐发展，培养儿童多角度的审美情趣，审美中怡情养性。儿童在"课境"中对自然美的感受得到升华。审美诉诸感官，使儿童轻松和愉快，有利于思维的发展和想象的拓展，审美过程是情感解放的过程，深层心理活动随着情感的解放得到激活，自发性得到涌现，潜意识得到调动，并上升到意识或潜意识的表层，使之在同意识的融合中，形成完整的、良好的创造心理机制。审美，促成儿童敏锐的感知力，奇特的想象力，丰富的情感，同时拓展儿童博大的精神世界，培养创新求异的能力。

　　在"课境"中，每次都有一个明星主人公所见，以具体形象为载体，传达出异常丰富的认知信息和情感信息。儿童的感官追求得到满足，感知能力得到滋养，产生震动心灵的效果。在满足和自由的状态下，生成丰富的情感。抒情主人公的占位让他们沉浸式地优美地抒发自己的情感。这一过程中，学生的感受力、想象力、思维能力、创新求异的能力都得到发展。

　　在"课境"中，儿童"沉浸式作文"出的每一篇作品都是《桃花源记》，净杂念，生智慧，出灵气，新鲜创新、胸怀开放。抒情主人公文字清新飘逸情感飘洒，想象丰富，联想自成意境，颇富浪漫主义色彩。

　　野外情境作文课程，构建了"沉浸式作文的教学"新模式。诗教者教师，诗学者儿童，大学堂"野外情境作文课程"诠释了小学作文教学的崭新意义，为小学作文教学解码。

　　其次是儿童的文化生长。"有课之境"是"沉浸式"作文课的"课境"。

　　课境中极富美感的言语带着情语，给了儿童急需描述和抒发情感的愿望，在"沉浸式作文"的过程中，思想沉浸、情感沉浸，意境也渐渐地诉诸笔端。

第六章　野外情境课程：哲学视域下的"沉浸式"作文教学

中国最早的字典《说文解字》中说："哲，知也。"中国最早的词典《尔雅》中记录："哲，智也。"可见，"哲"意为聪明、智慧，而且一般用于大智慧。日本人西周用"哲"对应一门西方的专有学问，只有"智慧"没有"爱"，但既然是智慧，无人不爱，所以"哲"暗含爱的意思。

中国文字的字形结构本身就可能体现出字的意思。"哲"在字形结构上能否体现出智慧与爱的含义呢？"哲"，形声字，从口，折声。现在的"哲"从小篆开始是"折+口"的组合，在小篆之前，"哲"字下面是"心"——"悊"。此外，有眼睛的参与。最右侧的"斤"，是木柄的石斧，表示用来砍伐东西，所以有分辨的意味。最左侧可能是"手"或者"木"，到小篆时，眼睛消失，"心"变成"口"，左侧和上部分与"折"完全相同，变成"折+口"的组合。

在"哲"被周朝发明前，对于左上角的部分，周人有"丰"字可以参考，另还有"手"或"木"可参考。"哲"字头上的"三不像"，如果是"手"，表示拿到眼前看，是亲眼去看，表达出身体力行的意思；如果是"丰"，意味着"哲"的品质可以带来丰收，这正好是智慧所被期望达到的效果；如果是"木"，则有折断、砍断木头的意味。这"三不像"和"斤"的组合暗含重整重塑之意，与"丰"表示丰收之意，综合起来表示挽回破碎局面，开疆拓土，获得丰收和业绩。这是智慧该有的或者说希望被赋予的能力。

从字形的角度能总结出中文"哲"的含义：包含了分析和综合两种思维方式的智慧的思维品质。"哲"字最终成了"手+斤+口"的组合。如若是"悊"这样的组合，则更能代表这个字多少年演化来的含义："心"表示的心灵是思维的起点也是观察结果的归宿，"斤"开启分析之意，而"丰"去掉一横是综合了"木""手""丰"三个字的含义，有分析、有综合，这个字就更能体现哲字的核心内涵。对于把"哲"创写成"悊"的想法无疑是有意义的，很好地演绎了"哲"字悠久长远的演化历史，很好地解释了"哲"内涵意义，也很好地诠释了中国文字以形表义的象形、会意、形声造字法特征。衍生开去，"哲人"是说"有智慧的人"，哲学即为研究智慧的学问。

什么是哲学？西方哲学的起源是古希腊，哲学在古希腊是"爱和智慧"的意思。搞哲学的人主要特征和主要活动是思考。思考天上地下、个人的、社会的，什么都可以拿来想一想。哲学是一种新的理解世界的方式，是对任何事物的学术研究，是一种特殊的对话形式。哲学在古希腊语中是"追寻智慧"，从"爱智慧"的起初意义上讲，哲学表达了人的一种生存状态，一种面对现实、心灵开放的本真的生存状态。人类因此获得真正的自由，获得对世界的真理性认识。

在古印度，哲学通常被称为"见"或"察"。

哲学大师黑格尔（G. W. F. Hegel，1770—1831）把哲学比喻为在黄昏起飞的猫头鹰，旨在说明哲学是一种对历史的"反思"活动，是一种自甘寂寞的沉思的理性。

马克思说哲学是时代的产物，"是自己时代的精神上的精华"。哲学在于用理性的方式去探讨，把生活的意义与本源揭示出来，让人们认识和掌握正确的生活之道，真正快乐、幸福、自由地生活。

生活没有哲学，就好比黑夜中没有明灯，我们随时可能成为迷途的羔羊，如苏格拉底（Socrates，公元前469—公元前399）所说："没有反思过的人生毫无意义。"

在西方哲学传统里，"哲学"象征着对真理的追求、对人性的追求、对一切的怀疑。诸上对哲学这一概念的种种定义，都囊括出哲学是理性思考的含义。哲学研究是智慧生成的途径，具有精神层面的思维意义。

哲学思考，使人智慧、理性。

哲学使人智慧和理性，是在情感的强烈驱使下，提问"怎样才能更智慧、更理性？"，然后痴迷，并在实践中努力解答自己认为需要解决的问题，最终的指向是提高"自我认知"来完善世界，获得幸福人生。

哲学赋予我们智慧。智慧指引人倾听自己的内心深处，这心灵最想要发挥出来的是什么？她想要到达怎样的彼岸？

哲学大师黑格尔说："哲学的特点，就在于研究一般人自以为很熟悉的东西。"哲学去反思和揭示生活现象背后的本质和源头。

哲学是思考，哲学是幸福追寻。

教育哲学是教师源于教育困境而生发哲学问题，进行哲学思考，不断对教学自身进行探究、追问、考察、批判和反省，不断追求民主与自由、超越与解放、人生价值与意义。其目的是试图采用更好的教学形式和教学内容来增进儿童的知识和技能，促进儿童全面和谐地发展，并体现出理性的精神。为了使教学活动中的人更美好，教育哲学给教育行动助力。

"沉浸式作文"的教学新模式是通过构建野外情境作文课程体系，赋予纷繁的作文课程以和谐而优美的形式，促进儿童美好人性的发展。

教育哲学的意义在于解释了"沉浸式作文"教学新体系存在的理由。教育哲学促进了教育者思想的成熟，使其增进理性并不断反思教育生活；教育哲学努力思考并给予受教育者理想的生活和学习方式，促进其精神和文化双重成长；教育哲学要求课程视野开阔，应对不断面临的新挑战。

第一节　诗教者的课程人生：沉浸式的作文教学

学科老师生命的困顿在于千篇一律造成的长期枯燥，在于社会、学校、儿童的学科高期望为教师带来在体力和思想上的重压，在于缺乏创新和思考，如禁锢双手双脚和大脑一样造成的教师个体的平庸。就作文学科而言，存在写作素材、言语能力、作文情感、思想意蕴等多方面对儿童的考验，考验儿童实质是在考验教师。封闭式的作文课程仿若杂草丛生的枯井，枯井深深，因缺氧、缺绿、缺水令人窒息，教师像一只愚笨的蛾，扑棱弱小的翅膀，却怎么也驾驭不了肥硕的身躯飞离这枯草井。扑棱扑棱，几乎都已经失去了想逃离的决心，逐渐地麻木、暗淡，被枯草井同化，渐渐枯萎。试想：这样环境、这样心境的教师如何能教出智慧的孩童？

野外情境作文课程，实现教师沉浸式的作文教学，教师成为诗教者，成就课程人生。

一、实现诗教者的生命价值

在野外情境作文课程作为教师沉浸式的作文教学的主要抓手的过程中，教师占据主导地位。野外情境作文课程赖以存在的"课境"是开放和自由的环境，是一个空灵之境，是心灵的天然栖息地，是逃离繁杂呆板和单一形式的灵魂的天然寄放所。她是教师在散发着"天然花草香"和厚载浓情的社会之景中优选的"物境"，合并以教师的职业深情生成的"情境"，再合并以教师的生命体悟升华"物境"和"情境"而生发的"意境"。三境合体，是为野外情境作文课程敞开的容纳儿童、吸引儿童、解码儿童沉浸式作文的"课境"。这一过程，使教师成为诗教者，实现诗教者的生命价值。

如何让自己逃离，同时带儿童逃离咸腌菜一样单一乏味的课堂四十分钟作文教学，以排解教育生活中的无聊、寂寞和无意义感，这是教师对自己作文课程实施者这一身份的哲学追问。

创建野外情境作文课程，实现沉浸式的作文教学，成为诗教者，是教师对这一哲学追问的求索和回答。这一回答，实现了教师作为诗教者的生命价值。

诗教者的生命价值在于课程实施过程中的创新精神和创新行为，在于向往自由和实践自由，在于认识儿童和成全儿童，在于儿童不断地获得和体验生命的意义。

生而为人，我们不仅具有天然的自然生命，更要具有超自然的生命。超越性，是人的生命本质，对人来说，追求的是生命的意义和价值。让儿童在获得强大生存能力的同时，拥有越来越丰盈的情感，这让儿童生存在爱与智慧里，成为拥有丰富的精神世界的存在，他们的一生成为"爱与被爱"，同时还要让儿童坚定存在的必要性，成就人生的幸福与人类文明的进步。

野外情境作文课程在这一命题上更好地实现了教师的生命价值，提升了教师的生命境界。

教师也是成长过程中的人，在创生课程的过程中，教师在唤醒自己的潜在能力。教师作为优秀的生命体，自身蕴藏的巨大的能力在课程开发、实践和意义追问中不断地被唤醒。

教师的生命成为超越自然生命的生命，是对生命意义和价值的追求。野外情境作文课程开启作文课程通往儿童世界的大门，使教师的生命完成感性到理性的升华，达到认知与情感的统一，教师以不断地向自然回归的个体成长引导儿童的创新和自由精神。

教师创生野外情境作文课程的过程是对自我的认识和追寻，是对童年的追溯，是对儿童好奇心、想象力的开发，是对作文教学本质的深刻追问和对作文教学现状的哲学反思。

爱孩子，爱两眼发光、雀跃欢呼的孩子，渴望看到他们小小的身躯绽放太阳的光彩。于是，教师在爱的照耀下去寻找和发现，去寻找童年的秘密，发现儿童成长的密码，同时，也解码了作文教学，这是教师对作文教学的理解，也是自我价值的体现。

野外情境作文课程光照下的沉浸式作文教学模式，呈现给教师的是课程人生，以课程为悲欢，以课程为行走方式，以课程的广阔天地为完整的世界和人生的图景。这是教师的兴趣所在，是作为追光者的生命个体灵性的迸发，教师的精神成长走向内核、走向深处。

在课程行走中，诗教者不惧风雨。风是柔的，雨是美的，像小耳坠的透明雨滴入眼、入镜、入心。斜织的迷蒙雨丝是生命成长的芬芳，天地间的雨幕像一首浪漫的传奇飘响天籁般的春之歌。翠玉般的小河上绽放着无数浪漫的小雨花，传递着晶莹和谐的笑意。鸟雀、野鸭、白鹭在新生的苇叶水流上嬉闹欢娱着，桃瓣儿乱颤，柳枝婀娜生姿。一季繁花如雾，一季天籁烟雨，一季生命如歌。诗教者的眼前之景在愉悦、诗意的精神状态下就成为心中之景，带着"情境"和"意境"升华为"课境"。这样的"课境"是天然的"沉浸物"，美、趣，并启智。

在课程行走中，诗教者不惧严寒。瑞雪至，农人喜，诗人兴，小儿乐。诗教者是诗意的开创者。雪后的自然天地，晴朗合并着寒气。寒气中万物萧瑟，河水结冰，万籁俱寂。寻得一处梅林。红梅吐冷报早春，是给世界眼前的心头的光亮。无数朵带着光亮和生命芬芳的艳红星星掉落凡尘，眨着眼睛，迎接春天。每一个枝头都各具风姿、各自成章，又是浑然天成的一篇恢宏大作。"踏雪寻梅"，寻的是课程，寻的也是教师的浪漫行程和对自然的接纳，对生命的感恩和思考。

在课程行走中，诗教者不惧长路。以旅行的心态和形式行走，憧憬和体验都是极致的清雅和诗意。中创区的紫琅湖是现代城市的眼，象征着现代人的睿智和烂漫。元宵节，紫琅湖的光影水秀舞台更是流光溢彩，是一场视听盛宴。美好的邀约，是"教育爱"。"教育爱"与父爱、母爱相约、相迎、相融合，家长也成了伟大的教育家。大家一起奔向一个美丽梦，地铁从城市的最西头连接到最东头，爱的温暖从水上舞台传递到每个孩子的心里。

在课程行走中，诗教者不惧孤灯。优选适合野外情境作文课程的兼具风姿之美和风骨之美的"物境"，要诗教者进行散文诗创作般的书面备课，备物境、备儿童、备天气、备家长……所有的创作都必须在孤灯之下。从儿童角度出发的审慎构思，从儿童角度出发的语言锤炼，从儿童角度出发的安全保障，从儿童角度出发的课程追问与反思……一切都是心的耕耘。备四季牧歌、备家国情怀、备传统文化、备历史遗存，一切都是最珍贵的记忆，一切都是最喜悦的相逢。心的耕耘是疲累的，呕心沥血，不计时日，沉浸其中，如痴如醉。这是自我价值的认清，是心灵的创作。

沉浸，是寻"物境"的诗意行走，与大自然和人间烟火相融，回到人生命的本真和原初意义上，回到情感暖炉养心的世俗生活中。因自由、创新和选择，路途充满信心和企盼；因自由、创新和选择，教师不惧风雨、不惧严寒、不惧路途、不惧孤灯，是披荆斩棘的快意行走，走的是人生，是指向沉浸式作文教学的课程人生。这样的人生，以儿童的方式永远存在。

沉浸，是演绎"课境"的诗意行走。一节"课境"的孕生，好比一首散文诗的诞生，是从教师心底里流出的诗。教师是创作者、朗诵者，孩童是入情的朗诵者、领诵者，并成为再创作者。教师沉浸"课境"中。自我沉浸，以物境、情境、意境引导孩童沉浸。

沉浸，是哲学反思的诗意行走。"沉浸式"作文教学是否能有效解决学科困顿？是否能真正调整教师的精神状态，使其在创新中真正感觉到职业幸福？是否能让教师感觉到人生幸福和学术幸福？

沉浸，是课程以儿童生长的方式永远存在，存在指向儿童一生幸福的精神明亮里，存在儿童现世幸福的游戏活动场里，存在儿童渴求的言语成长的暖环境里，存在解锁儿童作文密码的科学教育观里。

沉浸，是深夜孤灯下的哲思和创作，是清晨醒来睁开双眼同时的灵光一闪，是梦境初醒时某一细节的更新，是走到一处胜境时的驻足仰首。

沉浸，是敬仰，敬仰自然万物、大地星辰为儿童提供的鲜活的"课境"原型。

沉浸，是敬畏，敬畏孩童身上天真纯净的本性和与生俱来的儿童式言语技能，属于他们的主题曲和天然花草香。

沉浸，是敬重，是教师作为生命的人，对用自由和创新精神珍视自己灵魂深处的个人价值的认同。"上士闻道，勤而行之；中士闻道，若存若亡；下士闻道，大笑之，不笑不足以为道。"教师以"勤而行之"自诩为"上士"。这是对自己灵魂深处追求光明的精神力量的敬重。

沉浸，是沉浸式备课、沉浸式上课、沉浸式反思。

沉浸，是全身心投入。春，花枝招展。我，蓬头垢面。但内心，春光一片。

沉浸，成全了诗教者的课程人生，实现了诗教者的生命价值，那是对生命境界的追求，诗教者成为了自己的人生舵手。

二、实现诗教者的文化价值

成尚荣先生说："教师是派到儿童世界去的文化使者。"教师的确肩负着民族、人民、时代和未来对儿童引导教育的使命。

中华民族的文化像母亲微笑的脸庞、温暖的胸怀、甜美的乳汁。中华民族文化的元素，应植根于儿童的心灵，让他们依偎在母亲的怀里。

指向沉浸式作文教学的野外情境课程是立足于儿童心灵的耕耘，是心灵在耕耘心灵。心灵耕耘，没有指令，没有禁锢，没有行政领导的言语霸权，但同时也考验教师在自觉自愿的教学情感驱使下的教学行为。这种教学行为是在荒芜上开垦和求索，往前走，经常还要回头看。最终，呈现的是促使儿童沉浸式作文的文化课程。

这文化课程是理论假想，然后是假想中的付诸行动，然后是实践行动后的哲学反思。所有的一切都是"我以我心付童心"。最终，是体现教师作为诗教者的文化给予。

诗教者的文化价值的实现是对野外情境作文课程理论的探索。"看见"是野外情境作文课程中的教师首场。教师的"看见"孕生物境、生发情境、蕴积意境。野外情境作文课程中教师特质是自由、创新、儿童。这是教师为野外情境作文课程探索的理论文化，又是作为教师个体的自身文化价值的体现。

诗教者的文化价值的实现是让儿童"遇见"野外情境作文课程，是对童年的救赎。就作文这门科目的学习，作为人生之初的儿童需要救赎、值得救赎、必须救赎。童年的危机来自学校、家长和同伴。野外情境作文课程用美、智、趣给予儿童快乐与幸福，排除文化学习的难与障碍，还用坚强、勇敢和感恩去使儿童强大，是对童年的救赎。

诗教者文化价值的实现是洞见：建构课程的意义。以儿童为主语，创生野外课程、田野课程、水课程、传统课程中自由生长的力量，水品格、香醇的情感都与童年相遇。创生联结，实现儿童的深度学习。自由时间、空间、内容使野外情境作文课程还儿童以自由的形式。自由、游戏、故事，以儿童的方式实现课程的文化价值，教师自身成为文化。

诗教者的文化价值在于以野外情境作文课程为载体，实现"沉浸式作文教学"的新模式。诗教者有志，志向在儿童，为儿童解乏、解困、解锁；志向在课程，书写"沉浸式作文教学"的教学的密码本；志向在自己，沉静、沉潜、沉迷"童世界"。沉浸，成就诗学者的"课程人生"和"人生课程"；沉浸，成就诗教者的"有我之境"和"有境之我"；沉浸，成就大学堂的"有境之课"和"有课之境"。诗教者、诗学者、大学堂诠释了小学作文教学的崭新意义。

诗教者对野外情境作文课程的哲学追问是文化的文化。诗教者的课程人生是沉浸式的作文教学。诗学者的课程生活是沉浸式作文的学习。大学堂的文化传奇是沉浸式课境在儿童知识和技能领域，在精神和文化领域的再生。

诗教者的文化价值在于二十节野外情境作文课程的开发，二十份随课读本的开发，这些是课的文化。教师在野外一节一节野外情境作文课的执教体现出教师本身是行走的文化。

教师在野外情境作文课程中的文化价值基于人生的理想和价值追求。意念和行动开始的一天就是教育青春的开始。价值追求直指教师的精神世界。野外情境作文课程赋予了教师强大的精神力量，足以驱赶教师人生的困倦，哲学追问关乎教师精神美好的本源和个人价值。这是开发野外情境作文课程文化并得出结论的迫切需要，是开阔教师教学视野，深掘理论水平的需要。这是时代所需要的教学思想。教学活动和教学行为是蕴含着理论的。预设的教学活动和教学活动是创造型的理论文化，蕴含在活动和行动中的缄默的理论被诗教者开掘并阐述出来，也是文化价值的体现。

诗教者自身是文化，开掘出的理论探索是文化的文化，充分实现了教师的文化价值。她不是指向现实的功利主义欲求，她是指向课程价值和儿童终生发展的精神层面和文化层面的创新教育——精神成人和文化成人。

三、实现诗教者的实践价值

实践价值指老师和儿童在野外情境作文课程中生命的彼此成全，对于作为生命主体的人的发展与完善所产生的影响及意义。诗教者在野外情境作文课程中的实践价值是可以定性定量分析的。

首先，追求实践价值有助于诗教者获得现世幸福。实践的本质，就是在认识世界的基础上改造世界。诗教者在教学实践中认识到传统作文教学的不足和局限，意图革新教学内容、教学方式来解码新时期儿童的习作学习这门课程。创生野外情境作文课程的过程是在创造价值。儿童热爱野外情境作文课程，沉浸课境后，沉浸式习作，写出沉浸式的作品是诗教者享有的课程价值。在这一过程中的创造的价值和享有的价值，让诗教者获得人生幸福，这幸福都是精神层面的，是对个人价值的认同。

其次，追求实践价值有助于诗教者在实践中自觉地追求课程活动的高效性。为了切实提高儿童沉浸式作文的高水平。诗教者努力捧出最优"课境"，这是心血的结晶，是自由和创新的产物。诗教者再努力做到声情并茂地授课，力求以自由、游戏、故事等儿童喜闻乐见的方式促使儿童沉浸其中，以无意识去牵引有意识。以情感去开启思维和想象，高效地学习。为了实现高效学习，诗教者开发田野、水、传统课程，实现课程中的儿童主语。同时，运用创生联结，实现了儿童的深度学习。

追求实践价值还有利于诗教者用实践效果来检验理论与实际操作的正确性。野外情境作文课程成为真正意义上的儿童课程，注重对儿童作为人的命题的关注，是对儿童世界的关注，是对人的主体价值、人的主体性的张扬，克服了传统课程疏远人性、淡化主体、漠视文本的尴尬，真正实现了以生命为主题、以生命体验为途径，真正实现了以生命自由为归宿，实现了教育美好。她发挥了作文课程的生涯效应，指向儿童的精神成长；她是实现教师福祉的精神高地，体现教师课程的创新思维；她摆脱了"现实无力"的现实困窘，实现课程空间的有氧呼吸。

野外情境作文课程，应置顶作文学习域场，她点亮了儿童、教师和课程的视界，实现了儿童、教师和课程的精神明亮。

综上所述，野外情境作文课程是教师沉浸式的作文教学，她使教师成为诗教者，成就诗教者的课程人生，同时建构起诗教者的精神高地使之生长起自己的智慧。

第二节　诗学者的课程生活：沉浸式作文的学习

是谁拿走了孩子的幸福？

手持作文教学的法杖，我们直面过往教学的缺失：尘封的幸福、失去快乐的童年、儿童冷漠的眼神、老气横秋的字句——纠其根底，课堂与儿童与生俱来的天性擦肩而过，重复的生存状态消磨了新鲜感和创造性。蒙台梭利（Maria Montessori，1870—1952）说："儿童在一个与他的年龄相适应的环境中，他的心理生活才会自然地发展，并展现他内心的秘密。"

裴斯泰洛齐（Johan Heinrich Pestalozzi，1746—1827）在《隐士的黄昏》中说："教育的一般目的是：使人的内在力量提升为纯洁的人类智慧。"教育乃人类本质的改造，因此，教育应重视个人本质的和谐发展。

现实和以上言论给了我们有关儿童作文学习的哲学思考。

课程研究终究是儿童研究。儿童与生俱来的自然性决定了他们的存在方式，他们用游戏来自然交往。游戏之于儿童，具有天然神韵，是因为儿童具有游戏精神。儿童为自己游戏，为自己取乐。游戏中会很累、很紧张，但儿童感受到的却是无与伦比的快乐和心理的满足。游戏中的畅快是儿童心底里升起的阳光，自内而外地喷薄出童年的朝气，照耀着他们小小的身躯。

儿童的自然思维是遐想。

鲁迅说："孩子是可敬服的，他们常常想到星月上的境界，想到地面下的情形，想到花卉的用途，想到昆虫的语言；他想飞上天空，他想潜入蚁穴。"

儿童是遐想的天使，可以是基于现实生活基础上的天马行空，是溪水般的清澈、是白云般的清悠、是浪卷般的激越、是内心的狂澜迭起、是特属于他们的喜形于色……可以走进童话、可以跨越时空、可以上天入海、可以与现实中的一切生灵浅唱低吟。这就是人之初可敬的遐想——自然、透明、儿童。

儿童用情感自然表达。

"人之初，性本善。"日月星辰、都市乡野、四季的河流、鸟虫的呢喃、大海的潮声、草原的牧歌、真挚的亲情、深邃的哲理，在儿童精神世界中的影射色彩更浓。儿童的情感似乎一把风雅的琴弦正迎风在绿色的原野上，他们的倾听和感受鲜有成人世界的焦躁和功利，充满了善良和冲动。"儿童是情感的王子。"只要是风儿吹过的地方，都伴随着儿童主观性的情感涌浪。

儿童代表着自由。

寻求自由是儿童的天性。自由在哪里，童年就在哪里。课程不只是规划儿童，更为重要的是解放儿童，让儿童获得自由存在的空间和自由思想的空间。儿童的本义是自由、探究。遵循儿童探究、发现的天性，构建儿童教育哲学，让课程站在新的高度。儿童可以寻找并沉浸在自己的世界里，逐渐进入一种非常美好的精神状态。有心理学家称这种状态为"流"。在"流"里可以将自己的创造性发挥到极致。

好的课程是文化栖息地，给学生提供精神的闲逛和诗意的劳动。

好的教学让儿童永远有陌生感、新鲜感。

余秋雨说："在孩子们还不具备对古诗文经典之类理解能力的时候，就把经典交给他们，乍一看莽撞，实际上却是文明传代的绝佳措施。幼小的心灵纯净空阔，由经典奠定，可以激发他们一生的文化向往。"古诗、童谣是属于他们的经典文化。

在童年的天空下，是一片故事的原野，建构、丰富童年生活就是要建构、丰富童年的故事原野。儿童渴望深度学习，深度学习能满足求知的欲望，让他们产生心理满足感。儿童具有强大的生命的力量，这种力量不断往外奔突，企图冲破一切对他的束缚和限制。

以上对儿童的研究，让我们知道儿童有自己的哲学。儿童有自己看待世界、看待社会、看待自然。看待自己的方式，并产生相应的理念。课程的主体是儿童，本质是自主发展，基本形态是儿童的生活。

研究儿童教学哲学，就是思考什么样的课堂适合儿童。

作文课程要真正地走进儿童的心灵，以适合儿童的方式走进儿童的世界。以野外情境课程为载体的沉浸式作文的学习模式应儿童需要而生。客观环境与儿童的主观活动和谐协同，使儿童全身心地沉浸其中。

野外情境作文课程是儿童的文化栖息地、愉快的乐园、精神的家园、创造的摇篮，是童年意义的停泊地。

一、以尊崇童年精神走进儿童世界

野外情境作文课程以尊崇童年精神走进儿童世界，给儿童现世幸福。现世幸福是具有蓬勃生命活力和生长活力的儿童渴求的生活情感。现世幸福实现课程对儿童的快速吸引，使儿童快速找到属于自己的童年快乐，到达文化语境。

以"向阳而生"——向日葵花海野外情境作文课为例，从儿童哲学视角谈谈此课，尊崇童年精神的设计。

首先，向日葵花海是天然的美境，牵手大自然课堂，是一个多么明智的选择。是课，她是美丽的，以新鲜、芳香、耀眼的天然色彩搭以阳光、流水、鸟鸣候场所有追寻美的眼睛，候场所有热爱大自然的心。儿童是大自然之子，他们热爱和乐于探索大自然。著名教育家苏霍姆林斯基说："大自然不仅在智育中起着巨大的作用，在丰富儿童精神生活方面也起着同样重要的作用。"一听说要在双休日阳光明媚的时候乘着爸妈的专车去向日葵花海"玩课"了，他们一大早不需要闹钟就起了。打开车窗，带着急切的心和美美的憧憬哼起了小曲。一到向日葵地，他们就长上了翅膀，飞到这棵向日葵边闻一闻，一脸的陶醉；飞到那棵向日葵边说说一根茎上有三朵花，一脸的兴奋；飞到刚结子的向日葵边，拈起一两粒瓜子嚼一嚼，一脸的惊奇；藏在花丛里躲个猫猫，在曲径通幽的小路上撒欢儿狂奔。他们呼朋引伴、快乐欢呼，像蝴蝶一样起舞、像小鹿一样活泼。

向日葵花海美的课境给了儿童"扑"的心理向往和行动体验。扑向美的怀抱对儿童具有磁石般的吸引力，这是与儿童的年龄相适合的自然情境。在这样的课境中，儿童的心理活动自然地发展。快乐的表情、蹦跳的身姿、银铃般的声音，预示着儿童内心的秘密已然被揭开。他们就像灯盏被点燃，像发光体闪现着童年灿烂的金晖。一时间，已经说不清楚，到底是花美了娃，还是娃美了花。在诗教者的眼中，似乎一开场，花和娃就已经融为一体了，都喷薄着大自然的香气息，这是自然之美的开场，是课程之美的开场，也是人生之美的开场。

美，引领着美，生长着美。美给了儿童纯美的生活色彩，大自然的奇趣激发儿童想象的灵感，温润的情感点亮儿童心灵的烛火。

瑞士儿童心理学家皮亚杰（Jean Piaget，1896—1980）关于儿童思维的一个主要发现是：儿童不能把精神的和物质的世界相区别，在成年人看来无生命的惰性事物，在儿童眼里是活的、有意识的。这一现象是儿童的"万物有灵论"。

美的课境激发儿童的热烈情感，美的课境全都是有情之境。儿童会擦亮心眼，全身心投入到他关注的对象上去。选择向日葵花海作为课境，是诗教者的情怀，是勇气，是对儿童哲学的科学认识，是对童年精神的尊崇。美的环境立即让孩子们敞开心扉，优化的心理体验场凝聚了他们所有的感官，他们愉快地全情投入。在情感愉悦的时候，儿童的思维活跃起来，想象力被开发，活跃的想象力推动创新思维的发展。

其次，诗教者美的语言也是优美课境的主要组成元素。课境是诗教者用情研究儿童的结果，也是儿童文化语境的场。契合自然风光的语言之美也是儿童向往的语境。"我们的快乐盛开在阳光下的向日葵花海里……向日葵褪去了她曾经最华贵最耀眼的金黄，开始有了丰收的果实——瓜子儿。""早晨，太阳从东方才露出笑脸，向日葵频频点头，好像正在和太阳打招呼呢！这就像清晨迎着阳光走进校园的你们，每一个孩子的笑容都是一朵最美的向日葵；中午，太阳在空中散发出温暖的光芒，向日葵把头昂得高高的，追着太阳！每一位勤学乐学的孩子就是一朵向着阳光的花朵；傍晚，太阳下山时，向日葵依依不舍地跟太阳告别，就像你们在校门口和老师说再见。"

美的课境、美的语境都激起儿童美的情感，打开情感之门，儿童思维的碰撞、想象的流、创新的火苗都喜人地活跃。情感的小舟在美的流动中让儿童的课程进入绝佳境地。

惊奇是契合儿童天性的情绪。他们的头脑中充满了好奇，随时准备去探究谜底。在向日葵花瓣的金黄和叶子的青绿都没有原来鲜艳的花盘上，有什么新的发现？

孩子们的兴趣一下子又高涨起来，发现营养给了果实。为了给人类带来最美味的瓜子，让瓜子长得更加饱满，花、茎、叶宁愿褪去最美的颜色。瓜子可以做什么呢？她又有哪些营养价值呢？探究让儿童充满好奇。生活经验、小课题研究都让他们情致盎然，个个像伸长脖子的小企鹅。探究的结果丰富了他们的知识链，满足了他们的探究欲。

童年是故事的原野，在向日葵田野上听关于花语的故事传说，所有的孩子凝神屏气，沉浸在美好的故事情境中：略带悲伤又纯洁美好的花语传说契合儿童纯真、美好、善良、极富同情心的童年特质，他们沉浸、沉醉又情感热烈。花语是多么美好的意义赋予，她使美有了升华和意韵。花语成了儿童美好的收存，这是体悟、是沉淀。如果你给向日葵赋予一种花语，你想让她代表什么呢？当我们打开美好之门，就有了美的向往和光亮。

儿童因为热爱去倾听和表达是儿童式的崇高，这种崇高指向儿童本质的和谐发展，使儿童的内在力量提升为纯洁的情感和外在行为，这些都将成为儿童珍贵的记忆留存，照亮他们一生的路途。

向日葵永远向着太阳生长。发风车、组装风车、举着风车走过向日葵花海的弯弯小路，走过向日葵地，我们又走向格桑花田。风在伴奏、风车在起舞，我们走到哪里，都像彩色的音符在花海里跳跃，都像流动的彩色花边在风中飘移，镜头感十足。花海里有花草的生命，有童年的史诗。我们走出一路彩色的风景，走出一路彩色的回忆，走出一路游戏的快乐。

游戏是儿童自然生成的心灵归宿，是吸引儿童的天然磁场。一路走在阳光花海里，会很累，但感受到的是无与伦比的快乐。游戏中的畅快是在儿童心底升起的阳光，自内而外喷薄出童年的朝气，照耀着他们小小的身躯。

接着，我们在花海旁的空地上搭帐篷野餐。好美的课境、好吃的食物、好躺的帐篷、好聊的伙伴、好亲的老师、好陪的爸妈，一切都很好。儿童一直在游戏，游戏激活了儿童周身的每一个细胞，让每一个孩子的双眸熠熠生辉，他们在游戏中随心起舞，感受着快乐。这是儿童激情飞扬的时光，这是他们的现世幸福。

以研学旅行嬉游形式组织的"向日葵花海"野外情境作文课程，吸引儿童往美的、睿智的、自由的方向去，以尊崇童年的精神走进儿童世界。在这样课境中的儿童成为诗学者。美、睿智、自由的游戏场使课成为儿童渴求的生活场景，课境成为儿童沉浸式的课程生活。这样的生活促成儿童和谐健康的精神成长，这是对儿童教育哲学的最好解读。

二、尊崇儿童文化走进儿童世界

作文课程是教师努力用适合儿童的方式传授给儿童的写作技能课。教师传授的知识、技能、情感被儿童复现和再构，形成儿童文化。儿童文化最终是以儿童自己的思想和行为来决定其价值和标准的文化。

野外情境作文课程以沉浸式的课境全方位吸引儿童，实现课程价值，构建儿童标准。

沉浸式学习使儿童成为诗学者，诗学者实现复现和再构过程的最优化，最优化创造最大的课程价值，刷新儿童标准。

在辽阔炫美的向日葵花海里，向日葵的数量之多构成了大美的课境。"数不胜数""不计其数""成千上万"这些词还有生动形象的比喻活跃在自然场景中。生动形象的现场之境实现了知识的直接感知。接着观察身形之美，从花盘看到花瓣，看到茎、叶子，看到形状、颜色，边看边想：像什么？现场沉浸打开了儿童的心灵之窗，使儿童愉悦地、无意识地、主动地参与教学活动。愉悦、无意识、主动使学习过程很轻松。在自由、轻松的氛围中，思维的小火车开动起来。理性思维也进一步和形象思维结合起来，提升了儿童思维能力的活跃度和深度。最近距离的直观形象以自由的、美的形式展现给儿童，儿童全身心地投入其中进行观察、感悟和体验，以最积极的感悟实现自主学习。在自由、和谐的"课境"中，儿童的想象力自由而舒展。他们天马行空的奇思妙想极富童趣。在自由、和谐的"课境"中，儿童的创新能力也体现出来。充满想象和创造、追求自由和平等的非功利性精神是儿童文化的精神本质。

去探究小瓜子的秘密又是孩子喜闻乐见的，在探秘的过程中感受向日葵的果实之用。孩子们总是在超市里见到瓜子，到底瓜子是怎么长出来的呢？他们充满了好奇。好奇心是对新异事物进行探究的一种心理倾向，是推动儿童主动积极地观察世界、开展创造性思维的内在动力。野外情境作文课程中，孩子们可以现场找一找、摸一摸、看一看、闻一闻、嚼一嚼、探一探、说一说。传统的教学模式是坐在教室里，看看图片、填着图表、记忆背诵，直观的形象是买来瓜子尝一尝。

野外情境作文课程中，儿童现场待在生长的花园里，感受的是鲜活的生长中的瓜子。嫩嫩的壳儿、生生的味儿，他们爱怜地捧在手心上，用心地在牙齿尖上小心地品味，这是前所未有的体验，这体验让他们快乐沉浸。然后，再去探究瓜子可以炒成本味儿的、五香味儿的、抹茶味儿的、牛肉味儿的，与生活的链接让他们的内心充满了熟悉感。这些都是他们平时常吃的嘎嘣脆的好零食。这些都极大地满足了儿童的好奇心，让他们情绪高涨，实现"物我合一"。瓜子有哪些营养价值呢？小课题探究启迪儿童心智。开放的、问题式的探究在活生生的课境里，更富有吸引力。富含铁、锌、钾、镁等微量元素，这绿色食品你还可以想到哪些新吃法？儿童是哲学家，哲学源于他们对周围世界的惊异和追问。这一问题让他们眉飞色舞，创新让他们兴奋不已，挑战性创新让儿童感觉到自我价值的实现，产生自我认同感。

再了解花语之妙，体悟生活之香：由向日葵联想到人，链接到一日校园生活，成为一朵向日葵是儿童美美的情愫。置身向日葵花海的儿童沉浸在美的"课境"中，以一日学习生活链接的联想场景，以情感为纽带，实现了"以我为主语"的情感链接。同样的晨光熹微，同样的夕阳唱晚，朝着阳光的"向日葵"成了儿童自己。真实沉浸和联想沉浸给身处花海中的孩子带来美好的情感体验。这体验再生情、再添乐，展现儿童内心的秘密。在向日葵花海中朗诵向日葵的古诗："更无柳絮因风起，惟有葵花向日倾。"古诗的诵读让沉浸式作文课增添了款款深情和深度思考，增添了诗意的古典香醇，这是对儿童心灵的深层滋养。儿童熟读于心，濡染于心，在快乐的精神生活、文化生活中逐渐拥有儒雅的文学气质，拥有快乐的经典人生。同时，让儿童在情境诵读中逐渐拥有良好的语文素养。他们诵读童谣《借耳朵》："太阳公公没耳朵，想找葵花借一个……"还有《听课》："小葵花，竖耳朵……"这些面对向日葵朗诵的童谣，赋予向日葵非常可爱的童话色彩，刺激了儿童幽默风趣、清新明快、天然质朴、活泼童趣的表达风格。

讲向日葵童话、向日葵歌曲的表演唱都是在课境中儿童以"我"为主语的动情演绎。他们是全感官、全情感沉浸式的文化学习生活中的抒情主人公。这种直抒胸臆给了他们积极的浪漫主义情怀，让他们的思维驰骋、想象瑰丽。在沉浸式"课境"中，他们心潮澎湃，在沉浸式作文过程中，他们从内心真实世界出发，语言热情奔放，富含情感。他们自然地遐想、自然地抒情，没有苍白、没有恐慌、没有单调，抒情主人公沉浸式的情美辞浓，实现了自我认同感，追寻到作文课带来的愉悦感和成功感。以野外情境作文课程为抓手的沉浸式作文的学习模式使儿童成为诗学者，使课程成为大学堂。

第三节　大学堂的文化传奇：沉浸式课境的生成

由"课境"、诗教者、诗学者合并的沉浸式野外情境作文课程理应被称为"大学堂"。大学堂是文化传奇，她是对作文课程、教师和儿童生命的成全。大学堂是"诗意的栖居"，充盈着纯真、情趣、智慧、和谐和生命冲动。她使小学作文教学从哲学角度解决了作文教学"困顿"的现实窘境，以瞭望未来的目光审视现实困窘。

诗教者教师是野外情境作文课程的"课境"之母，她是诗教者智慧与审美情趣双重结合的生成。之后，"课境"的价值又在于对诗教者的多方成全。在"课境"的生成中，教师回归一颗真纯朴素的童心，用儿童的眼去看世界——筛取；用解放儿童的心去构想——建课；用瞭望未来的心愿去企盼：哲思。

诗教者的筛选、建课、哲思、构建野外情境作文课程。

野外情境作文课程是大学堂，使学生投身大自然和社会图景，通过活动伸展旺盛的生命力量，同时激发情感、启迪智慧、发散思维、活跃想象、丰富经验、鼓励创新，呈现蓬勃的课程活力。呈现蓬勃生命活力的课境和儿童积极主动参与的主题活动交互作用、和谐统一，使儿童全身心地沉浸其中，通过自身主动地感悟、体验、探究、发现，成为作文课境沉浸式学习既而沉浸式表达的第一抒情主人公。第一抒情主人公以积极浪漫主义创作风格表现儿童式的烂漫和崇高，或浓烈或柔和的情思，都是儿童最本真的抒情。

大学堂是课程新体系，从课程哲学的角度实践新的课程设计。给儿童广阔的知识视野和生活空间，促使儿童生成强大的情感内驱力，沉浸式投入知识的系统性学习、语言情境的内在构建、审美的超级体验，以此来增强作文课程的实效性，促使儿童的人格成长。

某种事物或现象具备价值，就是该事物或现象成为人们的需要、兴趣所追求的对象，是人的需要、兴趣、目的，并且这种价值会随着社会环境而改变。价值通过人的实践而实现。沉浸式野外情境作文课程的价值在于她的实际意义。现从以下几个价值本质的观点来探讨。

一、兴趣说

兴趣和价值等量齐观，兴趣之所在即价值之所在。野外情境作文课程是教师的兴趣所在，教师成为诗意行者。教师诗意地行走四季，感受大自然的美好，这是最愉悦的精神之旅。大自然的每一朵花开、每一声鸟鸣、每一声泉水叮咚都使人身心舒展。舒展开来的人满身春光、心胸开阔、梦境醋甜，这样的精神愉悦给了教师更多的创作潜能，让教师有足够的精气神去感受美、领悟美、创生美。收集到美的人才能去创造性地以儿童的方式传播美。美的自然给了教师美的心境，美的心境以散文诗的方式创生美的"课境"，美的"课境"带给教师更多美的回味，是教师美的课堂的田野。自然之美成为教师的精神寄所，成为教师课程的情感依赖，也就成了课程的源泉。爱自然，教师满眼绿色，课程春风十里，会去踏雪寻梅；爱自然，会在早春二月的凉凉湿气中去看柳条上的小嫩芽；爱自然，会在翠玉般小河边的竹林里寻春笋、听春鸟欢唱；爱自然，会在三月春水里寻桃花香浪；爱自然，会在春雨飘洒的窗前瞧雨滴、雨丝、雨幕，心动不已；爱自然，听春天的歌声，通感色彩和曲调，一季天籁烟雨；爱自然，会在梧桐的嫩绿、葱绿和炫彩的时候沉迷生命的神奇与活力，在落叶飘飞的时候，在《天使的翅膀》单曲循环里久久沉醉、追忆……爱自然，能抵挡岁月漫长，滋生热情。爱自然的教师精神澄澈、潜心创作。爱自然，超脱凡尘、沉心课程。爱自然，使课程成为教师沉浸式教学的兴趣所在，教师乐此不疲，足以投入情感、创新和意志力。

教师诗意地踏入人间烟火。烟火可亲，普通市井的人间烟火气自有真情，这是作为"情感王子"的儿童最接地气的心灵安放地，这是丰富的生活田野。

教师在生活田野中感受人间真情，任何平凡的事物也会生长出爱与幻想，一切都会有别样的情趣，来把人心温暖起来。一位街头修拉链的师傅是街头工艺师，他敲、缝、烫就能化腐朽为神奇：重新合在一起的拉链双边赞叹了世纪相逢，继续行走的锃亮鞋船奔赴在滚滚红尘。他的世界好简单：匆匆来的求取，匆匆去的不必回首。这样的普通劳动者有一双粗糙又灵巧的手，最能抚慰凡人心。这样的场景最能给人生活的勇气，诠释生活的幸福。这样的幸福足以排解一切坎坷和挫折，一切都可以继续，幸福地继续下去，新的希望每天都会有。

这样的行走是作为人的幸福寻找，给人心灵的慰藉，荡涤所有情感的尘埃。所有最珍贵的情感成为课境，与孩子分享，便会是幸福的传递、温暖的链接。这样的幸福寻找是教师的兴趣所在，也是野外情境作文课程的价值所在。

野外情境作文课程是儿童的兴趣所在，儿童成为诗意学者。去上野外情境作文课，意味着有他们乐意去的地方，那里可以自由地奔跑，有清潭竹影、有鸟语花香、有严寒中的梅开；有平常从不在意的水边芦苇，却在教师的点拨下感觉到它们弯腰也能姿态优美、舞姿曼妙、敢于顺势而生。那里可以观光影水秀，所有的物都是新奇的、新鲜的，都在敞开美的情怀候场他们，等他们扑棱起翅膀去飞。

去上野外情境作文课，意味着有自由的玩伴和自由的游戏，有雨后的小水洼等着踩，有 2.5 公里的荧光夜跑等着赛，有大银杏树下露天四合小院里集体馄饨宴等解着馋，有刚冒出头来的春笋等着挖，有南通濠河边水上人家的旧时光等着去探秘。可以举着彩色风车在向日葵地里的畅快奔跑，还有清清小河边格桑花田里的阳光浴……把童年的时光和快乐还给孩子，他们高涨的参与热情，全身心地融入让儿童释放情绪，满足儿童的兴趣和需要，带给儿童想要的体验。

去上野外情境作文课，意味着有儿童爱听的童话故事、寓言故事和传说故事。这些故事契合当时的课境，应时应景应情。他们竖起耳朵饶有趣味地听，用心感悟体会。这些故事帮助他们形成健康向上的精神世界；满足他们丰富多彩的精神需求，给他们流着汗、扯着嗓的现时快乐一个文化馨香、理性领悟的落脚点。这样的故事场是他们的兴趣所在。

儿童因为兴趣会形成情感参与的"力"，这种"力"促使其主动投入周围世界宽阔而丰厚的怀抱，就像奔赴期待已久的游戏场，这是野外情境作文课程存在的价值意义。其现实意义在于沉浸式的野外情境作文课程应教师之需要。教师在整个课程中需要有实践行为、课程思想，融入职业情怀，拼之以创课意志力，这些都是以课程具有现实意义为原动力的。野外作文情境课程很好地解决了教师作文课教什么和怎样教的问题。

二、实用说

实用说指野外情境作文课程之于作文教学的实效性。野外情境作文课程，照亮作文教学，是一本藏着密码的作文课，视野开阔，恢复了儿童的生存状态和本色。她有效地解码作文教学，是课程的安神养心茶。

野外情境作文课程于教师有用。

教师是课程之母，她实现了意义行走。沉浸式的作文教学开发了教师的智慧。当作为教育者的人——教师的广阔的潜能被有效开发，教师就拥有了一双观察教育世界的慧眼，让慧眼去改变教育视界。教育视界如此丰富，这是教师丰富的课程人生。教师远离了课程的枯燥和乏味，远离了教室、办公室单调的两点一线，远离了只有课本、教参和试卷的埋头苦思，野外情境作文课程使教师的教育生命有了光泽，在课程里悲欢、沉醉、沉迷。这是对人生价值的审视，对人生意义的追寻，对"我是谁"的追问。

科研型教师，是教师在野外情境作文课程中的另一个闪亮的身份。教师开始实践的探索，在课程的人生行走中思考课程的源起。课程之于童年的意义，课程本身的存在本质，从教育哲学的角度论证课程的优势，开发促使儿童沉浸式学习并力争取得最好教学成效的教学策略……孤灯下的沉思、与教育本真的对话积淀了教师的教学底蕴。教师发现教育的真相，从而更好地去创造新世界。教师在教育哲学的思考中认识到作为诗教者的意义。对课程本源的追溯，诗教者自己也呈现洒脱和自在的教学状态。快乐之后，都有智慧的思考。智慧的思考使快乐持续发生，快乐持续发生以后产生新的智慧思考。

野外情境作文课程的开发实现了诗教者沉浸式的作文教学，实践了意义行走，帮助教师追求教育幸福，追问自己教育生活的终极意义，帮助自己理解真正精彩、完美、丰盈的教学生活，教学价值得以展现，人格品质得以完善，教师实现了自我塑造。

野外情境作文课程于儿童有用。

沉浸式"课境"是儿童的情感栖息地和精神成长地。拓宽的教育空间，囊括了四季牧歌、社会生活、历史遗留、传统文化等。他们奔跑、探究、游戏，以自由和快乐书写童年精神，以童话和故事丰富童年的生活。自然是真实生动的杰作，任何画作、摄影作品都无法全方位复制生命的原色。置身其中的儿童全情投入，以感悟和体验实现了零距离亲近最形象和生动的直接认知。

这是对儿童生命的滋养，实现人全面和谐的发展。

野外情境作文课程以儿童精神的成长实现了儿童情感的依赖。

沉浸式"课境"是儿童的情感栖息地和文化成长地。直接认知和情感的交融，实现了全面的认知学习。儿童动身、动脑、动情，全身心融入"课境"中，沉浸式地学习和认知，释放出最强大的情绪，促进思维、想象、创新等智力品质的发展。

儿童实现了沉浸式作文。沉浸式解锁了作文学习的密码，将儿童引向眼前世界的明媚书写、情感的真实表达、天马行空的奇思妙想和独具一格的个性表达。抒情主人公的定位和天然花草香的场景是浪漫主义文风的温床。当儿童把沉浸式写作当成爱好和特长装饰自己的时候，野外情境作文课程实现了有针对性和实效性地提升儿童作文学习的价值意义，成为儿童终身受益的毕生难忘的课程。

三、行为说

以野外情境作文课程的行为来决定价值。

（一）教师创新课程，能为儿童带来快乐为有价值

童年转瞬即逝，童年精神应是指向人一生的精神光亮，童年的暖回忆应成为人一生的精神寄所。当我们深处人世浮沉、身心俱疲的时候，谈起童年，因为心灵的光亮而眼眸生辉。野外情境作文课程以适合儿童的精神导航，以美的课境、沉浸式的教学语言、零心理距离、游戏和故事的场回归儿童的特质需求，同时她以适合儿童的文化导航，以现场的感性认识驱动儿童的情感，以全感官地投入提升儿童的智力品质，以呈现儿童式浪漫和崇高的沉浸式作文优品使儿童获得最大成就感、心理满足和精神愉悦助力文化成长。

（二）教师以创新课程，能为自己和课程带来完善为有价值

教师完善自己，在寻找、内化、创作、在课、反思的课程创新过程中，教师有诉诸课境的视觉、听觉的美好悦纳，也有开拓设计的艰辛耕耘，还有非室内课程组织的种种细节设想和安全保障，但更多的是收获内心的完善，成为精神明亮的诗教者。诗教者有属于自己的作文教学课程体系，这是教师自我潜力的开掘，是对作文教学课程的创新，是针对作文教学工作的自我价值的认同。这是教师奉献给课程和儿童的精神财富和物质财富，是多少个日子不分昼夜地耕耘结出的果实。教师完善课程，使课程真正致力于儿童的美好生活。教材取自大自然、历史人文、生活等经由教师考察筛选过的"美"。在大自然中的现场教学以美、智、趣实现了教学的最优化，不断地把儿童个体成长引导到最初的起点，以向自然的不断回归来甄定自我，澄清儿童精神世界和文化世界的双重价值，对人内在生命全面地观照，找寻到教育的本真，不仅实现了作文教学的有境可依、有法可循，而且把人的生命作为终极目的。

（三）教师以创新课程，能为家长解乏解忧为有价值

作文课程一直是社会高度关注、家长极其重视的一门学科。作文辅导难，不会辅导孩子作文一直是困惑家长的难事。为了孩子能写得一手好文章，他们常常亲自教学，逐字逐句地教却不见成效，以至于捶胸顿足；他们买来一本本满分作文书给孩了，依然毫无成效；他们花重金寻得"名家"辅导，双休日奔波在去上作文课的路上，反而增加了孩子对作文功课的厌倦和反感……满面尘灰和满心尘灰使孩子和家长都身心俱疲，闻作文色变而心生恐惧，因恐惧而更加反感作文，更别说获得美感和精神成长了。

野外情境作文课程以教师全导、儿童主语、家长护航的理想模式进驻作文教学领域。教师全导意味着教师承包，不需要家长接触文字，家长只需要在出于自愿地听孩子朗读时会心一笑。儿童主语，儿童沉浸式憧憬、沉浸式上课、沉浸式写作、沉浸式回味升华为沉浸式回忆。家长护航，在课程的全过程中，家长签安全责任书。家长在课程的全过程中，目光紧随，包括课程全境，他们也沉浸式地参与、体悟、重温童年时光。课程结束，他们护航孩子安全到家，短信回复安全到家给老师统计安全人数。

野外情境作文课程中凡是吸引孩子的元素，同样吸引着作为"大孩子"的家长们。他们一路随行、一路沉浸、乐不可支。这也成为他们领着孩子积极参与的主要原因之一。亲眼所见野外情境作文课程在提高儿童写作能力方面呈现出的蓬勃的生命活力，让他们有空得空、没空逮空地高热情度参与课程的始终。自由美好的陪伴、充满情趣的体验让他们乐不可支。

野外情境作文课程，以为家长排忧解难为价值所在。

在课的始终，教师实现了主导的最全方位，儿童实现了课程主语的角色定位，家长扔了担子，成为生命成长中最诗意的陪跑者。他们轻松、愉快、沉醉、欣喜。

野外情境作文课程是教育哲学视域下"沉浸式"作文教学的崭新模式。"哲"以"手"为教师躬身实践，以折断传统作文教育的弊端为自主指令，以发展心灵为最终归宿，书写了现代作文教学课程的文化传奇。

下 篇

02

| 躬 行 篇 |

"向阳而生"

——向日葵花海野外情境作文课

【教学目的】

1. 全班通过假日野外情境课，感受向日葵花海的辽阔炫美，观察每一朵花的形态，知花语，闻馨香，诵诗歌。

2. 引领学生感受向着阳光生长的美好，积蓄成长的力量。

3. 带领学生在语文情境中喷薄快乐的心绪，感受语文之美和学语文之乐。

【教学准备】

1. 主题曲：《向日葵之歌》。

2. 实地和书面两项备课，组织野外情境作文课程报名活动。

3. 向日葵知识读本。

4. 横幅、彩色风车、小礼物、帐篷、野餐准备、摄影、微推。

5. 签订安全责任书。

【教学过程】

一、导入新课

小朋友们，欢迎你们来到大自然的绿色课堂。向日葵是一个充满希望的名字，他们金色的脸庞总是向着太阳，清晨的阳光照亮他们的身影，傍晚的夕阳留恋他们的芬芳。今天，我们站在向日葵花海里，你最想说什么？

二、品说数量之多

我们的快乐也在阳光下盛开在向日葵花海里。你们看，天气渐渐凉了。向日葵褪去了她曾经最华贵最耀眼的金黄，开始有了丰收的果实——瓜子儿。但是，我们远远地望去，向日葵地仍然是一片金色的海洋，枝干和叶子依然绿得可爱。向日葵多吗？可以用哪些词语来说明她的多？

（数不胜数，不计其数，多得数不清，成千上万……）

我们可以用词语来说明她的多，你还会用打比方来说明她的多吗？

（金色的花海……）

三、观察身形之美

观察一朵花，大家一起看，向日葵的花盘是什么形状？像什么？

（圆形，像一轮小小的太阳。）

在花盘的四周均匀地分布着花瓣，花瓣是什么形状？什么颜色？

（尖尖的，金黄色。）

这些花瓣整齐地排列着，像什么？它的茎是什么样子的？

（又细又长，花儿高低起伏，是因为茎长短不一。）

茎的两边还长着怎样的叶子？

（又宽又大，碧绿碧绿。）

有风儿吹过的时候，叶子随风飘动，像什么？

（像小孩子胖乎乎的小手正在鼓掌欢迎我们呢！）

这就是边看边想，好玩吗？

四、感受果实之用

前一些日子，每一棵向日葵都像亭亭玉立的少女，无论是她的花还是她的茎、叶，都表现出最灿烂的金黄和青绿。可是，这些天，无论是她花瓣的金黄和她叶子的青绿都没有原来鲜艳了，知道这是为什么吗？

（把营养给了果实。）

她的果实就是瓜子，为了给人类带来最美味的瓜子，让瓜子长得更加饱满，花、茎、叶宁愿褪去最美的颜色，孕育出了自己的果实，给了自己的种子，也是自己的孩子。这是一种爱的传递，就像爸爸、妈妈、爷爷、奶奶对你们一样。

知道瓜子可以做什么吗？她又有哪些营养价值呢？

（人们把瓜子炒成本味儿、五香味儿、茶味儿、牛肉味儿的，是嘎嘣脆的好零食。瓜子还可以榨油，含有丰富的铁、锌、钾、镁等微量元素，多吃可以充分地补充人体所需的营养。）

所以，万里花海还是人们美好的生活。

五、了解花语之妙

热爱大自然、喜爱花草的人们赋予了每一种花美妙的花语，知道向日葵的花语是什么吗？

（沉默的美，没有说出口的爱。）

相传有一位女子喜欢太阳神，甘愿化为一棵向日葵，每天观察着太阳的升降，始终注视着他，但是却没有把心中的喜欢说出口，所以向日葵花就有了这样一个略带悲伤又纯洁美好的花语。除了沉默的爱，她还有光明、热烈、早晚低头闭合、迎接阳光花开的特点，人们还叫她"太阳花"。

如果让你给向日葵赋予一种花语，你想让她们代表什么呢？

真不错，如果你也会给向日葵一种花语，你就更好地感受了世界的美好，你就有了生长的力量。

六、体悟生活之香

知道老师为什么要带你们来向日葵地吗？

（向阳生长，这里有我们奔跑的花路，有清风、河水……）

花盘是绕着太阳转动的。早晨，太阳从东方害羞地露出笑脸，向日葵频频点头，好像正在和太阳打招呼呢！这就像清晨迎着阳光走进校园的你们，每一个孩子的笑容都是一朵最美的向日葵。中午，太阳在空中散发出温暖的光芒，向日葵会把头昂得高高的，追着太阳。每一位勤学乐学的孩子就是一朵向着阳光的花朵。傍晚，太阳下山时，向日葵依依不舍地跟太阳告别，就像你们在校门口和老师说再见。

七、参与活动之乐

喜欢向日葵吗？喜欢这片灿烂的花海吗？

让我们朗诵诗歌《客中初夏》。

朗诵童谣《借耳朵》《听课》。

唱一首《向日葵之歌》给向日葵。

同学们，你们是最美的向日葵，不仅有可爱的模样，还有最好听的歌声。前几日，老师带你们读了《小溪流的歌》，知道了无论是在幼年、少年、青年、壮年时期，我们都要唱着歌前进。今天，我们来到了向日葵花海，老师还要求你们记住：永远向着太阳生长。让我们举起手中的彩色风车，走过向日葵花海中的弯弯小路，走过格桑花田，走到清泠泠的小河边拍照、搭帐篷、野餐、沐阳光浴。

八、指导作文，合理构思

（一）指导中心

写出向日葵花海的金光灿烂，写出向日葵地里活动的畅快，凝聚积极向上的前进动力。

（二）意义思路

以亲近向日葵花海的野外课程辅导顺序为写作顺序，所见所闻所感相结合。

远观向日葵地的辽阔炫美，生命力之盛。

近看向日葵花形之美。

了解向日葵的文化、花语之妙、美丽传说。

以走风车、阳光浴凝聚积极向上的成长力量。

（三）在远观和近看时都要把描写和想象相结合

（图片呈现）观察一朵花，大家一起看，向日葵的花盘是什么样子的？

1. 描写

向日葵的花盘是圆圆的，花盘的四周均匀地分布着尖尖的金黄色的花瓣，这些花瓣整齐地围坐着。她的茎又细又长，因为长短不一，所以花儿高低起伏着。茎的两边还长着又宽又长的叶子，碧绿碧绿。有风儿吹过的时候，叶子随风舞动。

2. 描写和想象相结合

向日葵的花盘是圆圆的，像一轮小小的太阳。在花盘的四周均匀地分布着尖尖的金黄色的花瓣。这些花瓣整齐地围着花蕊坐着，就像一群袅娜的少女围着香香桌在开会。她的茎又细又长，因为长短不一，所以整个花海的花儿们高低起伏着。茎的两边还长着又宽又大的绿叶，像小孩子胖乎乎的小手正在鼓掌欢迎我们呢！

（四）开头和结尾

1. 开头

（1）由歌词导入

"向日葵呀向日葵，你静静地站在那里，你从不低下你的头……"哼唱着向日葵的歌谣，我们身披灿烂的阳光纱衣，蹦蹦跳跳地来到了期望已久的向日葵花海，快乐立刻将我们包围。

（2）由童谣导入

"小葵花，竖耳朵，伸长脖子在听课。"吟诵向日葵的童谣，我们和老师一起像快乐的小鸟飞进心心念念的向日葵花海。

（3）由诗句导入

"四月清和雨乍晴，南山当户转分明。"美好的时节正是向日葵欣欣向荣的时候，一个晴朗的早晨，我们像快乐的小鸟飞进向日葵花海，快乐瞬间将我们包围。

2. 结尾

（1）由歌词结尾

"就算阳光洒在你脸上，你也微笑面对；就算大雨淋在你身上，你也不会气馁。"我们嘹亮的歌声在花海里回响，向阳而生的力量在我的心中升腾。

（2）由童谣结尾

"太阳老师讲台高，生怕作业漏一个。"我像快乐的小鸟飞向向日葵花海中，仿佛自己也成了一朵向日葵，向阳而生，灿烂夺目。

（3）由诗句结尾

"更无柳絮因风起，惟有葵花向日倾。"向日葵是四月的天之骄子，她给我们带来了灿烂一夏，也带来了磅礴生长的力量。

（4）由点题结尾

我们都迷醉在这金色的欢乐中久久不想离去……听，向日葵在说："向阳而生，快乐奔跑！"

（五）过渡和衔接

这大自然的绿色课堂——向日葵花海——无论从哪个角度去拍她，都是飘满芳香的艺术摄影，她更是我们撒欢、尽情享受阳光浴的乐园。我们举起了手中的彩色风车，走近向日葵海洋中的蜿蜒小路，成为这欢乐海洋最美最快乐的浪花吧！我们撒欢地跑，手中的彩色风车尽情地飞转，我们尽情地吮吸大自然的芳香，鼻尖上满是汗珠……

（六）参考题目

《金色的欢乐》《向阳而生》《向日葵花海》《听，向日葵在说》

【向日葵读本】

向日葵古诗

客中初夏

[宋] 司马光

四月清和雨乍晴，南山当户转分明。

更无柳絮因风起，惟有葵花向日倾。

向日葵童谣

借耳朵

太阳公公没耳朵，

想找葵花借一个。

小葵花，摇脑袋，

不行不行别拧我!

听课
小葵花，竖耳朵，
伸长脖子在听课。
太阳老师讲台高，
生怕作业漏一个。

向日葵童话

向日葵与太阳公公的对话

一天，向日葵把脖子伸得长长的，对太阳公公说："太阳公公，您好！"太阳公公笑了笑，问："孩子，你有什么事呀？"向日葵低下了头，小声地说："您常把阳光照向四方，把温暖带给世界。哪里有您，哪里就生机勃勃，您真伟大！大家都叫我'小太阳'，可是我对人们一点贡献也没有，不配做'小太阳'！"

太阳公公抚摸着向日葵的头，亲切地说："孩子，你只是植物，做不了什么大事情。只要为人们奉献出你的一丝力量，哪怕是再微不足道的小事都是奉献呀！"

向日葵想了想，悄悄对太阳公公说："我知道该怎样奉献了！"太阳公公微微点了点头。

夏天，人们从向日葵上摘下果子，不住地称赞时，向日葵心里美滋滋的，心想：我还会奉献出更多力量的！

向日葵歌曲

向日葵

向日葵呀向日葵

你向着阳光的面

向日葵呀向日葵

你静静站立在那里

你从不低下你的头

你是那么的坚强

就算阳光晒在你脸上

你也微笑地面对

就算大雨淋在你身上

你也从不会气馁

【竹露滴响】

金色的欢乐

"四月清和雨乍晴，南山当户转分明……"吟诵着向日葵的古诗，在一个秋阳高照、金风送爽的时节，王老师带领我们来到了向日葵地。我们在花丛中穿梭，享受阳光、享受欢乐。

在一望无边的向日葵地里，无数朵向日葵像一轮轮金灿灿的小太阳，绿色的叶浪像一双双的小手，正鼓着掌欢迎我们的到来。我立刻感受到迎面而来的欢乐。我仿佛听见了向日葵在呼唤着我。我感受到了温暖和希望。

走近一瞧，每一朵向日葵都有一个又大又圆的花盘，像一个个黄色的盘子，金灿灿的花瓣儿均匀地环绕着花盘，好像是个大家庭，显得那么温暖、和睦。向日葵的茎那么修长，又大又绿的叶子像一双双小手。有的一根茎上长了十几朵金灿灿的向日葵，真是让人赏心悦目。有的花已经谢了，瓜子熟了。我摘了一粒剥开壳儿尝尝——啊，多么青涩的香味儿，快乐了我的味蕾！有的比我还高呢，是棵"巨无霸"，爱美的阿姨正在那里拍照呢！

在和煦的阳光下，在凉爽的秋色中，我们举着彩色的风车，忘乎所以地在向日葵地里迎风奔跑、拥抱自然。玩儿累了，我们就铺开垫子开始愉快地野炊，尽情地享受阳光浴。

秋日的阳光与向日葵打着招呼，我们与金色的花朵深情相视，久久地沉浸在这金色的欢乐中！

"踏雪寻梅"

——梅花林野外情境作文课

【教学目的】

1. 实施假日小队野外情境作文课程，感受红梅报春早的喜庆祥和。观察红梅的形态美，知花语、闻花香、诵诗歌。

2. 引领学生感受红梅凌寒报春，玉洁冰清的风骨气韵。

3. 带领学生在野外情境作文课中喷薄快乐的心绪，感受语文之美和学语文之乐。

【教学准备】

1. 主题曲：《红梅赞》。

2. 实地和书面两项备课，组织野外情境作文课程报名活动。

3. 红梅知识读本。

4. 横幅、摄影、微推。

5. 签订安全责任书。

【教学过程】

一、导入新课

小朋友们，踏雪寻梅是什么意思呢？

（在雪地中，顺着蜡梅的香气寻找梅树的踪迹。）

我们小朋友不怕寒冷，踏着薄薄的积雪寻找梅花的芳踪，去闻一闻她的香气，真是一件雅事、乐事呢！

二、远观梅林之喜

小朋友们，我们在充满诗情画意的春雪里沿着弯弯小河边的弯弯小路，就能寻到梅花啦！梅花有很多品种，你知道哪些？

（红梅、绿梅、白梅、蜡梅……）

在不远处等着我们的是什么颜色的梅花呢？你们期待吗？

我们寻到啦！看，是什么梅？

（红梅）

弯弯小路的两边就是红梅林啦！你能说说此时的心情或者感受吗？

（惊喜、欣喜、眼前一亮，春天真的来了，太喜气啦……）

谁来说说，此时此刻，你看到的红梅树林是什么样的？

（朱砂红色，好美啊！枝枝丫丫间藏着好多红红的小骨朵，眨着眼睛快乐地看着我们。春天来了！红艳艳的梅花好喜气啊！枝头上有好多鼓鼓的小梅朵，艳红艳红的，真像小火炬啊！）

好喜气，好热闹，好美的红梅树林啊！数数有多少棵？我们再往前走走，数数，一共多少棵？

（二十棵）

不算多，也不算少，这片梅树林是我们看到的最早最美的春天。

三、近看梅花之形

小朋友们，我们来看看梅的枝头，每一枝都各不相同，各有各的风采，各有各的神韵。当我们把每一枝红梅拍进镜头里，你会发现每一枝都是天然玉成的绝妙盛景。

仔细看看，她的枝是什么颜色？什么形状？

（粗的比爸爸的大拇指粗，深褐色，闪着生命的光亮；细的在枝头上是遒劲的自然天成的细竹条儿，伸展弯曲，有的是深褐色，有的是带着青葱色。）

能看到叶子吗？

（不见一片叶，褐干红花，更显出梅的风采和神韵。）

这枝头上的、枝干间的花儿美吗？盛开的花朵是什么样子呢？

（近看，全开的梅花很美，花瓣就像一个个小巧精致的碟子，层层叠叠，从外层的玫红到里层的浅粉，最后淡得只剩下隐红了，每一朵花瓣里都充满春天的生机。一根根纤细嫩黄的花蕊精巧别致，就像是大自然这位手艺精湛的工匠精心孕育出来的。轻风一吹，花蕊便像一位位亭亭玉立的仙女扭动腰肢翩翩起舞，把春天的希望洒向人间。每一根花蕊都顶着一顶"小黄帽"，这些"小黄帽"就像一个个吃饱的胖娃娃似的，把花蕊的腰都压弯了。）

这些盛开的花儿有的在枝头独树一帜，自成风景，有的在枝干间熠熠生辉，深红艳丽。

这将开未开的花朵儿是什么样子呢？

（才绽开两三片花瓣儿的红梅花，花瓣儿还娇羞地合拢着，嫩黄的花蕊迫不及待地从花瓣里探出头来，在风中摇曳。）

在枝干间，我们也看到好多花骨朵儿，又是什么样子的呢？

（还没开的花骨朵儿，深深的玫红色，缀满了枝头，就像一个个胀鼓鼓的小汤圆，都快要被里面的"馅儿"撑爆了。）

春风化妆师为她们涂上粉嫩嫩的胭脂，太阳服装师为她们披上一件金黄的斗篷，雪婆婆给她们穿上冰亮亮的皮草，更为春天增添了光彩。

四、醉闻梅花之香

让我们站在梅花树下，去闻一闻这冷冬里春天的气息。大家感受到新春的第一缕大自然的芳香了吗？

（我站在一棵梅花树下，踮起脚，伸长脖子，仰着脑袋，凑到一朵梅花前，深吸一口气，一股春天的清香便直往我的鼻子里钻，充满了雨雪的甘甜与大自然的生机。我一下子就陶醉在这阵阵清香里，时间仿佛停止了似的，连春风也坐在枝头，闻着这沁人心脾的清香，在这无边无际的花海里沐浴阳光，好好享受这惬意的美好春光呢！）

五、浅悟梅花之美

人们都把梅花称作"东风第一枝"，说的是什么意思呢？

（梅花，独步早春，凌寒傲雪，赶在东风前，赶在百花开放前，向人们报告春的信息，传递新春的祥和和不屈不挠的精神，她们是寒梅，是喜梅，是勇士，是美的使者。）

看水边的芦苇，依然一身枯黄，静静地站立着，没有一丝绿意，依然在沉睡；柳条儿温软地垂挂，也看不到他们的浅吟低唱。桃树林一点动静也没有，只有这一处梅林，带给我们生命的惊喜。

这红梅，这红梅的精神，在革命战争年代，曾鼓舞了无数在黑暗中的革命人士。他们艰苦奋斗，向着心中的理想勇敢抗争，去追求自由美好的生活，读歌词，听歌曲《红梅赞》。

让我们把童谣朗诵给红梅，把梅之花神的故事讲一讲。

正因为梅花有凌寒独自开的风骨，所以人们给她的花语是幸福、和睦。你觉得梅花还可以是什么花语？说说理由。

奖励活动：儿童游乐场畅玩十五分钟。

六、指导作文，合理构思

（一）指导中心

写出早春梅花的风姿之美，体会梅花不畏严寒、独自报春早的风骨气节。

（二）文章思路

以亲近早春梅林的野外情境活动辅导顺序为写作顺序。

1. 寻梅林，远观梅林之美；

2. 近赏梅枝，每一枝梅都独立成章；

3. 闻梅林之香；

4. 悟梅之风骨；

5. 诵梅之诗作。

（三）练写

描写和想象相结合。

（图片呈现）这枝头上的、枝干间的花儿美吗？

1. 描写

全开的梅花很美，花瓣层层叠叠，从外层的玫红到里层的浅粉，最后淡得只剩下隐红了。每一朵花瓣里都充满春天的生机。一根根纤细嫩黄的花蕊精巧别致。轻风一吹，花蕊翩翩起舞，把春天的希望洒向人间。每一根花蕊都顶着"小黄帽"，把花蕊的腰都压弯了。

2. 描写和想象结合

近看，全开的梅花很美，花瓣就像一个个小巧精致的碟子，层层叠叠。从外层的玫红到里层的浅粉，最后淡得只剩下隐红了。每一朵花瓣里都充满春天的生机。一根根纤细嫩黄的花蕊精巧别致，就像是大自然这位手艺精湛的工匠精心孕育出来的。轻风一吹，花蕊便像一位位亭亭玉立的仙女扭动腰肢翩翩起舞，把春天的希望洒向人间。每一根花蕊都顶着一顶"小黄帽"，这些"小黄帽"就像一个个吃饱的胖娃娃似的，把花蕊的腰都压弯了。

3. 练写

按照细致观察的顺序细致描写。

（四）开头和结尾

1. 开头

（1）由歌词导入

"红梅花儿开，朵朵放光彩，昂首怒放花万朵，香飘云天外……"早春二月，我和同学们一起踏雪赏梅，就像出笼的鸟儿一样畅快。

（2）由诗句导入

"轻盈照溪水，掩敛下瑶台。"梅，花中英雄，迎寒怒放报春早。今天，我和同学们一起踏雪赏梅，寻找早到的春天。

（3）由季节导入

早春二月，寒气逼人，我们沿着弯弯小路踏雪寻梅。

2. 结尾

（1）由歌词结尾

"三九严寒何所惧，一片丹心向阳开。"梅，给我们带来了早春的喜气，更让我们领略到她们不畏严寒报春早的风骨气韵。

（2）由诗句结尾

"欲摘一朵藏于心上，又恐坏了风景如画。"梅的风姿和风骨留在了我的心上。我离开了梅园，带走了一缕心香。

（3）由季节结尾

料峭的春寒中，梅花独自绽放，春天已经悄悄来到了我们的身边。

（五）参考题目

《梅林春早》《踏雪寻梅》《红梅朵朵开》《梅》

【梅花读本】

梅之传说

传说正月梅花的司花神是王昭君。作为中国古代四大美女之一的王昭君，具有梅花俏丽冷艳，超凡脱俗的容貌，还具有梅花高洁无畏奉献的精神意蕴。

历代有关王昭君绘画多用白雪红梅作为背景,来隐喻身穿防雪戎服、骑马怀抱琵琶的王昭君。

梅之古诗

梅

[唐] 杜牧

轻盈照溪水,掩敛下瑶台。

妒雪聊相比,欺春不逐来。

偶同佳客见,似为冻醪开。

若在秦楼畔,堪为弄玉媒。

梅之童谣

园中独绽一枝梅花,浴风沐雪宛若奇葩。

欲摘一朵藏于心上,又恐坏了风景如画。

其实梅花也恋春色,只待蜜蜂轻轻落下。

抚弄花蕊更加俏丽,花粉羞红你的脸颊。

来春化蜂寻来采蜜,你却无声荡落天涯。

悔不当初采摘于手,空留遗憾悲切难发。

其实天下梅花万朵,我却只恋那朵梅花。

纵然梅开就在眼前,再无心动任凭采掐。

梅之故事

古今吟咏梅的诗词不下千篇,最早的一首是陆凯的《赠范晔》:折花逢驿使,寄与陇头人。江南无所有,聊赠一枝春。

陆凯与范晔是好友,常以书信来往。北魏景明二年,陆凯率兵渡过梅岭。正值岭梅怒放,立马于梅花丛中,回首北望,想起了陇头好友范晔,又正好碰上北去的驿使,把一支梅花装在信袋里,暗暗捎给好友范晔。

范晔拆开信一看,里面赫然放着一枝梅花,并有诗一首。范晔被陆凯这种一身清白、忠贞爱国、盼望祖国早日统一的精神所感动,黯然泪下。

这件事传出以后,被南北两方文人称赞不已。后人以"一枝春"作为梅花的代称。也常用作咏梅和别后相思的典故,并成为词牌名。

梅之歌曲

红梅赞

红岩上红梅开,千里冰霜脚下踩。

三九严寒何所惧,一片丹心向阳开。

红梅花儿开,朵朵放光彩,

昂首怒放花万朵，香飘云天外。

唤醒百花齐开放，高歌欢庆新春来。

【竹露嘀响】

红　梅

"红梅花儿开，朵朵放光彩，昂首怒放花万朵，香飘云间外……"早春二月，梅花昂首怒放，我和爸爸妈妈一起去博物苑赏梅，我像刚出笼的小鸟似的在梅花的世界里飞翔。

刚走到门口，我就被梅花吸引住了。一树树颜色各异的梅花，就像一大片七彩湖，有光彩夺目的梅红，有耀眼的金黄，还有烂漫无比的粉白，真是数不胜数。

近看，全开的梅花很美，花瓣就像一个个小巧精致的碟子，层层叠叠，从外层的玫红到里层的浅粉，最后淡得只剩下隐红了，每一朵花瓣里都充满春天的生机。一根根纤细嫩黄的花蕊精巧别致，就像是大自然这位手艺精湛的工匠精心孕育出来的。轻风一吹，花蕊便像一位位亭亭玉立的仙女扭动腰肢翩翩起舞，把春天的希望洒向人间。每一根花蕊都顶着一顶"小黄帽"，这些"小黄帽"就像一个个吃饱的胖娃娃似的，把花蕊的腰都压弯了。才绽开两三片花瓣儿的红梅花，花瓣儿还娇羞地合拢着，嫩黄的花蕊迫不及待地从花瓣里探出头来，在风中摇曳。

还没开的花骨朵儿，深深的玫红色，缀满了枝头，就像一个个胀鼓鼓的小汤圆，都快要被里面的"馅儿"撑爆了。春风化妆师为她们涂上粉嫩嫩的胭脂，太阳服装师为她们披上一件金黄的斗篷，雪婆婆给她们穿上冰亮亮的皮草，更为春天增添了光彩。

我站在一棵梅花树下，踮起脚，伸长脖子，仰着脑袋，凑到一朵梅花前，深吸一口气，一股春天的清香便直往我的鼻子里钻，充满了雨雪的甘甜与大自然的生机。我一下子就陶醉在这阵阵清香里，时间仿佛停止了似的，连春风也坐在枝头。闻着沁人心脾的梅香，我在无边无际的花海里沐浴阳光，好好享受着惬意的早春。

我一会儿看看那边，一会儿看看这边，时不时就会看见一只只小青虫在花蕊里泡着阳光澡，想想都让人觉得心旷神怡，我也坐在路边长椅上发着呆。

春风拂过，花瓣纷纷扬扬地洒落着，就像一封封明信片，像一叶叶小舟，还像一个个春精灵。这些花瓣飘到树洞里，叫醒还在睡懒觉的棕熊，唤醒了一个美好的春天。我要赞美这如火焰般的红梅，它不怕寒冷，依然傲立枝头，轰轰烈烈的春天就是从这艳红开始的。我真想变成一朵红梅，穿着鲜红的礼服在春风中起舞。

　　"唤醒百花齐开放，高歌欢唱迎新春。"梅花就像一只只精灵，拉开了春天的花幕。

"芦花飞雪"

——水边芦苇野外情境作文课

【教学目的】

1. 水边漫步，寻芦苇踪迹，引导学生描绘冬春之交的芦苇在风中摇曳的独特风姿。

2. 让学生明白面临困境也要懂得变通、众志成城、奋发图强、摇曳生姿。

【教学准备】

1. 主题曲：《芦叶青青芦花白》。

2. 实地和书面备课，组织野外情境作文课程报名活动。

3. 芦苇读本。

4. 活动横幅、摄影、微推。

5. 签订安全责任书。

【教学过程】

一、导入新课

同学们，冬去春来，小河水呈现出翠玉般的绿色，只要是春风吹过，满湖面都是小河水一脸绿盈盈的笑纹。走在这条熟悉的小路上，今天，我们要去寻访水边的主角是谁呢？

二、看芦花飘飞

看天空有什么在飞舞？

（芦花。）

芦花就是我们今天要寻访的主角——芦苇的花儿。

你看到空中飘舞的芦花是什么样子的？

（雪白的芦花，毛茸茸的，软软的，一簇簇，像飘飘悠悠的雪花，像轻盈的羽绒，像浪漫的柳絮在风中轻轻地群飞，自在、轻柔、飘逸。)

三、猜想芦苇的模样

这雪白的在空中飘飞的花儿是芦苇的花，如果说芦花是芦苇的孩子，那么她的妈妈会是怎样的呢？

（神采焕发的、精神抖擞的、笑容可掬的，有着粗壮的腰杆、美丽的颜色……）

事实是不是这样呢？我们沿着小河水往前走，去寻访芦苇的踪迹。

四、寻芦苇之形

看到芦苇了吗？

在微风拂过的小河边，我们找到了芦花的出处——芦苇。你们找到了吗？

（有一堆枯黄，自成一座小岛，脚踏一方绿水。）

原以为她会有着美丽的颜色，比如哪些春天里好看的颜色？

（玫红、桃红、金黄、鹅黄、草绿、葱绿……）

眼前的她褪去了美丽的色彩，只一身枯黄，仔细看，你看到了芦苇枯黄的什么？

（枯黄的叶，长长的，向上伸展，依然像出鞘的利剑；枯黄的茎，细细软软，高的长向天空五六米高，矮的两三米高；枯黄的芦花，像穗，更像是旗帜，和叶、茎是一种色彩，却隐隐开着雪白的芦花，跟着风飘去。）

一棵芦苇的枯黄，在喜爱芦苇的人的眼里也只是一身金黄，比起桃花的粉红、梅的艳红、柳树的绿，你觉得芦苇是什么样的？

（太不起眼了，简直像褪了色一样。）

是什么让芦苇这样枯黄呢？

（是冬天的萧瑟和寒冷。）

冬去春来，春寒料峭，我们眼前的花花草草仍然是一片枯枝败叶，有生命的律动，但依然毫无色彩。

芦苇一冬枯黄，但叶子一直在，花儿一直在。她们一直坚持了多长时间的舞蹈？

（从深秋前落叶飘飞，天气转冷到一整个冬天的严寒，再到初春春寒料峭，无论是冰封河面、万物萧条，还是北风呼啸、万物静默，她都一直在舞蹈，从未停止过。）

桃花的粉红迷人，梨花的洁白耀眼，柳树的碧玉妖娆，但这个时候都不见他们的踪影，他们抵挡不住季节的寒冷，都在期待春暖花开，是什么让芦苇的舞蹈从未停止呢？芦苇有什么特异功能吗？

在《伊索寓言》这本书中有这样一个故事：有一天，狂风刮断了大树。大树看见弱小的芦苇没有一点损伤，便问芦苇，为什么我这么粗壮都被风刮断了，而纤细、软弱的你什么事也没有呢？猜猜芦苇是怎么回答的？

芦苇说："我们感觉到自己的软弱无力，便低下头给风让路，避免了狂风的冲击，你们却仗着自己的粗壮有力，拼命抵抗，结果被狂风刮断了。"

我们来看看，芦苇的舞蹈是不是这样的呢？

（风中芦苇总是在弯腰，面临困境，为自己减少阻力。在抗日战争的时候，面对敌人的嚣张气焰，有时候，我们游击队员也会采取敌进我退、敌退我进的策略，为自己保存实力，不作无畏的牺牲，这就叫懂得变通。）

但她们的弯腰显示了奋发图强，同时，她们并没有因弯腰而失去她们的诗意，她们虽然一身枯黄，但是姿态优美，柔曼妩媚，向世界展示着万种风情。弯腰舞蹈也是摇曳生姿，成为这寒冬、这冰封河面时独特的风景。这个时节，芦苇也是众多文人墨客、摄影家、美术家争先赞颂、拍摄绘画的对象。芦苇就这样入了诗，入了书，入了画。让我们拿出读本，说一说诗歌和童谣。

读完这些诗歌和童谣，你想对芦苇说什么？

是的，芦苇有她独特的美，一个隆冬，静静地伫立在水边，独自舞蹈。

同学们，你们发现了没有，水边有不少的芦苇小岛。这座小岛上有多少棵芦苇？数数看，能数得清吗？

还真的数不清呢！见过一棵芦苇独自生存吗？你看到了怎样的景象？

（群居。）

是的，一棵芦苇是微不足道的，大风一吹，很容易折断。芦苇深知自己的弱点，它从来不会独自存在，总是集群而生，聚众而长。只要有芦苇的地方，就是一簇簇、一片片、郁郁葱葱、蓬勃生长，以林成海，风吹不断，浪打不倒。这时候，你还觉得芦苇弱小吗？你用什么词语形容她们给人留下的印象？

（众志成城、气势磅礴。）

芦苇纤细、柔弱、身材修长，都在风中舞蹈，你喜欢她的舞蹈吗？

（枯叶在摆颤，优雅地扭动着腰肢，特别是枯中泛雪的芦花在飘、在颤、在舞动。）

虽然她一身枯黄，但丝毫不影响她的美感。

五、悟芦苇之美

一棵芦苇是纤细柔弱的，但你发现她的枝叶上有什么？

（偶尔一只黑翅膀的大鸟停在她纤柔的枝叶上，或者是沉默良久歇息着，或者叽喳啾——亮着嗓门唱几声。虽然枝叶受重左右摇摆着，但是芦苇仍然以一己之力提供着鸟儿休息的港湾。）

这是一棵芦苇博大宽广的胸怀，她受到小动物的欢迎。一座又一座的芦苇小岛在碧绿的水上自成风景。你发现没有，还有哪些小动物喜欢在芦苇丛中快乐地玩耍、捕食、游戏呢？

（白鹭、野鸭。）

这是他们天然的美好家园、游乐场，也是他们觅食的天堂。这是我们同学看见的，还有很多看不见的鱼躲藏在芦苇丛下面的水域里过冬，因为这里暖和，每逢清早或者傍晚的时候，他们就会到浅水处找吃的。

芦苇并不难过于自己一身枯黄，依然曼妙地舞蹈一冬。在近水的地方，你们看到了什么？

（看到了有新的芦叶在争春夺绿，爆出新芽，我们期待她们换上新装，与河水争绿。会有更多的小动物把这里当成天堂，快乐地度过春、夏、秋季。）

知道芦苇的作用吗？

（芦苇全身是宝。芦苇叶可以做粽子；芦苇根是上等的中药，能清热解毒；它的秆能编苇席，编篮子；芦苇还可以当柴烧，就算烧成灰，芦灰还可以作肥料呢！）

六、总结

同学们，今天，飞舞的芦花牵引着我们找到了芦苇。我们欣赏了她们摇曳生姿的舞蹈，读懂了她们的诗意，还知道了她们懂得变通和众志成城。这小小的芦苇是多么惹人爱怜。大自然中有许多这样的美好，我们要用眼睛、用心去观察、去发现。大家期待下一次的野外情境课程吗？

七、指导写作，合理构思

（一）指导中心

描绘冬春之交芦苇在风中摇曳的独特风姿，体悟懂得变通、众志成城的风骨，知道面临困境也要摇曳生姿。

（二）文章思路

以寻找亲近水边芦苇的野外情境作文课程辅导顺序为写作顺序，所见所闻相结合。

1. 看芦花飘飞猜想芦苇的模样；

2. 赏芦苇风姿；

3. 悟芦苇智慧（变通、团结）；

4. 知芦苇作用。

（三）练写

把描写和想象结合起来。

（图片呈现）你看到空中怎样的花儿在飘？

1. 描写

雪白的芦花，毛茸茸的，软软的，一簇簇的，自在、轻柔、飘逸。

2. 描写和想象结合

雪白的芦花，毛茸茸的，软软的，一簇簇的，像飘飘悠悠的雪花，像轻盈的羽绒，像浪漫的柳絮在风中轻轻地群飞，自在、轻柔、飘逸。

（四）开头和结尾

1. 开头

（1）由季节导入

冬去春来，小河水呈现翠玉般的颜色。只要春风吹过，满河面都是绿盈盈的笑纹。沿着弯弯小河，我们满心的春意，咦！空中有什么雪一样的花儿在悠悠地飘飞？老师告诉我们，这是芦花。

（2）由诗句导入

"夹岸复连沙，枝枝摇浪花……"早春二月，微风和煦。沿着弯弯的小河边往前走去，只见空中一朵朵如柳絮般轻盈、洁白的花朵漫天飞舞，原来是芦花。

（3）由歌词导入

"芦叶青青芦花白，自生自长好自在……"早春二月，东风拂面，我们哼唱着芦花之歌，跟着王老师沿着弯弯小河去寻找芦苇的踪影。

（4）由点题导入

早春二月，芦花盛开，似雪非雪，似花非花。清风拂过，每枝花都是一首无声的歌。今天，老师带着我们沿着翠玉般的小河去观赏芦花飞雪，我们的心中都充满了好奇。

2. 结尾

（1）由季节结尾

风儿吹着芦苇，顿时金浪翻滚，成了春日夕阳下最美的音符。

（2）由诗句结尾

"芦花飞雪涨晴漪，烟雨冥檬望益奇。"芦花飞雪果然有她的浪漫风情。她成了我脑海中一道最美的风景。

（3）由歌词结尾

"芦叶青青芦花飞，飘飘洒洒多姿彩。"我感受了芦花飞雪的美，也带走了芦苇懂得变通和众志成城的品格。

（4）由点题结尾

芦花飞雪，飞出了美，飞出了柔美中的坚韧。

【芦苇读本】

浅说芦花

芦花是禾本科植物芦苇开出的花，它是多年水生或湿生高大禾草。"兼葭苍苍，白露为霜。"《诗经》中所描述的"兼葭"就是芦苇。芦苇茎干直立，茂密挺拔。芦花盛开，似雪非雪，似花非花，似雾非雾，一簇簇，一丛丛，姿态风流。清风拂过，苇秆轻轻摇曳，每枝花都是一首无声的歌。它还会顺势起舞，在风中绽放美丽。文人墨客也常将它入诗、入书、入画。

古诗

芦花

芦花飞雪涨晴漪，烟雨冥檬望益奇。

点点白鸥深处浴，扁舟遥动五湖思。

故事

芦苇和橡树的故事

河边的一块芦苇地里，长着一棵棵细小的芦苇和一棵高大粗壮的橡树。

"喂，细条条们！"橡树这样喊芦苇，"我说老天爷可真不公平啊！来了一点小风，你们就要往地上趴，风过了，你们再重新竖起来，而我呢，既高大又粗壮，一点风算得了什么！"橡树骄傲地说。

芦苇在阳光下一个个面红耳赤。

橡树见芦苇都不说话，就更加得意忘形了："我什么都不怕：阳光，挡住它；风雨，挡住它；雷电，挡住它！而你们却是那么无用，那么渺小！"

一棵瘦瘦的芦苇说话了："橡树先生，我们不需要你同情，谁比谁更好一些，还难说，世事难料啊！"

橡树火冒三丈："小东西！你那么小，我这么大，风对于我来说不算什么，而你们呢？连一点小风都经受不起，干脆被风吹走算了！懦弱的东西！"

"橡树先生，请你尊重我们！我们不是懦弱的，尽管我们很渺小。"一棵芦苇细声细气地说。

"不！"橡树大声说道。

夜里，一股台风袭来，细弱的芦苇趴下来，身体紧贴着地面。橡树巨大的身躯在风中摇摆着，挣扎着。风大喝一声，连根拔起橡树，毫不留情地把它扔进河里。

风停了，芦苇又重新竖了起来，而橡树却狼狈地摔倒在那里，它想站起来回到原来的位置，却怎么也动不了了。

国画

摄影

歌曲

芦叶青青芦花白

芦叶青青芦花白

自生自长好自在

扎根泥土流水中

风中摇动雨中摆

我问芦叶为谁而青

我问芦花为谁而白

芦苇沙沙唱支歌

青也为了爱

白也为了爱

芦叶青青芦花飞

飘飘洒洒多姿彩

飞翔自由天空中

银色花朵乐开怀

我问芦叶为谁而青

我问芦花为谁而开

芦苇悉悉在絮语

【竹露滴响】

芦花飞雪

"夹岸复连沙，枝枝摇浪花……"早春二月，微风和煦，小河水呈现出翠玉般的颜色，风儿吹过，便露出一脸绿盈盈的笑纹。这时，一朵朵如柳絮般轻盈、洁白的花朵漫天飞舞，原来是芦花。

芦花也贪恋春色，在风中翩翩起舞，好似一只只精灵，忽上忽下，组成了一支轻盈柔美的舞蹈。远远望去，一团团、一簇簇，像花絮，似飞雪，在风中起舞，自在、轻柔而又飘逸……难怪诗词歌曲中总赞美芦花之色。

假如把芦苇比作芦花的妈妈，那她一定像仙女一样圣洁、优雅，身披白色的衣裳吧！

沿着弯弯小河，迎着春风向前走，我们终于找到了芦苇，只见芦苇长得平平无奇，全身棕黄，毫不起眼，像褪了色一样，却自成一座座小岛，脚踏一方春水。拉近一看，只见芦苇枯黄的叶子细细长长，它们有的像生了病的老大爷，无精打采地耷拉着脑袋，还有的虽然枯黄，却依然像出鞘的利剑。枯黄的茎纤细颀长，佝偻着腰却依然努力伸向天空五六米高。芦花同样变得枯黄，依稀看到些许白色，像稻穗一样，随着风儿晃来晃去，时不时还会有几朵芦花轻盈地飞向天空。风儿吹过芦苇，芦苇时而灵活地扭动着腰肢，时而又90°下腰，真是婀娜多姿。

听王老师说，《伊索寓言》中有这样一个故事：有一天，狂风吹断了大树，可大树却看见弱小的芦苇一点儿事也没有，他很奇怪，为什么自己这么粗壮都被风吹断了，而纤细柔弱的芦苇却一点儿事也没有呢？芦苇说是因为自己能低下头给风让路，懂得为自己保存实力，这就叫懂得变通。听到这里，我们不免对芦苇产生了几分敬意。

我们发现偶尔有几只大鸟停在芦苇纤细的枝叶上，或者是沉默良久歇息着，或是叽喳叽喳地叫几声。虽然枝叶受重左右摇摆着，但它仍然以一己之力为鸟儿们提供休息的港湾。时不时还有几只白鹭，欢快地在芦苇丛中嬉戏，有时还会轻盈地拍打着翅膀，溅起一朵朵晶莹的水花。

每当春天到来时，嫩嫩的芦芽便破土而出。过了几天，芦芽越长越高，渐渐地长出嫩绿的芦叶，清新而又自然，仿佛是高明的艺术大师绘出的一幅美丽的图画。芦苇是一种草本植物，它浑身上下都是宝，它的根可以入药，茎可以编席子或造纸，到了夏天，叶子长大了还可以包粽子，芦苇真是人类的好朋友。

风儿吹着芦苇，顿时金浪翻滚，成了夕阳下的一个个美丽的音符。

幸有柳诗入梦来

【教学目的】

1. 开展"幸有柳诗入梦来"古诗阅读综合实践活动，感受柳树的美好。

2. 以"柳"为主题，选择三首诗歌，让孩子们感知柳树的形态美。

3. 学习三首古诗，运用探究学习法，让孩子们感知柳树的意象美，感受文化的传承给我们带来的精神蕴藉。

【教学准备】

1. 主题曲：《送别》。

2. 实地和书面备课，组织野外情境作文课程报名活动。

【教学过程】

一、导入新课

同学们，杨柳吐青的时节，不能没有唐诗。今天，我们在爸爸妈妈的支持下，来到北濠桥下的柳烟花海里开展"幸有柳诗入梦来"古诗阅读活动。

（出示图片）

你在濠河边看到了怎样的柳？是什么感受？

你在柳树下吟下了哪些诗？

（碧玉妆成一树高，万条垂下绿丝绦。）

你吟出了富有青春活力的春柳。

（沾衣欲湿杏花雨，吹面不寒杨柳风。）

红杏灼灼，绿柳翩翩。细雨沾衣，杨柳风吹，的确非常的惬意。

（渭城朝雨邑清尘，客舍青青柳色新。）

一枝新柳一缕春光。

（最是一年春好处，绝色烟柳满皇都。）

春天，醒在绝色的烟柳里。

杨柳风在我们的眼里、在我们的心里，吹进了你的梦里了吗？

今天我们继续走进主题研讨（齐读）——"幸有柳诗入梦来"。

二、感受柳树的美好形象

三首柳诗，各有风姿。请大家拿起讲义，借助拼音各自轻声读，把字音读准，把诗句读通。

谁来读？这么多同学想读，按照诗的顺序开火车读。

齐读。

你能借助词解，读懂诗的意思吗？

第一首诗歌，谁来说说它的意思？

（出示）春风吹拂，千丝万缕的柳枝，随风起舞。在和煦的春风中，柳枝绽出细叶，望去一片嫩黄，细长的柳枝，随风飘荡，比丝缕还要柔软。

眼前，北濠桥桥下的柳，不正是诗中的样景吗？

什么颜色？像什么？怎样的姿态？

（出示图片）

我们一起来读。

能把这一句诗读成四个字的图景吗，和柳有关的？

（嫩丝如金、千万垂柳。）

（板书：嫩丝如金）

老师再读，我们还能把这一树垂柳读成一首现代诗，题目就是（指板书）——嫩丝如金。

（女生读）

春风吹拂

丝缕万千

随风起舞

春风和煦

柳枝绽出细叶

一片嫩黄

柳枝细长

比丝缕还要柔软

男生也能读得柔情似水。

用一句诗去描画这一幅画面。

一起再读这句诗。

细丝如金报春来。渐渐地，我们踏着春天的歌声，走进了阳春，谁读？

（出示）含烟惹雾每依依，万绪千条拂落晖。

这时的柳树在李商隐的笔下是怎样的光景呢？

（柳条笼着烟雾，总是那么轻柔地随风摇曳，无数丝条都在拂拭着落日的余晖。）

我们一起来欣赏。（看视频或者图片）

（老师再读诗句）

谁能用一个四字词语说说你眼前的图景？

（含烟惹雾、万柳拂晖、杨柳依依……）

阳春，日落余晖中，我们读到风情万种的柳树，含烟惹雾，尽显袅娜姿态。

（板书：万柳拂晖）

想象这一幅画面，你的脑海中有了哪些词语？

（风情万种、秀颀挺拔、婀娜多姿、柔韧多姿、刚柔相济、垂柳依依、柳絮飘飞。）

看到如此美好的姿态，再去读这句诗。

好一个万柳拂晖，拂出了万种风情。

万柳拂晖，风致翩翩。走入晚春，柳树还能尽显风姿吗？

谁读？杨花榆荚无才思，惟解漫天作雪飞。

谁来说说诗中的景象？

（那本来乏色少香的杨花、榆荚也不甘示弱，而化作雪花随风飞舞。）

诗中之景和我们濠河边的柳絮飘飞有什么不同？哪个字告诉了你？

（漫。）

柳絮像雪花漫天飞舞。我们恍若来到了冬季，但是温暖的气候又让我们清醒地回过神儿来，眼前的是柳絮，不是雪花，我们正站在晚春的舞台上。

（看图片或者视频配诗句。先配第一句，再配第二句。）

（指名说，齐说。老师读一遍。）

请用四字词语概括这一奇景。

（板书：杨花飞雪）

同学们，读到这里，你的心中会有怎样的赞叹？

这就是柳树的形态美。

（板书：形态）

（教师指板书，学生齐说）早春——细丝如金；阳春——万柳拂晖；晚春——杨花飞雪。

让我们把柳看在眼里，（出示三组写柳树的诗句）（齐读）——

让我们把柳赞在心里，（齐读）——

让我们把柳带进梦里，（齐读）——

三、探究感受柳树的意象之美

诗人写柳，写的几乎是整个春天了。诗人在诗中仅仅是写的春天里柳树的姿态美吗？

课前，老师要求同学们分小组去探究蕴藏在诗歌中的情感、去探究诗人为什么要去写这首诗的意图。（出示各种探究法）

根据各首诗歌的特点，可以选用背景探究法——探究诗人是在什么情况下写下的这首诗。

可以用情感探究法——探究诗人在诗歌中表达的什么情感。

典故探究法——探究诗歌中蕴含着什么典故。

形象探究法——如何评价诗歌中的主人公。

选择其中的一种方法去寻求诗人隐藏在诗歌中的志向、情感，这就是去探寻诗歌的意象美。

（板书：意象美）

请同学们举起你们的研究小报告，把自己的研究成果拿出来与同学们分享。

先说你是研究的哪首诗，是用的什么探究法。通过研究，你寻找到柳树在这首诗歌中的意象了吗？

哪些同学是研究的第一首？

（组长汇报）

（运用背景探究法，研究《杨柳枝词》。这首咏物诗，抒发了对永丰柳的痛惜之情，实际上就是对当时政治腐败、人才埋没的感慨。白居易生活的时期，由于朋党斗争激烈，不少有才能的人都受到排挤。诗人自己，也为避朋党倾轧，自请外放，长期远离京城。此诗所写，亦当含有诗人自己的身世感慨在内。）

听明白了吗？

原来诗中万种风姿却躲避在西角落荒原里的柳树就是谁的象征？

白居易为了躲避排挤，只能远离京城来到偏僻之所，表达了自己不愿意参与政治斗争的志向。

原来诗人是用柳树的形象来象征自己，来表达志向的。

（板书：言志）

第二首诗呢？

（典故研究法——折柳相送："柳"与"留"谐音离别赠柳，难舍难分，杨柳依依。）

还有别的说法吗？

杨柳是春天的标志，在春天里，摇曳的杨柳，总是给人欣欣向荣的景象。亲人离别去乡正如离枝的柳条，希望你到新的地方，能像柳条一样生根发芽，好像柳条随处可活。在这些送别诗中，风中飘动的千丝万缕都是"剪不断、理还乱"的离愁别绪，每一个字都透着离别的伤感。

（板书：送别）

第三首诗也由组长来汇报。

形象研究法——对于杨花形象的研究。请同学们汇报。

正方：

（由杨花榆荚"漫天作雪飞"想到了一个人难免有各种缺陷，关键在于要有自知之明，善于扬长避短，勇于展示自己的个性，不妄自菲薄，而是乐观自信，昂扬进取，积极发挥自身潜能，有所作为，在人生的舞台上亮出自己的风采。）

（一个人"无才思"并不可怕，要紧的是珍惜光阴、不失时机，"春光"是不负"杨花榆荚"这样的有心人的。）

（这首诗告诉我们才华并不出众的人如何以自信来立世。班门弄斧又何妨？不失时机，珍惜光阴，也能有自己的风采，这是告诉我们一个立世之道。）

反方：

（柳絮和榆钱缺少才华和远见，只好随风飘散。）

（板书：立世）

诗人在写这首诗歌的时候，已经是晚年垂暮了，他以杨花榆荚自喻，和白居易有异曲同工之神妙。

小结：同学们，通过研读学习，我们不仅知道了柳不仅有形态之美，她还有意象之美，风致翩翩，情韵悠然。

四、古为今用

一直到今天，人们一直引用着"柳"这古诗中一传统的意象，使现代诗歌的情感更加厚实，诗歌的意境更加幽远。

谁来朗诵这首现代诗？

送别

长亭外，

古道边，

芳草碧连天。

晚风拂柳笛声残，

夕阳山外山。

天之涯，

地之角，

知交半零落；

一壶浊酒尽余欢，

今宵别梦寒。"

在这首诗中，柳树的意象是什么？

（配伴奏曲，齐诵）

《送别》是电影《城南旧事》的主题曲，词作者李叔同将柳树这一传统意象写进歌中，使诗歌的意境更加耐人寻味，听来仿佛咀嚼着一枚青橄榄。

（一起欣赏主题曲《送别》）

一棵长长的柳啊，枝也悠悠，叶也悠悠，情也悠悠。

当我们唱了几天的流行歌曲，觉得索然无味时，不如让我们捧起唐诗，让一首又一首的柳诗走进你的梦里来。

板书展示：

幸有柳诗入梦来

形象	意象
细丝如金	言志
万柳拂晖	送别
杨花飞雪	立世

五、指导作文，合理构思

（一）指导中心

以三首柳诗诵读为指导，描写早春、阳春、暮春的柳树风姿，体会形象之美，赋予柳诗言志、送别、立志的意象之美。

（二）文章思路

以三个时间段为序，以并列段总分的结构写出柳树之美，形象美和意象美相结合。

（三）练写

在描写早春柳树形象时，结合诗句赋予言志的意象美。

（图文呈现）

1. 描写早春柳树的形象美

早春柳嫩丝如金。漫步在濠河岸边，放眼望去，一棵棵杨柳尽入眼帘，星点般的柳芽点缀在柳条上，像极了少女柔嫩轻柔的发丝。小芽们好像十分害羞，不愿露出它那嫩嫩的小脸，柳条在微风中摇曳着，小芽们又像一个个即将起飞的小精灵。柳条儿坠入水中，仿佛把河水染绿了。轻轻地吸一口气，柳风中有泥土的清香、生命的芬芳。

2. 过度和衔接

早春柳自有风韵，唐朝著名诗人白居易写了一首诗《杨柳枝词》，我们在早春的柳枝下吟诵过这首诗。今天我们看看图片再吟诵："一树春风千万枝，嫩于金色软于丝。永丰西角荒园里，尽日无人属阿谁。"

3. 描写早春柳的意象美

诗中的早春柳嫩如金丝，万种风姿却躲避在角落荒原，原来诗中柳就是诗人自己。他用柳树来表达自己不愿参与政治斗争的志向。我不免对这早春之柳心生了几分敬意。

（四）开头和结尾

1. 开头

（1）由题目直接导入

柳树枝头的芽簇嫩嫩的，映着天空闪闪发亮。柳树是春的舞者。

（2）用诗句导入

"一树春风千万枝，嫩于金色软于丝。"我们在早春的柳枝下吟诵起白居易的诗句，眼前是万条嫩丝如金。

2. 结尾

（1）由题目结尾

柳树如此之美，如果我是画家，我要用生花妙笔画下她；如果我是摄影师，我要用相机拍下，让她成为最美的永恒……柳树是春天的象征，她带着诗意走进了我的梦中！

（2）隽永式结尾

柳，风致翩翩，情韵悠然，她带着诗意走入了我的梦境……

（五）参考题目

《柳诗入梦来》《一季柳韵》《柳》

【柳读本】
幸有柳诗入梦来

杨柳枝词

[唐] 白居易

一树春风千万枝，
嫩于金色软于丝。
永丰西角荒原里，
尽日无人属阿谁？

嫩如金色：柳枝绽出细叶嫩芽，望去一片嫩黄。永丰：永丰坊；西角：背阳阴寒之地。荒原：荒凉冷落之地。尽日无人：无人光顾，终日寂寞。阿谁：谁，何人。

离亭赋得折杨柳二首·其二

[唐] 李商隐

含烟惹雾每依依，
万绪千条拂落晖，
为报行人休尽折，
半留相送半迎归。

惹：招来，挑逗。每：每每，总是。依依：轻柔的样子。绪：丝头。拂：拂拭，扫。落晖：落日的光线。报：报答。行人：远行之人。

晚春

[唐] 韩愈

草木知春不久归，百般红紫斗芳菲。
杨花榆荚无才思，惟解漫天作雪飞。

不久归：将结束。百般：施展出浑身解数。斗芳菲：吐艳争芳。无才思：乏色少香。杨花：柳絮。榆荚：榆钱，榆未生叶时，先在枝间生荚，荚小如钱，荚老呈白色，随风飘落。

青竹潭影

【教学目的】

1. 寻一方水边葱郁的竹园，择一晴天，通过实地观察，观竹风姿之美，悟竹风骨之美，愉悦学生的身心。

2. 链接生活，研究竹在人们生活、医药、艺术等领域的重要作用。

3. 感受自然之美。

【教学准备】

1. 教师

主题曲《牧笛》；择水边葱郁竹园，实地和书面备课；"竹"读本；"竹"小课题研究表格设计；组织野外课报名、签订安全责任书。

2. 学生

为课题小研究做准备。

小课题一：竹与生活

衣	
食	
住	
行	
玩	

小课题二：竹的医效

竹叶	
竹沥（茎经火烤后流出的汁液）	
竹笋	

小课题三：竹与艺术

画竹名家	
写竹名家及名诗	
竹笛名曲	

【教学过程】

一、导入新课

同学们，我们在水北岸观赏了早春的红梅、春寒料峭中的芦苇，今天，我们又在水的南岸寻得一处竹园，我们将在这里有一次美妙之旅。谁来说说这是一片什么的竹园？

（郁郁葱葱的、青翠的、阳光下闪着绿光的、春风中簌簌作响的是竹叶在窃窃私语、各种鸟儿在竹林里叽喳欢唱聚会的竹园。）

二、觅一眼青翠

眼前一片青翠，身边的大自然的声响也是非常悦耳的。谁来说说，此时此刻，你心里的颜色是什么？你成了什么颜色？闭上眼睛感受竹林里大自然的天籁，让阳光暖暖地照在我们身上，也暖暖地照进了我们心里。你有怎样的感受？

（神清气爽、耳清目明、心旷神怡；天朗气清，整个人都放空了，天地一体；人竹合一，抖落一身的尘土。）

三、感竹之风姿

我们来看竹，谁来说说她的样子？

（碧绿、挺拔；身穿绿色的盛装、高高挺立。）

竹的根、竿、叶的样子，你都看仔细了吗？

（根：牢牢地扎在泥土里，不仅能扎在松软的泥土里，就算石头缝里，也能立足、扎根。它的根须不断地向四处蔓延着、扩散着，它们探索着水源，探索着养分，同时也探索着同伴，直到达成了它们的目标。竿：中间是空的，所以人们常常赞美她的虚心，笔直的竹竿让竹看上去光滑无刺、清秀挺拔，一节一节的，每节都长出一条小茎，每条茎上都有四五片竹叶。叶：碧玉一般、翠绿欲滴，光光的叶片、整齐的叶脉。）

阳光下，春风中的竹林摇曳生姿，你最喜欢她的什么？

（沙沙沙的歌声，天籁之声。）

（蓝绿色的光芒，不仅是春天，也是四季的一束绿光。）

（是鸟儿们的乐园，快乐聚会的天堂……）

明月下的竹园，又会是怎样的呢？

（不论是一轮满月，是半盏明月，还是一钩新月，掩映在竹叶中，如水的夜色就会变得很美很美……）

四、悟竹的风骨

唐诗宋词里有许多竹的形象，说她的身影很清瘦苗条，适宜烟雾，适宜烟雨，适宜四季的风吹。一节又一节，千枝万叶不开花，以免惹来蜜蜂和小蝴蝶。因此，竹也就有了一种超凡脱俗的形象之美。

想想看烟雾迷蒙的时候，竹园是什么样的？

（竹影婆娑，撩动了很多人的情思。）

烟雨迷蒙的时候，竹园是什么样的？

（叶尖儿挂着晶莹的露珠，均匀的滴答声给了人无尽的遐想，"竹露滴清响"。）

四季风吹拂中的竹园是怎样的？

四季的风都适合竹林。

（春风中，竹叶沙沙作响，翻滚着绿色的波浪。百花盛开，招蜂引蝶；竹，不过一身青绿。）

（夏风中，竹园是"天然的空调"，是人们避暑纳凉的好去处。万木繁茂；竹，不过一身青绿。）

（秋风中，竹叶翩翩飞舞，竹影婆娑，引人遐想。有些竹叶在空中飘飞，秋叶炫彩；竹，不过一身青绿。）

（冬天里，竹园依然碧绿一片，竹叶上还托着或多或少的雪花，洁白如玉，十分雅观。竹，不过一身青绿。）

所以宋代文学家苏轼说，"宁可食无肉，不可居无竹"，你知道是什么意思吗？

（宁可没有肉吃，也不能居住的地方没有竹子。）

为什么呢？

（竹高雅，人瘦可以变肥，人俗难以医治。这是诗人对居住环境要高雅的要求，也是主观评价了竹。）

一片竹园倚着一片潭水，给人一种什么感觉？

（心境悠然，整个身心都觉得非常清净，一切都是那么干净。）

人们在竹园里做些什么呢？

（弹琴、写诗、休闲，在月光下的竹林里安睡。）

远望竹园在小竹潭中的倒影，你想给这幅画取个什么名字？

（青竹潭影。）

这是一片幽静的弹古琴的好去处，古诗中说：

（独坐幽篁里，弹琴复长啸。深林人不知，明月来相照。）

一串古琴的鸣声，就如溪水叮咚，琴声流淌、流淌……只想在这竹林里，安静地睡着。

竹影在溪水中摇曳，带着幽幽的湿意。人们在竹园里避开尘世间的喧闹，写下了许多名诗名篇名句，竹也就这样入了诗、入了歌、入了画。

五、知竹园之用

（一）竹与生活

竹子的作用很大，竹与我们的生活密切相关，你能从衣、食、住、行四方面说一说吗？

衣：竹鞋、竹伞。

食：竹笋。

住：竹楼、竹篱笆、竹床、竹席……

行：竹筏、竹船、竹篙。

（二）竹与医学

竹叶：清热解烦。

竹笋：清热化痰。

竹沥：清热降火，药用价值很大。

竹子全身可入药。

（三）竹与艺术：

历代名家喜竹，我们来欣赏苏轼和郑板桥的作品。

齐诵写竹名诗——郑燮的《竹石》。

齐欣赏竹笛名曲《牧笛》。

六、体竹园之乐

春天的竹林里有我们小朋友的快乐吗？我们去竹园边走一走，看看，你们发现了什么？

是啊，春笋娃娃探头探脑地瞧着你呢！

谁来说说，这是什么样的竹笋

（稚气的、坚强的）

他们躲藏在泥土里，不仔细看，还瞧不见影儿呢！

竹笋用来干什么？

（做菜）

去找春笋，挖春笋。

瞧瞧，刚钻出土的竹笋是什么样子呢？

（小小的芽尖，有着青青的白，淡淡的黄，表面毛茸茸的。）

再找一棵渐渐长高长大的芽儿。什么样的？

（上面的叶子最多，一片接着一片，密密匝匝。上面的叶儿小，稍往下，叶子的颜色从浅绿到深绿，或是墨绿。夏天就伸展浓密的竹叶，严寒季节也是郁郁葱葱，我们再次感受到竹四季皆欢颜。）

娇小的竹笋会长成亭亭玉立的少女。

竹，无论是作为风景，作为美味佳肴，还是与生活、医学、艺术，都有着密不可分的关系，她都为我们人类奉献了一生，奉献了所有。

大家喜欢竹子吗？

1. 今天，要求同学们作一首诗歌来赞美竹子。

如果

春风中，

如果我＿＿＿＿＿＿＿＿＿＿

酷暑中，

如果我＿＿＿＿＿＿＿＿＿＿

寒风中，

如果我＿＿＿＿＿＿＿＿＿＿

暴雨中，

如果我＿＿＿＿＿＿＿＿＿＿

＿＿＿＿＿＿＿＿＿＿中

如果我＿＿＿＿＿＿＿＿＿＿

我就成了一根竹。

2. 以"青竹潭影"为题，拍竹、画竹，这两项中选做一项。

七、指导作文，合理构思

（一）指导中心

描写竹风姿之美和风骨之美，知道竹在人们的饮食、医药、艺术等领域的主要作用。

（二）文章思路

以亲近水边竹林的野外情境作文课程辅导顺序为写作顺序，所见所闻所感相结合。

1. 远观竹林青翠之美，给我们带来的清朗愉悦之感。

2. 近看竹风姿之美（根、竿、叶）。

3. 悟竹之风骨（阳光下、明月下、烟雾迷蒙；四季风中的竹，"宁可食无肉，不可居无竹"；虚心竹有低头叶）。

4. 品竹之作用（衣食住行）。

5. 体竹国之乐（走一走，走出淡然的心境；听一听，听天籁之音；找春笋娃娃的踪影，拍竹、赏竹）。

6. 创竹韵（创作一首诗《如果》）。

（三）练写

在描写景物时按照观察顺序细致描写，把写实和联想相结合。

1. 写实

竹身姿挺拔，身穿绿色的盛装，她们的根牢牢地扎在泥土里，不仅能扎进松软的泥土里，就算石头缝里也能立足扎根。它的根不断地向四处蔓延着、扩散着。它们探索着水源，探索着养分，同时也探索着同伴，直到达到了她们的目标。她们的竹竿中间是空的，看上去光滑无刺，清秀挺拔，一节一节的，每节都长出多条小茎，每条茎上都有四五片竹叶。叶子碧玉一般，光光的叶片和整齐的叶脉透着清雅。

2. 联想

阳光下的竹林摇曳生姿，闪着蓝绿色的光芒，是鸟儿们快乐聚会、引吭高歌的乐园。

明月下的竹林，月光如水，竹影清秀，夜色很美很美；烟雾迷蒙的竹林，竹影婆娑，若隐若现，撩动了很多人的情思；烟雨迷蒙的竹林，叶儿上挂着晶莹的露珠，给人无尽的遐想，"竹露滴清响"。

春风中，竹林翻浪，百花招蜂惹蝶；竹，不过一身青绿。

夏风中，竹林是"天然的空调器"，万木繁茂；竹，不过一身青绿。

秋风中，竹叶飞舞，秋叶炫彩；竹，不过一身青绿。

冬风中，竹国碧绿依旧，竹叶儿托着雪花，洁白如玉。

（四）开头和结尾

1. 开头

（1）由竹精神直接导入

竹——"花中四君子"之一，清华其外，淡泊其中，清雅脱俗。在清清的潭水边有一丛丛青翠的竹林。今天我们踏着幽深的小路来到这里，心情分外欢畅。

（2）由诗句引入

"咬定青山不放松，立根原在破岩中。"对于竹，总有几分敬佩。今天，我们来到清清的潭水边，觅得几丛青翠的竹林。

（3）由季节导入

春天，东风拂面，绿水荡波。我们踏着幽深的小路，来到几丛青翠的竹林边，心情顿时清朗起来。

2. 结尾

（1）由竹精神结尾

摇曳生姿，自强不息，离开竹园时，我带走了竹的气韵和风骨。

（2）由诗句结尾

"千磨万击还坚劲，任尔东西南北风。"我带着竹的风姿、风骨和气韵离开了竹林。

（3）由季节结尾

竹开启了一年四季的青翠，我把绿深深地植根在了心底……

（五）参考题目

《悠悠竹林》《竹林》《清竹潭影》《乐春风》

【竹读本】

竹韵

竹是"花中四君子"之一，象征着自强不息、顶天立地的精神，清华其外、淡泊其中、清雅脱俗、不做媚世之态。

竹诗

竹石

［清］郑燮

咬定青山不放松，

立根原在破岩中。

千磨万击还坚劲，

任尔东西南北风。

竹画

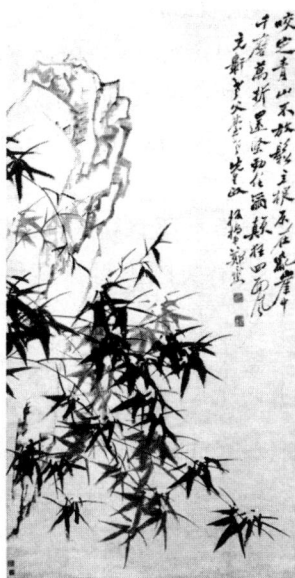 

郑燮《竹》　　　　　　　苏轼《竹》

竹谣

竹子谣

青竹子，紫竹子，圆竹子，方竹子，

竹子做成竹屋子，竹屋里住着竹鸡子，

竹鸡吃着竹虫子，竹虫要吃竹叶子，

竹叶连着竹枝子，竹枝连着竹节子，

竹节里住着竹鼠子，竹鼠碰着了竹荚子，

竹荚子后面是竹林子，竹林里有把竹锄子，

我拿竹锄种竹子。

竹语

胸有成竹

北宋时候，有一个著名的画家，名叫文同，他是当时画竹子的高手。

文同为了画好竹子，不管春夏秋冬，也不管刮风下雨，他都坚持不断地在竹林子里头钻来钻去。三伏天气，太阳像一团火，烤得地面发烫。可是，文同照样跑到竹林里对着太阳的那一面，站在烤人的阳光下，全神贯注地观察竹子的变化。

他一会儿用手指头量一量竹子的节把有多长，一会儿又记一记竹叶子有多密。汗水湿透了他的衣衫，满脸都流着汗，可他就跟没事儿似的。

有一回，天空刮起了一阵狂风。接着，电闪雷鸣，眼看着一场暴雨就要来临，人们都纷纷往家跑。可就在这时候，坐在家里的文同，急急忙忙抓过一顶草帽，往头上一扣，直往山上的竹林子里奔去。他刚走出大门，大雨就跟用脸盆泼水似地下开了。

文同一心要看风雨当中的竹子，哪里还顾得上雨急路滑！他撩起衣服，爬上山坡，奔向竹林。他上气不接下气地跑进竹林，顾不得抹流到脸上的雨水，就两眼一眨不眨地观察起竹子来了。

只见竹子在风雨的吹打下，弯腰点头，摇来晃去。文同细心地把竹子经受风吹雨打的姿势记在心头。

由于文同长年累月地对竹子作了细微地观察和研究，竹子在春夏秋冬四季的形状有什么变化，在阴晴雨雪天竹子的颜色、姿势又有什么两样，在强烈的阳光照耀下和在明净的月光映照下竹子又有什么不同，不同的竹子又有哪些不同的样子，他都摸得一清二楚。所以他画起竹子来，根本用不着画草图。

竹趣

衣：竹衣马甲（清代）

食：竹笋酿

住：傣家竹楼

行：竹筏

玩：竹马、竹蜻蜓

竹曲
竹笛名曲《牧笛》。

【竹露滴响】

如果
春风中，
如果我沙沙作响。
酷暑中，
如果我像士兵一样站立

> 寒风中，
> 如果我随风舞蹈。
> 暴雨中，
> 如果我轻轻摇曳。
> 风雪中，
> 如果我凌霜傲雪。
> 这样，
> 我就成了一根竹。

青竹潭影

竹——"花中四君子"之一，清华其外，淡泊其中，清雅脱俗。在清清的潭水边有一丛青翠的竹林。今天，我们踏着幽深的小路来到这里，心情分外欢畅。

远远地，我就看见竹林一片翠绿，一根根竹子像侍卫一样立在道路的两旁。一阵风飞过，竹叶"沙沙"作响，一声声清脆的鸟鸣传过来，真是鸟鸣竹更幽。听着，看着，我仿佛觉得自己也是一根竹，撑起一把绿色的油纸伞。

顺着这条羊肠小道向前走，走进了竹林。一根根苗条、挺拔的竹竿儿一节儿一节儿的，身穿一件黄绿色的衣服。每一节上都开枝散叶出去，每根竹枝上都是几片儿青绿色的叶，每一片儿都是下垂的，这就是王老师说的"虚心竹有低头叶"。竹子高的有七八米高，这么高的竹子林，不用看也知道它们的根也四通八达、盘根错节，根须在顽强地探寻着水源、寻找着同伴。

在竹林的边上有一潭水，潭水清澈见底，潭面上映着我们，映着青竹，时不时有几条小鱼儿在竹影中游过，破了竹影。一会儿，水中青绿色的"竹片儿"很快又集成了一片竹林，真是青竹潭影乐春风啊！

暖阳下的竹子，光线透过竹叶，零零散散地洒向大地。地面上，一个个小光点在闪烁、跳动。大地变成了一页"五线谱"，光点像一个个跳动的小音符。一些影子随着"音符"的舞动也跟在后面跑，光点到哪儿，它们就像跟屁虫一样追上来，真有意思！

到了夜晚，当第一轮月光洒向竹林时，竹林里忽明忽暗，竹影遮住了月光，影影绰绰。站在竹林里，听着竹林中的虫鸣"织……织……织啊……织"，看着这潭水中的月亮，如梦如幻。

烟雾迷蒙时，竹林中灰蒙蒙的，像一座迷雾森林，一旦进去，就找不到出路一样。雾给竹林罩上了一面灰蒙蒙的面纱，时不时听见几声鸟儿扑棱翅膀的声音。

下雨了，"竹露滴清响"，竹林里灰蒙蒙的。脚边的水潭中，许多雨脚在卜落卜落地跳，调皮极了！竹叶上，一批又一批小水滴在竹叶上滚动，又落下，"轰隆"的雷也来了，它打着鼓在空中跟着"轰隆"！

春风中，一根根竹子在轻轻摇曳，一个个竹笋也忍不住好奇地探出头来。她们迎着春风爬了出来，那些竹子被春风吹得沙沙作响。

夏风中，那竹笋已经长成了一根根挺拔的竹子。整片竹林已是一片青绿。太阳火辣辣的，这些竹子就是一把把遮阳伞。

秋风中，枫叶红了，树叶落了，然而那片竹林中依旧生机盎然。竹子们又长高了，一片青绿中却听不到鸟儿的欢叫了。

冬风中，一些竹叶被吹落，潭水被冰冻了，但是竹子们还是顶着寒风在生长，竹林一片清静。

四季常绿的竹林顶着寒风在生长，她们的气韵和风骨留在了我的心中……

听，春天的歌声

【教学目的】

1. 引领学生奔赴春天，用耳朵美美地听，用眼睛美美地看，用心美美地想，感受一季天籁烟雨，感受一季繁花似锦，感受一季生命如歌。

2. 培养四季皆故乡的积极人生观。

【教学准备】

1. 主题曲：《春天的歌》。

2. 实地和书面备课，组织野外情境作文课程报名活动。

【教学过程】

春之声：曲调

3月2日　　　星期四

一、导入新课

同学们，春天是歌唱的季节，让我们在大自然中聆听那天籁般的歌声。春天的歌声在哪里呢？

（屋檐下、被窝里、柳树下、操场上……）

春天里的歌手都有谁？

（小鸟、春雨、春雷、春风、小朋友们……）

春天是最美的舞台，这万物复苏的季节迎来了引吭高歌的角儿。她们都亮开最动听的歌喉，用曲调歌唱春天。

二、听，黎明时春天的歌声

春天来了，空荡了一个冬天的天空，开始变得热闹起来。择一个晴朗的早晨，天刚蒙蒙亮，我们躲在被窝里聆听，听到什么？

（在被窝里听到各种各样的小鸟在唱歌。她们唱亮了天空、唱醒了黎明、唱醒了我们……）

鸟雀的叽啾，撩去春晨隐隐的面纱，这是春天里的第一首歌。听鸟的歌声，我们就走进了鸟国春天里的喜乐故事。

你会学着小鸟唱歌吗？猜猜看不同歌声的小鸟会是怎样不同的模样？

胆小的是怎么唱的？

（"啾——啾啾——"打着花舌，细声细气；她可能会是一只娇俏的小小鸟儿，谨慎地唱在黎明的枝头上，探头探脑，翅膀尖儿染着些迎春花的鹅黄。）

泼辣的怎么唱的？

（自成曲调，"啁啾——喳"，声音清脆带着些许浑厚，拐着弯，亮着嗓，很张扬，好像太阳、春天、一年的精气神儿都是她唤醒的；她可能会是一只体型健硕的半尺来长的大鸟儿，昂首挺胸站立在最高最粗壮的枝头上，翅膀上闪着油亮乌黑的光泽。）

性格内敛的怎么唱的？

（"咕咕——"声音好像闷在胸口，没有丝毫的张扬；她可能会是一只灰灰鸟，更爱在草地上跳跳着找虫吃。）

性格急躁的是怎么唱的？

（"叽叽喳喳——叽叽喳——喳喳——喳喳——"她可能会是一只体形瘦削的鸟儿，处处透着机灵，身上有天空的蓝，有草地的绿，还没喳几声，都已经飞了好几圈，行踪不定。）

鸟国的歌唱高手是怎么唱的？猜猜她会是什么样子的？

（"呖呖——"鸣声清脆通透、悦耳悠长。晨雾、黎明前笼罩天地的黑纱全被她的歌声掀开了去，阳光从地平线上被拎上来，霞光万丈；她或者一身早春的鹅黄，或者一身春草绿，或者一身的桃花红，反正春天里最好的色彩都可能是她的颜色，但只一种颜色，浑然一身。）

（"布谷——布谷——"忽而清亮，忽而似有似无，这声音忽近忽远，婉转悠扬，仿佛在逗着我们玩儿；她可能会和山谷里的石块儿差不多颜色，藏起了自己的身影，只把声音远远地传送。）

真说不清楚，究竟是春天唤醒了小鸟的歌声，还是小鸟的歌声唤醒了春天。反正，当我们还在被窝的时候，她们就把我们唤醒了。在被窝里听小鸟的歌声，多么悦耳、婉转动听啊！一年四季的美好就这样开始了。

枝头、天空、湖面都是小鸟在春天里自由歌唱的舞台。她们在以什么形式歌唱着？

（枝头二重唱，三鸟小组唱，领唱齐和声，小合唱……）

萧瑟安静了一个冬天，春天的热闹从鸟儿在清晨的歌唱开始了。天地顿时清朗了起来，世间万物都开始焕发生命的活力。

她们用不同的歌唱形式，用最好听的声音在唱些什么呢？

你在被窝里听懂了吗？

（建窝、找虫、游戏、歌唱比赛……）

你会直接翻译鸟国语言吗？

（叽叽——你好呀！叽啾——你是谁？啁啾——喳——起床啦，一起玩儿吧！……）

春天是歌唱的季节。我们在暖暖的被窝里就竖着耳朵读着鸟王国的喜乐故事，这是多么美妙的听觉盛宴！春天的第一歌手非小鸟莫属，她们是黎明的歌手。

三、寻，日光中鸟的歌声

在一个晴朗的周日，我们循着小鸟的歌声走出家门，去寻找她们的踪影。到阳光灿烂的枝头上，到小河边的桃花枝上，到家旁边的梨花树上；到波光粼粼的河面上，到洒满阳光的小树林里寻找她们的身影，打开你手中的镜头，录下她们清亮的声音和她们可爱的身影。

你在哪里找到了歌唱家——小鸟呢？

你找到的小鸟是什么样子的？有几只？她们边唱着歌，边在忙些什么呢？

（我找到的小鸟正在天上欢快地飞着，她们是灰黑色的，略带些棕色，有五六只，她们边唱着歌边寻找着春天的影子。）

果然不同的嗓音是不同的模样儿，所以鸟王国里才多姿多彩。

四、等，夕阳下鸟的歌声

小鸟是日出而作，日落而息的典范。筑巢、捉虫、找伴儿、学飞、嬉戏都在白天忙忙碌碌。太阳下山的时候，她们又在唱些什么呢？

（小鸟呼朋引伴，伴着清冷的月光，聊聊白天的见闻，说说明天的愿望。她们把头缩进羽毛里，睡得很香很香。也许，也有小鸟在为了某些烦恼事情失眠呢！）

鸟孩子、鸟妈妈、鸟爸爸分别在说些什么呢？

（鸟孩子希望自己的羽毛快点长得丰满，能像爸爸妈妈一样到蓝天下去飞翔，去独立生活；鸟妈妈希望自己肚子下的鸟蛋里的宝宝早日破壳而出、健康快乐；鸟爸爸许愿明天能捉到更多美味的虫子，让一家人丰衣足食。他们都在为自己的理想努力着、努力着……)

"叽叽——喳喳——呖呖——啾啾——"小鸟儿们用歌声为天空剪了一件蓝衬衫，为田野缝了一条绿衣裙，天地万物焕然一新。

3月28日　　星期二

一、导入新课

同学们，小鸟是黎明的歌手，迎接着春天。听，还有谁在春天里歌唱？

(春雷、春雨、春风……)

二、听，春雷春雨的合奏

（一）春雷唤新生

春雷打起上课铃，"轰——"一声响雷，推开了春的大门，寂寞了一个冬天的大地热闹起来。听到春雷闷响，你能想象哪些生命的苏醒呢？

1. 看柳树

(柳枝上胀鼓鼓的叶苞，越胀越大，小柳芽纤嫩的小脑袋显出鹅黄色，她迫不及待地张望新生的世界。)

2. 看桃树

(桃树上有了一个个桃苞，我仿佛听见花叶打哈欠的声音。积蓄了一个冬天的力量，我要开始喷发。)

3. 看小草

(小草籽使出吃奶的劲儿，拼命冲破泥土，沙沙沙……唆唆唆……静悄悄地一起吐芽。)

在春天的大舞台上，小鸟的歌声是序幕。同学们觉得春雷是什么？

(春雷是领唱，她摇响了上课铃，春天里的所有生命都被聚集来，赴一场最美季节的约会。)

（二）春雨齐合唱

在早春二月的寒气里飘来了细蒙蒙的雨丝，雨丝带着什么来的呢？

(带着几丝暖意、带着泥土的芳香、带着花朵萌发的声响……)

天地间的雨雾是什么样子的呢？让我们撑一把小伞在屋檐下、在回廊里、在桥上、在泛着鹅黄的柳树下、在含着花苞的桃树下看雨、听雨，感受春雨的情怀。

（雨把整个世界迷醉了，万物生长也调小了音量，只听得"沙沙沙，沙沙沙……"近在耳边又似乎远在天边……在天地间、在树梢上、在湖面上……水的烟雾在飘动、飘动，迷了眼，一切都变得湿湿的、暖暖的。）

（春雨所过之处，泥土全部松软，大地干涸的肌肤爽润起来，做好孕育万物的准备；麦苗畅饮甘霖，拔节、长绿；油菜开始有了金色的小花，两朵、三朵直到金色连天；小野鸭闭着眼睛听春雨的歌声，扑棱翅膀划过水面，在一汪绿波上尽情欢乐。）

闭上眼睛听，雨是怎样的声响？

（这声音细软得像谷种爆芽，像青草长叶，如笋尖顶土，像无数只小手轻柔地拍打在树叶的琴键上……这声音是春天温柔的性格。她没有舒伯特小夜曲的浪漫，没有贝多芬交响曲的欢跃。她只有细细地、洋洋洒洒地从空中飘落。凉意中掺杂着无私，润湿中含着热情，温馨中透着细腻。这，就是春雨的歌声。）

这春雷春雨的合唱统领着天地舞台，她们的浪漫飘在世界的每一个角落，使天地万物有了生机，使觉醒和生长成为春天的旋律。春之歌声走遍了数不胜数的花花草草，感染了大家的情绪。

三、春风绕枝头

春天的歌声多么美妙，谁是作曲家？

春天是温柔的作曲家，谱一支乐曲都像一股清泉，流入我们的心田。是谁在拨动着春的琴弦呢？

（春风。）

春风在给所有的歌手伴奏。

春风无处不在，在哪里呢？

（在竹林里，在湖面上，在灯光桨影里……）

（竹叶"哗啦啦"闪现着一道道黄绿色的光芒，这是风在舞蹈，摇醉了温暖阳光的落影，摇醉了竹在水中俊秀的倒影。）

（春风在湖面上，十里长河，万顷绿波。水在湖面的舞蹈是风的韵律，风的节奏，风的伴奏。风好像拉的是手风琴，风箱的开合让水挤出了无数乐呵呵的绿色波纹；风好像吉他手，大珠小珠落玉盘的声响搭水的轻歌曼舞；风好像摇铃，水被铃声逗痒得呵呵直笑；风好像声势浩大的架子鼓，振得水边芦苇狂扭着腰肢，仿佛要贴着地面舞蹈……）

春风里尽是温柔和温暖，吹过哪里，哪里就被暖了去、软了去、热闹了去。

四、童声是春天

春天在歌唱，我们小朋友也是春天的歌手，我们的歌声在哪里？

（操场上，孩子们跑步时铿锵有力的口号声；篮球赛场上，啦啦队摇旗呐喊，篮球宝贝劲歌快舞；沙滩上，运动员闪电助跑，蚂蚱起跳，漂亮落地；拔河比赛，冲破天的喊叫……）

（教室里，孩子们天籁一般的朗读声……）

是的，每一个活泼的孩童都是春天里最活跃的音符，在春天五线谱上发声、欢歌、叮咚作响……

春天的歌手还有很多很多，在你的周围，你听到还有谁在春天里歌唱呢？她们的歌声是怎么样的？给世界带来了什么呢？

（小蜜蜂嗡嗡嗡，给世界带来花的芬芳和甜蜜的果实。）

春天用曲调尽情地歌唱着，她带给我们一个全新的明朗的世界，她也催促着让我们抢先到春天里去播种，沐浴金色的阳光，迈开成长的脚步！

春之声：色彩

一、导入新课

同学们，我们闭上眼睛，用心在春天里听，春天的歌声拉开新一年的序幕。春雷领唱，春雨合声，春风抚琴，这是多么美妙的春天的曲调，世界明朗热闹起来啦！

二、通感，眼睛看歌

这些都是我们耳朵听到的歌声。其实，我们的眼睛还能看到歌声，这些歌声的音符是多么跳跃、多么生动、多么迷人啊！

春天的歌声在哪里？——新生命的色彩之歌。

春姑娘穿一身绿色的衣裙，脚踏一驾绿色的小马车，摇一路绿色的铃来了。沿着校园的小路走一走，走出校门，沿着春风荡漾的濠河边走一走，你的眼睛又看到哪些歌声呢？

春天的歌声在柳枝的鹅黄上。

春天的歌声还在哪里？你会用这样的句式说吗？

春天的歌声在（　　　）的（　　　）上。

是的，春天的歌声在桃花苞的羞红里；

春天的歌声在垂下的白蔷薇的绿瀑布里；

春天的歌声在小草泛青的小脑袋上；

春天的歌声在小野花的五颜六色上；

春天的歌声在油菜花的金黄上；

……

春的曲调音乐会进行到高潮的时候，所有的万物都有灵性，从散发着清香的泥土里探出头来，为春雷和春雨伴奏。大地妈妈脱下了棉袄，换上了华丽的绿裙子，戴上了花发卡，飘起了绿长发，披起了金色的阳光纱衣，变得那么明艳动人。

瞧，冰肌玉骨的隆冬、暖人的金秋、火红的盛夏各有风采，但都不及春的柔嫩娇美。

三、春之声在花丛里

当路边的大树长出嫩绿的新叶的时候，小草也从枯黄变成了嫩绿色。小野花开放了，都有哪些颜色呢？

（蓝、白、黄、红……）

她们都在阳光下扭着腰肢歌唱呢，像什么？

（一朵朵五颜六色的野花在嫩绿色的草坪上，好像是在绿色的银河中散落着色彩缤纷的星星。）

草丛中的小野花，你觉得是怎样的春之歌？

（招蜂引蝶的、花枝招展的……）

有谁在为这首飘满芳香的春之歌伴唱呢？

（小蝴蝶蹁跹着舞步，像花瓣一样地在花丛中流连，在为小野花伴唱。春光是流动的歌曲，音符在跃动……）

四、春之声在柳枝上

我们一起漫步濠河边，看看柳条上还没发芽的芽簇，谁来说说？

（泛着青绿色的柳条上有无数饱胀肥壮的芽簇，褐红色中泛着绿，比米粒要饱满鲜嫩，映着天色闪闪发光，似一个个即将起飞的小精灵。）

有的柳条上已经泛起了嫩嫩的小芽儿，像什么？

（像新茶片儿，聚满了香、柔和嫩。）

当星点般的绿芽儿缀满枝头的时候，你觉得这时的柳条像什么？

（像极了少女柔嫩轻柔的发丝。）

这些长长的发丝映入水中，你有什么感觉？

（仿佛把河水都染得更绿了。）

这样的河映着这样的柳，这样的柳恋着这样的河，你觉得这是怎样的一首春之歌呢？

（青葱的、生长的、妩媚动人的春之歌。）

去抱一抱柳树的树干，就抱住了春天，似乎还听到了春的心跳。

五、春之声在桃枝上

"桃之夭夭，灼灼其华。"桃花是春妈妈最娇艳的发卡，红粉枝头，说不尽的妖娆和纯美。

看，每一朵桃花，你看到怎样粉嫩的小脸庞？

（粉红色的桃花瓣，大小不均，花中间有长长的纤细娇嫩的花蕊。花蕊头上是黄色的，小身段带着红，像红色的小嫩人儿戴着小黄帽。桃花下面还有花托，这花托是棕色加上红色的，像杯子，往四面八方伸开手臂，抓牢娇嫩的花朵儿。）

每一棵桃树上有数不清的桃花枝。每一棵桃花枝上，开满了数不清的桃花，从树枝开到树梢，几乎不留一点空隙，你觉得这一树树桃花像什么？

（喷花的飞泉，在尽情地畅快地喷涌粉红色的水浪，无数个粉红色的音符在跳跃、在发颤。）

这是怎样的一支春之歌？

（明媚动人的、芬芳迷人的、充满希望的……）

谁在为桃花枝伴唱呢？

（小蜜蜂一边提着小花篮，一边"嗡嗡嗡"地唱着小曲儿。）

（小河水叮咚叮咚地照见桃花纯美的面容。桃花瓣飘落在翠玉般的水面上，泛起了桃花浪，好美好美啊！）

这生命喷涌的春之歌，占去了春天一半的浪漫和娇美。

六、春之声在油菜花海里

走进油菜花花海，我们都化身成小蜜蜂，醉倒在她的香海里。千层金色浪涛把我们都染黄了。

瞧瞧她的根、茎、叶，油菜花的形、色、花粉。谁来说说？

（一根根绿色的茎捧着一朵朵金黄的花朵，茎干上是柳叶形的翠绿色叶子，叶子的正反面都有绒毛。茎的最顶上长着一小团的油菜花。四片金色的花瓣向外张开，中间的小花蕊嫩绿色，细长细长的。）

在这金色的花海中，你最想做什么？

好的，请自由地在田间奔跑、跳跃、呼喊。

请把油菜花插在辫子上、衣领上。

油菜花是一曲气势磅礴的春之歌，这支歌里有什么？

（这支歌里有油菜花肆无忌惮的漫溢在天地之间的浓香，歌里有我们的快乐。）

有谁在为这支快乐的歌曲伴奏呢？

（蚕豆花睁着圆溜溜的小眼睛伴奏；婆婆跳着优雅的华尔兹伴奏；蒲公英快活地飞上天空伴奏；绿的树、蓝的天、白的云、飞的鸟，都沉浸在这热烈的金黄中，沉浸在这无边的香海中为她伴奏。）

同学们，春天用曲调、用色彩、用活力尽情地歌唱着。让我们一起在春的天籁里静听、在春的新生色彩里沉醉、在春的胸怀中放歌。我们一起披着春的霞光，享受生活的甜蜜和浪漫。

七、指导作文，合理构思

（一）指导中心

奔赴春天，听春天的歌声，感受春天天籁烟雨、繁花似锦、生命如歌。

（二）文章思路

通感以耳中所听、眼中所看、心中所想三个角度写春天的歌声。

1. 春之声：曲调（春鸟、春雨、春雷、春风、蜜蜂、童声……）；

2. 春之声：色彩（桃花红、翠柳绿、麦苗青、油菜花黄、蔷薇白……）；

3. 春之声：活动（春天正是播种时：农人耕作、孩子读书、工人劳作、画家挥墨、摄影家遁入花丛……）。

（三）练写

准备使用拟声词描绘曲调之声，由声响展开联想。

1. 使用拟声词描绘春鸟之歌

"啾——啾啾——"打着花舌，细声细气。

"啁啾——喳"自成曲调，清脆中带着浑厚，拐弯亮嗓，很张扬。

"咕咕——"声音闷在胸口。

"叽叽喳喳——叽喳喳——喳喳——喳喳——"显得有些急躁。

"呖呖——"清脆通透、悦耳悠长，歌声把晨露掀了去，阳光从地平线上被歌声拎了来。

"布谷——布谷——"似有似无，忽近忽远，幽远淘气，仿佛在逗着我们玩儿。

2. 联想

"啾——啾啾——"打着花舌，细声细气。她可能是一只娇俏的小小鸟儿，谨慎地在黎明的枝头上唱歌，探头探脑，翅膀尖儿染着些迎春花的鹅黄。

"啁啾——喳"，声言清脆带着些浑厚，拐着弯，亮着嗓，很张扬，好像一年的精气神儿都是她唤醒的，她可能是一只体型健硕的半尺来长的大黑鸟，昂首挺胸地站在最高最粗壮的枝头上。

"咕咕——"声音闷在胸口，没有丝毫的张扬。她可能会是一只灰灰鸟，爱在草地上蹦跳地找虫子吃。

"叽叽喳喳——叽喳喳——喳喳——喳喳——"她可能体型瘦削，处处透着机灵，身上有天空的蓝，有草地的绿，还没喳几声就已经飞了好几圈，行踪不定。

"呖呖——"鸣声清脆通透、悦耳悠长。晨露、黎明前笼罩天地的黑纱全被她的歌声掀了去，阳光从地平线上被拎上来，霞光万丈；她或者一身早春的鹅黄，或者一身春草绿，或者一身的桃花红，反正春天最好看的色彩都会是她的颜色。

"布谷——布谷——"幽远清亮，似有似无，忽近忽远，仿佛在逗我们玩儿。她可能和山谷里的石块儿差不多颜色，藏起了自己的身影，只把声音远远地传送。

（四）开头和结尾

1. 开头

（1）由题目直接导入

春天是歌唱的季节，让我们去大自然中听一听那天籁般的歌声。春天的歌藏在哪里？

（2）由歌手导入

春天是最美的舞台，这万物复苏的季节迎来了各路神仙歌手，她们各显神通地歌唱着春天。

【春读本】
春天的古诗

春江花月夜

［唐］张若虚

春江潮水连海平，海上明月共潮生。

滟滟随波千万里，何处春江无月明！

江流宛转绕芳甸，月照花林皆似霰。

空里流霜不觉飞，汀上白沙看不见。

江天一色无纤尘，皎皎空中孤月轮。

江畔何人初见月？江月何年初照人？

人生代代无穷已，江月年年望相似。

不知江月待何人，但见长江送流水。

白云一片去悠悠，青枫浦上不胜愁。

谁家今夜扁舟子？何处相思明月楼？

可怜楼上月裴回，应照离人妆镜台。

玉户帘中卷不去，捣衣砧上拂还来。

此时相望不相闻，愿逐月华流照君。

鸿雁长飞光不度，鱼龙潜跃水成文。

昨夜闲潭梦落花，可怜春半不还家。

江水流春去欲尽，江潭落月复西斜。

斜月沉沉藏海雾，碣石潇湘无限路。

不知乘月几人归，落月摇情满江树。

译文：

春天的江潮水势浩荡与大海连成了一片，一轮明月从海上升起好像与潮水一起涌出来。

月光照耀着春江随着波浪荡漾千万里，所有地方的春江都有明亮的月光。江水曲曲折折地绕着花草丛生的原野流淌，月光照射着开遍鲜花的树林好像细密的雪珠在闪烁。月色如霜所以霜飞无从觉察，洲上的白沙和月色融合在一起看不分明。江水和天空变成了一种颜色、没有一点微小的灰尘，明亮的天空中只有一轮孤月悬挂。江边上是什么人最初看见了月亮，江上的月亮又是哪一年最初照耀着人们？人生一代一代地无穷无尽，而江上的月亮一年一年地总是相似。不知道江上的月亮在等待着什么人，只见长江不断地一直运输着流水。游子像一片白云缓缓地离去，只剩下思妇站在离别的青枫浦不胜忧愁。谁家的游子今晚坐着小舟在漂荡？什么地方有人在明月照耀的楼上相思？可怜楼上不停移动的月光，应该照耀在离人的梳妆台。

月光照进思妇的门帘卷不走，照在她的捣衣砧上拂不掉。这时互相望着月亮可是互相听不到声音，我希望随着月光流去照耀着您。鸿雁不停地飞翔而不能飞出无边的月光，月照江面鱼龙在水中跳跃激起阵阵波纹。昨天夜里梦见花落闲潭，可惜的是春天已过了一半，自己却还不能回家。

江水带着春光将要流尽，水潭上的月亮又要西落。斜月慢慢下沉藏在海雾里，碣石与潇湘的离人距离无限遥远。不知道有几人能趁着月光回家，唯有那西落的月亮摇荡着离情洒满了江边的树林。

春天的童谣

春姑娘，

哈哈笑，

乘着风儿跑呀跳，

喊醒了草和花，

又叫醒了虫和鸟，

大家快来做游戏，

我们的春天来到了！

春天的美文

春天到来，一切仿佛又恢复了生机。春风忙着播撒绿色，不经意间，春天已经遍布了世界的每一个角落。

和煦的春风轻抚大地，像是慈母抚摸着孩子的脸颊。春风，带给我们春天的气息。春天，不同于夏的热情、秋的伤感、冬的沧桑。春天的温暖，吸引着每一个人的加入。

春风也是如此。春风不同于夏风的炎热，怎么扇，都扇不去热气；春风不同于秋风的悲凉，风声铮铮，枯叶飘絮；春风不同于冬风的刺骨冰凉，搜刮着可怜的温暖，碰一下，都瑟瑟发抖。春风温柔婉约，像一个艺术家，奏出美妙的春之交响曲。

谁说春风没有样子？春风的样子，是柳条轻轻摆动，花儿低头微笑，小草探头探脑，湖面泛起涟漪。春风的样子，活泼可爱。

谁说春风没有颜色？春风的颜色，是小草的嫩绿，梨花的雪白，蝴蝶的粉红，蜜蜂的鲜黄。春风的颜色，五彩缤纷。

谁说春风没有味道？春风的味道，是春泥的清新，鲜花的芳香，花粉的甜蜜。春风的味道，芳香美妙。

春天的风，带来无穷的想象。如诗如画的春风，多么美丽，多么温暖！

春天的歌

当我坐在山岗上，听见小鸟歌唱，

它们正在建新窝，在这早春时光。

当我走在花园里，看见蜜蜂飞翔，

它们辛勤采集花蜜，准备藏进蜂房。

当我走在草地上，看见一群小羊，

它们快乐奔跑跳跃，在这春天时光。

【竹露滴响】

春天的歌声

春天是歌唱的季节。紫色是紫藤花的歌，白色是梨花的歌，粉色是樱花和桃花的歌……

紫藤花的歌是紫色的。一串串紫藤从架子上挂了下来，像一串串水汪汪的紫葡萄，走近一看，呵，紫藤花丛里还有几只蝴蝶和蜜蜂在采蜜。闻一闻，一股香气扑面而来。风一吹，紫藤花就被吹了起来，吹落了好几朵花，落英缤纷，铺成一条紫色的小路。

樱花的歌是粉色的。每到这个时候，小区里总是一片粉色，蜜蜂一群又一群地来，所以有时树上还挂着一两个蜂窝也没什么奇怪的了。这时只要风一吹，整个小区就都被花儿淹了……满院子都是花香，一出门，闻一闻，这可太香了，可能摘个两朵花泡水里就会变成蜂蜜水。

油菜花的歌是金色的。它的名字可大有来头，咱们食用的油是它的籽榨出来的，所以有"油"字。它还是菜，所以又有"菜"字。"花"字呢？花香浓郁，几只蜜蜂来了，每根花茎上开三四十朵，七八朵一团，一株有三四团，黄澄澄的，头上黄，下面绿，一片油菜花开花时就像一大片金砖。

蚕豆花的歌是紫中透白的。一株蚕豆开不了几朵花，没有油菜花的效率高。蚕豆花的瓣是白色的，中间的黑色像春天的眼睛，样子很奇特。别的花开花时很壮观，就蚕豆花只开几朵，还闷声不响地藏着，花也不香，而且因为老是有野猫来拉便便，所以，不但不香，还带着臭。

啊！春天的歌色彩艳丽，这是我们一年的希望。

梧桐叶的秋天

【教学目的】

1. 分四个时间段观察学校东大街的梧桐树叶，培养学生连续细致观察的习惯。附上照片，记录梧桐叶的变化，表达清楚当时的想法和心情。

2. 感受生命一季荣枯，根植生当绚美、落亦豪壮的积极生命观。

【教学准备】

1. 主题曲：《天使的翅膀》。

2. 实地和书面备课，组织野外情境作文课程报名活动。

【教学过程】

10 月 12 日　星期三　晴

一、导入新课

同学们，学校东门外的一条街道是我们每天从家通向学校的必经之路，我们叫它"东大街"。在我们进校门、出校门的时候，"东大街"似乎浓缩了整座城市的车马和人流，显得特别的拥挤和热闹。当早、晚两场人流和车马散去以后，它又显得特别的亮丽和安静。

当我们进入这条像河流一样宽敞的街道时，我们就走近了街道两旁年代已久远的梧桐树林。"东大街"因为梧桐树林而有了生命的悲欢。

二、走进生命的林子

让我们淌过时光的河流，走进这片生命的林子。经过秋雨的洗礼，随着人流的散去，整个梧桐树林是什么颜色？

（黄绿黄绿的，绿得鲜嫩，鲜黄透着生命最初的美丽色彩。）

阳光下的梧桐树林是什么样的？

（在灿烂的阳光下，梧桐树仿佛被镀了一层金，好像是身披金纱的梧桐仙子，遥望着美好的明天。）

请打开你手中的镜头，拍下这生长的影像。

当我们站在一棵梧桐树下去看一片片梧桐叶。你的镜头里留下了什么？

（整棵树开枝散叶，蓬勃得像一把撑开的巨伞，伞顶上盛放着蓝蓝的秋天的天空，让我们觉得树枝丫外的世界很辽阔，像通透的清凌凌的海。绿色的叶片都像张开的手掌，她们数不胜数、层层叠叠，忽的遮天蔽日，显出一群叶的勇敢执着；忽的一处大小叶片稀落，展现天空湛蓝的剪影，更显出绿叶的娇嫩。）

（梧桐叶挨挨挤挤，颜色各异，有的像夏天一样生机勃勃，像手掌一样被撑得平平的；有的叶子边像被烧焦了一样，是焦糖色的，叶片中间却是绿色的；有的叶子黄中带着咖啡色，叶子尖儿微微翘着……）

大的叶片像把小蒲扇，小的叶片娇嫩得像个小书签儿。

看到树叶间的小脑袋了吗？在你的镜头里，她是什么样的呢？

（有很多小毛球儿在树叶间探着小脑袋，有乒乓球大小，像好多个小刺猬在无忧无虑地荡秋千，乐呵乐呵地正玩得起劲儿。）

风儿拂过，梧桐叶是怎样的情景？

（仿佛是军乐队在演奏着大自然的乐章。）

（无数片梧桐叶就像一位位身穿盛装的舞蹈演员，迈着轻盈的舞步，在枝头欢歌。小毛球也在群舞。）

再看一片梧桐叶，你看到什么？

（梧桐叶有五个尖儿，叶茎由粗到细，叶脉错落有致，粗的三条叶脉垂直向上延伸，黄色的叶脉弯弯曲曲，像地图一样纵横交错。有的叶脉是乳白色的，有的是棕褐色的，还有的叶脉极其细小，像发丝，只能隐约看到。翻过来叶片的颜色浅绿，叶脉却很突出。）

枝头上的梧桐叶都在干什么呢？

（一会儿躲在枝丫后；一会儿又露出小半张脸，在和我捉迷藏；一会儿"哗哗"鼓掌，好像是在充当点评家，不住地点头……）

偶尔飘落的一片绿叶，你知道她要去哪里吗？

（她想炫空中芭蕾；她想搭免费汽车去兜风；她想和我们贴面游戏；她想像一叶小舟漂去水洼、小河，漂向未知的奇妙世界；她像飞鸟一样冲上半空，她左右飘荡，不知去向了何方……）

三、感受绿色氧吧的生命气息

走进来，深吸一口气，再深吸一口气，此时此刻你有怎样的感受？

（我们走在生命黄绿的森林里，感觉呼吸到最清新最绿色的空气。我们仿佛行走在天然绿色氧吧里，整个人变得鲜绿通透起来。我是鲜绿的，呼吸是鲜绿的，整条街是梧桐树叶染绿的。）

（我们仿佛游走在绿色河流里的小鱼儿，每一片黄绿透光的薄软叶片都仿佛是在水流上飘动的可爱音符，她正弹奏着最柔美的乐章，整个世界都是她们在弹琴的美好的身影，在我们的周边飘啊飘。我在叶的怀抱里飘啊飘，陶醉、沉醉。）

（我们又好像是即将展开翅膀飞入丛林的鸟儿，每一棵梧桐树都可以成为我最快活最自由的家园，每一片生命之初的毛茸茸的梧桐树叶都会是我的雨伞、我的花边帽、我的游乐园、我的快乐小屋……每棵树上都可能会有无数的快乐去探寻。）

这是 10 月 12 日的青绿的天然氧吧——东大街。

每一片带着生命光彩的高高大树上的梧桐叶定格在晴朗的秋天，也定格在我们的心中。梧桐叶的秋天，她清朗、快乐、鲜绿，留给天空最美丽的身影，这是梧桐叶在秋天的成长季。

10 月 29 日　　星期六　　晴

一、导入新课

东大街的绿色氧吧——梧桐树林每天都在用最丰富的氧离子滋养着我们的生命。每天早上，迎接我们走进校园。每天晚上，她们又欢送我们离开校园。梧桐树叶，她们一天天地长大，日子也在不经意间一天天地过去。东大街生机勃勃，我们更是生机勃勃。

二、远观东大街全貌

这时东大街的梧桐叶比起二十天之前的，颜色有变化吗？

（二十天之前的梧桐叶是透亮新绿的，绿得鲜嫩。现在的梧桐叶绿得油亮，翠绿翠绿的，绿得富有生命的厚度，变得壮硕起来。）

再看，叶片的大小有什么变化？给世界带来什么变化呢？

（已经从七岁娃娃的手掌长成了爸爸的大手掌了。树叶间的缝隙越来越小，在树叶间看到的天空剪影也是越来越小，有的枝丫间几乎看不到天空，真是遮天蔽日。阳光透过树叶的缝隙投射的光斑越来越小。）

整个东大街给人怎样不同的感觉？

（10 月 12 日，东大街是嫩生生的小黄绿叶，一切都是清新生长的。此时东大街的梧桐叶浓绿、翠绿、油绿，以最强的生命力量主宰了世界。）

秋风拂过，梧桐树林生命的歌声浑厚、欢快。梧桐树叶在最好的生长季节展现最美的生命光彩。如果说鲜绿色的梧桐叶是一个人的少年时光，那么此时葱绿油亮的梧桐叶是她的什么时代？

（是的，是她朝气蓬勃的青年时代，青春的朝气迎面而来。）

如果黄绿色的梧桐叶是天然的绿色氧吧，那么此时葱绿油亮的梧桐树叶你觉得是什么？

（是的，在人流熙攘的城市中，这郁郁葱葱的梧桐树林分明是一座生气盎然的城市森林。绿色的生长、绿色的希望、绿色的呼吸、绿色的力量都在这座城市森林中孕育、生长。）

三、近看梧桐叶之美

当我们站在三楼的南走廊下，眼前的梧桐林给人的感觉真是古木参天。每一片硕大的梧桐叶都在秋光中像小蒲扇一样地扇动着。我们就像在枝丫间栖息的鸟儿。

看，一片叶儿，她的颜色是怎样的？

（葱绿油亮。）

看无数片叶儿组成的树冠。

（如绿云一般浓密的秀发，让整棵树都青春焕发。）

看树叶间的小刺球。

（她们更加精灵闪动，舞动着秋天。）

看，梧桐叶间的天空。

（天空净得像一潭清水，清澈得诱人，偶尔飘过几丝流云，像在遥望梧桐叶蓬勃的生命活力。）

雨中的梧桐叶有着怎样的诗意？

（淅淅沥沥的雨声打破了秋的宁静。一抬头看到满窗的重影在闪动、在舞动。朦胧的秋雨中，梧桐树如同出水的美人，又如哼唱着江南小调的采茶的少女，婀娜多姿，俯视大地。彩色的海洋被映在"雨塘"里。每一滴雨点落下，就溅起层层水花，一圈圈的圆晕也在"海洋"的水影中荡漾。）

飘落地上的叶片，你觉察出他们不同的美吗？

（像小蒲扇、像小枫叶、像手掌……）

你想和这些青春的生命怎样地嬉戏？

（张开双臂扑棱翅膀飞进叶丛中，朗诵一首《生命之歌》给大树。）

是的，这一树树的葱茏，这一枝枝的葱绿，这满天满街的绿是梧桐树翠玉一般的年轻时光。所有的梦想都在这个时刻启程，所有的希望都在此时此刻闪现。

四、定格青春瞬间

让我们打开手中的镜头，从不同的角度去拍摄东大街的城市森林，可以是全景，可以是一片叶、一粒果，可以是清晨、可以是午后，可以是晴天、可以在雨中的屋檐下……然后给自己的作品取一个合适的名字，参加班级"梧桐叶的秋天"摄影作品展。比一比，谁的镜头最美，谁的题目最有诗意。

11月28日　　星期一　　阴

一、导入新课

同学们，梧桐叶的秋天从天然氧吧到城市森林，为我们奏响了生命的乐章。又一个月过去了，当我们再站在东大街，我们又感觉迈入了全新的世界。你眼前的梧桐树又成了什么？

（一幅浓墨重彩的油画。）

二、远观油画之美

东大街已经不再是绿色主宰。你都看到了哪些颜色？

（一树耀眼的葱绿，一树热闹的橙黄，一树沉稳的深浅不一的褐红，一树五彩斑斓的炫彩。）

是啊！这么多鲜亮的颜色，这让我们曾经为之陶醉的绿色氧吧、城市森林，奇迹般地变成了一幅浓墨重彩的油画。秋天最美的颜色都在这里被梧桐叶拥有。

这幅精美绝伦的油画作者是谁？

（大自然。）

是的，大自然这位神奇的画家用阳光、雨雾，用日月星辰描绘了我们眼前这一幅恢宏的作品，梧桐树叶到了最美的时候了，梧桐树叶是鲜艳的彩色。我们走进这幅油画，我们是彩色的；阳光透进来，阳光是彩色的；小雨滴飘进来，小雨滴是彩色的；小朋友在林间歌唱，歌声是彩色的；小汽车从林中驶过，偶尔的喇叭声是彩色的……

你觉得这些树叶像什么？

（像无数大翅膀彩鸟振翅欲飞；像无数彩色翅膀的蝴蝶在秋天憩息……）

啊！这油光闪亮的叶！这炫彩多变的梧桐叶！这浓墨重彩的油画秋天，让我们走进她的心跳。

三、近看叶之绚烂

请打开手中的镜头，我们站在一树绿叶下，你看到了什么？

（这是一树彩绿：草绿、翠绿、苍绿、橙绿、红绿……）

（满树油彩碧绿，像撑开的巨型大伞，伸展有力的翅膀，舒展开绿色的笑颜，拍打出哗哗哗的绿色的掌声。这一树葱绿又让我们想起当时绿色的城市森林，在阳光下焕发勃勃生机。）

给眼前这幅景象取个名字？

（绿、一束绿光、油绿秋天……）

接着，我们走到一树橙黄下，你看到了什么？

（这橙黄透着阳光，叶脉清晰可见，像无数只黄翅膀大鸟栖息在枝头上。秋风拂过，她们振翅欲飞；还像无数只黄色的大手掌，在秋风中拍掌，哗哗哗地为秋天喝彩。啊！这一树橙黄通透、美丽、炫目。）

我们再来到一树炫彩下，你在这棵树下看到哪些不同的颜色？

（有葱绿、有青绿、有草绿、有金黄、有橙黄、有褐色……）

能加上形容词吗？有（　）的（　）绿，有（　）的（　）色？谁能看看眼前的景象说一说？

（有鲜亮的葱绿，有透亮的青绿，有清新的草绿。）

（有闪亮的金黄，有耀眼的橙黄，还有沉稳的深浅不一的褐色……）

这五彩的梧桐树，你觉得像什么？让我们边看边想。

（像一幅色彩浓艳的油画，展现了秋天最美的色彩；又仿佛是一只只彩蝶，哗哗哗地扑闪着翅膀；还像晚霞被打碎了，落在枝头，照亮了整个秋天……）

我们再站在一棵褐色大树下，你看到哪些不同的褐色？

（褐红、深褐色、浅褐色、褐色中带着橙黄、褐色中带着草绿、干褐色……）

这些不同的颜色带给你怎样不同的感受？

（褐红带给我们深沉宁静的美；深褐色是生命的老者细数着光阴；浅褐色失去了生命的光彩，平静、从容、淡泊；褐色中带着橙黄，还在留恋青春年华；褐色中带着草绿，暮年永葆朝气；干褐色即将带着希望奔赴生命最后的旅程，有舍弃、有给予……）

四、感受叶之大美

有一句诗："停车坐爱枫林晚，霜叶红于二月花。"诗人杜牧因为喜爱山林中艳红似火的枫叶林，所以停车驻足流连欣赏，觉得比二月红花还要美。

今天，我们来比较晴空万里、阳光纱雾下的梧桐叶和霜打过的枫叶，它们有什么不同？

（色彩更多，色彩更艳。）

你能仿照"停车坐爱枫林晚，霜叶红于二月花"创作一句诗，来赞一赞眼前的梧桐叶吗？

（驻足坐爱梧桐叶，艳彩红于三月花。）

同学们，让我们再到东大街这幅浓艳的油画大街走一走，感受秋天最美的色彩，感受这一季最美的时节，你也可以在某一棵树下驻足，让我们把自己也变成彩色的，融进这金秋……

12 月 27 日　星期二　晴

一、导入新课

同学们，疫情让我们再度居家，但我们依然惦记东大街的梧桐树叶，一季枯黄让我们感受到生命的兴盛和落败。请看老师在东大街给你们拍摄的照片。请看着这些图片，听一首好听的歌曲《天使的翅膀》，你有什么感受？

（伤感，怀念。）

我们来读一读这首歌曲凄美的歌词《天使的翅膀》，你又有怎样的感受？

（伤感，怀念。）

二、远观梧桐叶

这是梧桐叶在今年最后的歌吟。远看，东大街现在是怎样的景象？

（东大街没有了往日的鲜绿、葱绿和后来的炫彩，现在变得枯黄一片、黯淡无光。）

看已经飘落在树根旁、草地上、街角边的叶子，是一幅怎样的景象？

（她们蜷缩着身体簇拥，没有水分，没有色彩，干枯一片，呼啸的寒风让她们瑟瑟发抖。她们互相拥抱，互相取暖。风吹雨淋，她们表现出生命最后的倔强。）

她们最后成了什么？

（她们把水分和营养留给了枝干和根，从高空落下，轻轻一碰她就粉身碎骨，成为天然的养分，让大树妈妈取暖，为大树妈妈积蓄来年春天开枝散叶的能量。为了新生命的萌发，她们宁愿自己悄然离开。）

三、近看梧桐叶

再看枝头上的梧桐叶是什么样子的？

（失水、蜷缩、枯黄、在风中萧瑟。）

（咖啡浅棕中透着几丝抹茶绿；高雅的棕红色中混着闪亮的金色；偶有几片柠檬黄中夹杂着耀眼的金；大多数叶片都已是全枯黄的，正在寻找飘落的方向……）

你觉得眼前枝头的叶像什么？

（像满树的枯叶蝶，飞倦了落在枝头休息，为下次的振翅高飞积蓄力量；像炒得嘎嘣脆的大薯片入口即化；还像一位位舞者，坐在枝头，向秋诉说着告别的话语，在风中开始了生命中的最后一支舞蹈。）

四、追忆青春年华

此时此刻、此情此景，你是否能追忆到她们以前的美丽时光？

（她们曾经一树树鲜绿，给我们丰富的氧离子，清新了整条东大街的空气，这是最清朗的城市氧吧；她们曾经一树树葱绿，像一把把大伞为我们遮天蔽日，犹如威风凛凛的士兵护送我们走进校园，这是最葱郁的城市森林；她们曾经一树树炫彩，用最鲜亮的色彩美丽了秋天。东大街是一幅最浓墨重彩的油画；我们曾经是这彩色森林中放歌的小鸟；她们曾经悠然飘落，谱写了生命中最华彩的乐章……

叶落归根，现在她们悄然无声地围绕在大树妈妈的脚边，轻声细语，把最后的温暖轻轻地传递，把新生命的希望点点地播撒。)

五、思考生命的意义

同学们，你们有没有想过，既然生命最终都要终结，为什么还要有曾经的一树欢歌、一树炫彩呢？

（生当灿烂，美丽世界；死亦无悔，孕育生命……）

让我们和曾经的绿色氧吧、城市森林、多彩油画说再见，让我们期待明年的再相逢。

六、反复吟诵生命的悲欢

听《天使的翅膀》，再诵歌词，吟诵和梧桐叶有关的诗歌、童谣。

七、指导写作，合理构思

（一）指导中心

分四个时间段细致观察十月到十二月学校东大街的梧桐树叶，以《梧桐树的秋天》为题，描写梧桐树林从嫩绿的绿色氧吧到油绿的城市森林，再到炫彩的油画大街，最后到枯黄的落叶飞歌，感受一季秋意。

（二）文章思路

以观察的时间为序细致描绘梧桐叶的一整个秋天。

十月初	嫩绿	绿色氧吧
十月底	葱绿	城市森林
十一月	炫彩	油画大街
十二月	枯黄	落叶飞歌

（三）练写

把写实和联想结合起来。

1. 写实

十二月，枝头上的梧桐叶失水、蜷缩、枯黄，在风中萧瑟，像满树的枯叶蝶，飞倦了落在枝头休息，为下次的振翅高飞积蓄力量；像炒得嘎嘣脆的大薯片，入口脆香；还像一位位舞者，坐立枝头，开始生命中的最后一支舞蹈。

2. 联想

此时此刻、此情此景，我们想起了梧桐树叶曾经一树树鲜绿，给了我们丰富的氧离子，东大街是最清朗的城市氧吧；她们曾经一树树葱绿，像一把把巨伞为我们遮天蔽日，东大街是最葱郁的城市森林；她们曾经一树树炫彩夺目，各种鲜亮的色彩惊艳了秋天，东大街是一幅浓墨重彩的油画；她们飘然落下，这是梧桐叶生命最华彩的乐章。

（四）开头和结尾

1. 开头

（1）由东大街导入

学校东大街是我们进出校门的必经之路，似乎浓缩了整座城市的车马和人流。道路两旁的梧桐树林栉风沐雨，守护着一街秋意。

（2）直入主题开头

梧桐树林守护着学校东大街，她们用一季欢歌描画着整座城市的秋天、梧桐叶的秋天——我们的秋天。

2. 结尾

（1）点题式结尾：

梧桐叶的秋天，我们生命成长的林子。新希望在秋风中酝酿，一季肃杀后将会有新的远航。

（2）赞美式结尾

梧桐叶的秋天，一季烟雨、一季阳光、一季成长。她们有过生命中最耀眼的辉煌，也有过悄无声息的陨落，一切都是最美的存在。

（五）参考题目

《梧桐叶的秋天》《东大街的一季秋》《梧桐叶，生命的河流》

【梧桐叶读本】

古诗

梧桐

［宋］司马光

紫极宫庭阔，扶疏四五栽。

初闻一叶落，知是九秋来。

实满风前地，极添雨后苔。

群仙傥来会，灵凤必徘徊。

故事

梧桐叶的一次远行

簌簌秋风掠过整片丛林，带着梧桐叶飞向远方，开始了他们一生中的第一次远行，他们要把自己变成一张张明信片，把秋色传递给每一个角落。

梧桐叶们飞过田野，金色的稻谷掀起了层层波浪，正在玩"片片蹲"的游戏呢，它们热情地对梧桐叶说："你们要去哪里呀？""我们去环游世界，要给每个人留下一张明信片！"梧桐叶优雅地转身，"再见，我们走了！"说完，一片梧桐叶便悠然地落在了田野里。

梧桐叶又继续飘，它们飘进了城市里的公园，柔美舒展的波斯菊对它们点头微笑："告诉你们一个小秘密，看到我们的人会得到幸福哦，因为我们又叫幸福的格桑花！"梧桐叶旋转起来，开心地落在了波斯菊旁边，其他梧桐叶又纷纷出发，继续远行。

他们飞进了一片枫树林，和火红的枫树叶跳起了热情的桑巴舞，飞上飞下，拉着枫叶的手不停地转着圈，旋转再旋转，快乐得都要晕过去了，最后留下了一片梧桐叶停在了枫树枝头。

梧桐叶飘啊飘啊，跃过了水塘边一片白茫茫的芦荻花丛，飞过了穿着迷彩服的群山，飘过了潺潺的小溪，又陪南飞的大雁在空中结伴逗留了一阵，最后一片梧桐叶慢慢地轻轻地落在了瓜果飘香的园子里……

童谣

梧桐树上有枝桠，枝桠枝桠开满花。

花开满目洁白色，只需一朵带回家。

梧桐花有馥郁香，引来凤凰绕树翔。

凤凰轻鸣梧桐语，隆中一对传四方。

一走一板一行梆，粉墨三国尽登场，

千年古韵唱新腔。

丞相志，求才心，

三顾茅庐天下倾，古今尊贤扬美名。

隆中对，梧桐语，

襄阳智慧千万缕，应是圣贤化作许。

歌曲

天使的翅膀

落叶随风将要去何方

只留给天空美丽一场

曾飞舞的声音

像天使的翅膀

划过我幸福的过往

爱曾经来到过的地方

依昔留着昨天的芬芳

那熟悉的温暖

像天使的翅膀

划过我无边的心上

相信你还在这里

从不曾离去

我的爱像天使守护你

若生命只到这里

从此没有我

我会找个天使替我去爱你

【竹露滴响】

梧桐叶的秋天

学校旁的道路两侧种了一排梧桐树，金色的阳光依稀透过叶片，一辆辆汽车如同被按了快进似的，在水泥路上飞驰。片片金色的光影在车窗上跳动，映衬出了一片美好的秋天。

十月中旬，梧桐叶一片葱茏，一排排梧桐树如同身披金纱的圣女，高大而又圣洁，遥望着美好的秋天。近看，片片梧桐叶挨挨挤挤，颜色各异，有的叶子黄中带着咖啡色，叶子尖微微翘着；有的叶子的边缘像被烧焦的纸一样，可中间却还是绿色的；更多的还是像夏天一样的绿色，显得生机勃勃，像手掌一样被撑得平平的，在这彩色的世界里又增添了一道美丽的风景。风儿吹过，叶浪翻滚，有的梧桐叶如同身穿盛装的舞蹈演员，迈着轻盈的舞步，打着旋儿缓缓落地；有的晃晃悠悠地飞进小河；还有的像被施了魔法似的，一会儿躲进枝丫后，一会儿又露出小半张脸，好像在捉迷藏似的。

十月的尾声，梧桐叶更加金黄，一路上仿佛是一片五彩的氧吧，复古的色彩让人回忆无穷。有的梧桐叶依然是黄中带绿，像是金黄沙漠上的那片小小的绿洲；有的金灿灿的，主茎刚开始还是黄中带绿，接着颜色就越变越深；有的是棕褐色的，叶尖微微卷曲，看上去皱巴巴的，好像一碰就碎了似的；还有的是彩色的，它一半绿，一半黄，中间晕染得十分自然，还有几个棕色的小斑点。片片梧桐叶被秋风轻盈地摘下，在空中左摇右晃地飞行，又轻轻地落在地上，堆积起松软的一层。人们踩着梧桐叶，不时发出清脆的响声，像是在跟这个季节说着告别的话语。天空静得如潭水，清澈得诱人，缓缓流过几缕白云，令人心旷神怡。阳光与落叶交相辉映，更显得飘飘洒洒。迎着阳光，叶脉清晰地显现在叶片上，好似一条条羊肠小道通向远方。淅淅沥沥的雨声打破了秋的宁静，一抬头便看到满窗光影在摇曳。朦胧的雨中，梧桐树如同一幅惟妙惟肖的水墨画。

又一个月过去了，眼前的梧桐叶变成了干枯的浅褐色，每片叶子都显得无精打采，蜷缩着身子；再看那一树炫彩，有鲜亮的葱绿，有透亮的青绿，有清新的黄绿，有闪亮的金黄，有耀眼的橙黄，还有沉稳而深浅不一的褐色……仿佛是一幅浓墨重彩的油画。风儿吹过耳边传来脆脆的声响，仿佛是一只只振翅欲飞的枯叶蝶，又像是一位位舞者，在秋风中悠悠地跳着生命中的最后一支舞蹈。

"落叶随风将要去何方，只留给天空美丽一场，曾飞舞的身影像天使的翅膀，划过我幸福的过往……"转眼到了十二月，树枝上依然有几片梧桐叶顽强地伫立着，抵抗着寒风的入侵，但却有些面黄肌枯。有的梧桐叶是锈红色的，像是被秋天的热情灼烧后失去了生命似的，奄奄一息地挂在枝头，变得黯淡无光；有的是深黄中透着点绿，不过中间和底部都泛着枯黄。有的梧桐叶被寒风带进了树下的草丛里，小半边身子都被密密麻麻的杂草遮住了；有些被折断的树枝压在身下；有的落在了树根旁，依然蜷缩着身子，紧紧依偎着大树；有的落进了雨后形成的小水洼里，仿佛是一个个坑坑洼洼的脚印，奔向冬天的怀抱。曾经的梧桐树一树葱茏，斑驳的树影衬映在校园的玻璃上，教室里传来琅琅的书声，真是一幅和谐的画卷。微风吹过，绿浪翻滚，仿佛是一双看不见的小手，拨动着梧桐叶组成的琴弦，沙沙地奏起了秋的舞曲。

梧桐叶的一生虽然短暂，却在有限的生命中绽放出了最美的色彩。

梧桐叶的秋天

梧桐叶的秋天是彩色的。

初秋的梧桐叶是嫩绿色的。抬头看去，梧桐叶黄绿黄绿的，让人想起春天刚发芽时的景象。枝头上所有的叶子你挨着我、我挨着你，乐成一团。远远望去，这树就像一把把巨大的绿伞。这"伞"怕不是给巨人用的吧！这一树树绿色，是东大门的氧吧和空气净化器。

深秋的梧桐叶是红色和黄色的。树上的绿叶已经开始变黄、泛红，原先的一树新鲜绿叶，被染成了一树炫彩。站在树下，我就仿佛在一把把花伞下，我是彩色的，周围的空气、我的呼吸都是彩色的。有些老梧桐叶已经慢慢凋零了。它们的身子僵硬了，轻轻一掰，就碎成了好多段。哟！镜头里梧桐叶的缝隙间还有几个板栗，哦不，是圆溜溜的梧桐果，还有好多小刺儿，黑不溜秋的，像一个个小刺猬。

　　又过了些时日，梧桐叶变成铁锈红色，仿佛是知道疫情防控期间不能出去玩儿，于是全"回家"了，回到了它们心心念念的大地上。看，枝头上还有一些"小调皮"不想"回家"，它们蜷缩着身子，像是缩水的饺子，一半儿是土褐色，一半儿是铁锈红，好像一只只枯叶蝶在树上歇息，又好似成千上万只蝙蝠倒挂在枝头。那些飞到地上的叶子铺成了一条金色的小路，人踩在上面嘎吱作响，这就是"铺满金色巴掌的小路"吗？

　　"爱曾来过的地方，依稀留着昨天的芬芳……"梧桐叶落了，但在他们曾经的生命中，他们绽放过属于自己的、最耀眼的一束光。

第二组合　水境

水暖春江樱花浪

【教学目的】

1. 感受一江春水是春天清澈的眼眸，同时她也滋养了春天的万物，给我们一个生机勃勃的新世界。

2. 让一江春水洗涤学生心灵的尘埃，忘却课业的繁杂，只留一心清净和美好。

【教学准备】

1. 主题曲：《春水清幽》（纯音乐）。

2. 实地和书面备课，组织野外情境作文课程报名活动。

【教学过程】

一、导入新课

同学们，春风乍起，吹皱了一江春水。三月的春天是一年中最好的时节，一切生命都是嫩生生的，一切都刚刚开始生长。但如果我们没有到过春天的小河边，就没有真正地到过春天。

二、畅谈春天的小河

今天，我们站在了春天的小河边，你觉得春天的河水给你怎样的感觉？

（水很绿。）

绿绿的水流像什么？

（像翠玉，像绿色的宽厚柔软的绸缎，闪着绿波。这绿波在春风中微微地翻动，像被青山绿草染过了一般；绿绿的水和水边刚长出的爆绿的芦苇叶有一比，这种绿充满着新生的希望。）

水很柔。

（微风轻轻拂过，笑出了满脸绿色的皱纹；水面上还像有千万个笑出的酒窝。）

水很亲。

（青绿绿的小河水似乎要漫溢过岸边的水草，涌到我们的脚边儿来了，给人生命饱满、热情亲近的感觉。这也是充满希望的感觉，水满满的，满满的水流可以容纳一切，包容一切，一切都不用愁啦！）

水很清。

（竹影倒映在水中，像水墨画一样影影绰绰，充满了诗情画意。眼前是绿盈盈的水波、绿盈盈的影子、绿盈盈的亮光。）

在我们刚学习过的《三月桃花水》这篇课文中，还写到哪些春天里美好的事物在水中的倒影呢？

（齐诵：三月的桃花水，是春天的明镜。它看见燕子飞过天空，翅膀上裹着白云；它看见垂柳披上了长发，如雾如烟；它看见一群姑娘来到河边，水底立刻浮起一朵朵红莲，她们捧起了水，像抖落一片片花瓣……）

你能照着这样的句式，说说此时此景的三月春水如明镜吗？

它看见青竹_____，水中的影子_____；

它看见桃花_____，像_____；

它看见春笋_____，像_____；

它看见水边的芦苇_____，_____；

它看见了芦花_____，_____；

它看见小朋友们_____，_____；

它还看见_____，_____……

三月的春水真是清澈如明镜啊！看得见一切，容纳得了所有的一切，是春天最清澈的眼眸，纯真、美好。

水很香。

（水边爆出的芦苇的新芽把清香给了水流，有一万片樱花的花瓣儿漂在河面上，香了水，粉了水，装扮了水波。绿波上的点点樱花瓣随着水波轻轻地荡漾，漂啊漂啊，漂在河边，漂散向水中央，漂散向远方。这一道道小小的波浪成了樱花浪，绿中漂着粉色，粉色在绿波上星光点点。水和花在此时此刻有了最美的相遇，她们是三月春风里最浪漫的组合，是最灵动唯美的诗行。）

水很暖。

（小野鸭在水边暖暖的阳光下闲聊。聊得正起劲儿时，他们双双飞进碧绿的河水中，像彩色的小潜水艇一前一后向前游动着，他们的身后留下了水的涟漪，一路上是他们欢快的身影在绿池上。)

优雅的白鹭在水面上飞过，停在水边栖息、觅食，像一支高雅的歌谣，给水边增添了无尽的活力。

一群鸟儿在水边的竹林里安了家，喳喳喳地欢唱着。他们生儿育女，为生活忙碌着，也为这天堂般的生活好环境陶醉着。他们在聊些什么呢？

（他们有时候在吵嘴儿，有时候在举行唱歌比赛，有时候在聊着哪儿可以找到更好的虫子美食，还想着在哪根枝上再建个漂亮的新窝。）

反正只要生活在这绿水边，什么都有，什么都不用发愁。

鱼儿们躲在水草的下面游得欢快。水暖和起来，鱼儿们的运动细胞被激活啦！水中的世界明朗活络起来，他们开始了新的游戏。

水的声音很美。

如果说整个河面是绿色的竖琴，她的琴弦是什么？

（水面上所有的水波都是她的琴弦。）

弹奏的歌曲是什么？

（是一江春水向东流，是水暖春江樱花浪，是青竹潭影乐春风，是芦花飞雪，是踏雪寻梅，是晴空万里披云彩，是寒梅吐蕊报春早，弹奏的都是春天的乐章。）

水很智慧。

"仁者乐山，智者乐水。"

望一眼水波，是什么感觉？

（荡涤了心灵所有的尘埃，忘却所有的繁杂和烦恼。）

如果没有了这水，这里就没有了天光云影；如果没有了这水，就算其他的建筑再美，也会像一座古老的城堡灰色没有绿色盎然的生机。

这水，是最好的春光，她滋养了四季的花草，通透了水边的人，带领我们往美的地方去，往好的地方去。来水边走一走、坐一坐，你会变成像三月的春水一样的人：丰富、有生气、有春天的香气，暖暖地去润泽万物。

三、总结全文

同学们，今天，我们在三月的小河边知道了水的满、她的绿、她的亲、她的清、她的暖、她的智慧……我们也成了一面河水。

四、水边游戏

1. 在水边空地上玩"老鹰捉小鸡"的游戏。

2. 水边拍摄。

五、指导作文，合理构思

（一）指导中心

描绘水暖春江桃花浪的美景，感受一季春光无限。

（二）文章思路

以并列段的形式，按春江水暖桃花浪的特点以总分总的结构写（例如，亲、绿、柔、清、香、暖、悦耳、智慧）。

（三）练写：

把描写和想象相结合起来。

1. 描写

水很清，竹影倒映在水中，像水墨画一样影影绰绰，充满了诗情画意。绿盈盈的水波、绿盈盈的影子、绿盈盈的亮光。三月的桃花水，是春天的明镜。

2. 想象

它看见青竹婆娑起舞，叶尖上的清露滴答作响；它看见桃花涂上了粉胭脂，鲜嫩欲滴，零落的花瓣在绿浪上起伏；它看见春笋节节拔高，在水边照着镜子；它看见水边的芦苇摇曳生姿，在水面上自成小岛；它看见芦花从水面上飘过，像柳絮一样轻柔；它看见小朋友们从弯弯小路边走过，赞叹着翠玉般的小河水；它还看见野鸭们自由畅快地游入碧水中，水面划过长长的、美丽的水痕。

（四）开头和结尾：

1. 开头

（1）由点题开头

春天，小河水呈现出翠玉般的颜色。小野鸭扑闪翅膀飞入小河水中，畅享着暖暖的春江浪，鲜嫩的桃花瓣随着水波起伏着，煞是美丽！这才算真正地到过春天。

（2）由诗句导入

"仁者乐山，智者乐水。"春天里暖暖的春江水泛着粉嫩的桃花浪，如诗如画，引人迷恋。

2. 结尾

（1）由点题结尾

水暖春江桃花浪，给了春天里的人们多少美丽的遐想，撩动了多少人的情思啊！

（2）由季节结尾

暖暖的春江是春天的明眸，桃花浪是她顾盼生姿的美丽眼神，在我的梦境中闪动着。

（3）由赞美结尾

春风中柔暖的春江水，孕育了一年的勃勃生机。起伏翻滚的桃花浪，酝酿了人们一年生活的甜美。

（五）参考题目

《水暖春江桃花浪》《这三月的春江水》

【春水读本】

古诗

春水

［唐］杜甫

三月桃花浪，江流复旧痕。

朝来没沙尾，碧色动柴门。

接缕垂芳饵，连筒灌小园。

已添无数鸟，争浴故相喧。

诗集

《春水》是一本高度赞颂了母爱、自然等事物的诗集，收短诗182首。这些都是作者冰心"随时随地的感想和回忆"，是"零碎的思想"的汇集。这些诗从特殊的侧面传播了"五四"思想开放的自由空间。"爱的哲学"是诗集的核心，对于母爱、童真和自然的赞美是诗集的主题曲。用短小轻便的文字形式书写突发的感触和瞬间的喟叹，是冰心写小诗的艺术特色。

美文

春水

打开门，门前的水池上荡漾着一片春色。

和煦的日光将金色的闪光粉洒在水面上，金光闪闪，却并不刺眼。已生出嫩芽的垂柳并不像冬天那般光秃秃的，有了少女的韵味。垂柳将柔软的枝条伸向水面，像在抚摸水面，又似在洗着一头秀发。

花朵也跟着跑来凑热闹。水面平静时，她们争先恐后地凑到水旁照镜子，为自己抹上五颜六色的胭脂；水面起风时，花儿们又将水面作为练舞镜，随着风盯着镜中自己那优美的舞步。

而水中，蝌蚪和小鱼们在进行潜泳大赛。穿着黑色西装的蝌蚪正不停地摆着尾巴潜泳，还不时依附于石壁上小憩；小鱼则成群结队地在温暖的春水中自由穿梭，像一群活泼可爱的小精灵。

水面上，几只鸭子好似外出春游，一边惬意地游泳，一边欣赏着两岸春光，还不时低头吞条小鱼。这就是所谓的"春江水暖鸭先知"吧？青绿色的湖面上，不时掠过几只翠鸟，似画中的美景。它们时而贴着水面疾飞，时而立于树干上，用玻璃球般的小眼睛俯视湖面，可能在盘算着如何捕鱼。

水上的一座小桥也是一道亮丽的风景线。它由石头砌成，桥沿因被涨起的水浸着而布满翠绿的青苔，石缝里还冒出了几朵花骨朵儿。桥洞下，蜻蜓总爱在此飞舞。

桥旁的石梯上，几位妇女蹲着洗衣服，有说有笑地拉家常。妇女们一边搓衣一边赞叹这春水的温暖。天真的孩子们在浅水地带打闹着，光着脚丫奔跑。

我家门前的水池，是一幅美丽的油画。

童谣

春天音乐会

春雨唱歌呀，嘀嗒嘀嗒，

春风弹琴呀，沙沙沙沙，

春雷打鼓呀，轰隆轰隆，

春水鼓掌呀，哗啦哗啦，

嘀嗒嘀嗒、沙沙沙沙、轰隆轰隆、哗啦哗啦，

春天举行音乐会，春笋是个指挥家。

童声合唱

春水

春水弯弯地流成了小溪，

你看它流呀流呀流呀流呀，

多么愉快，多么顽皮！

碰上石头它就打个滚，

遇见小桥它就把头低。

笑着闹着向前跑，

活像一匹小马驹。

我问它："到哪里？为什么不休息？"

它说："我呀我呀我呀，

我有要事在身，不能休息。

小树等我去做客，

大地等我换新衣，

我还要到垄沟里，

看一看新播的种子出齐了没出齐。"

【竹露滴响】

水暖春江桃花浪

"仁者乐山，智者乐水。"春天，我们来到紫琅山脚下的春水边。清风拂面，绿水泛波，暖暖的春江水泛着粉嫩的桃花浪，如诗如画，让人迷恋。

三月的春水真亲啊！它涨得很高，似乎要穿过岸边茂密的芦苇丛，漫溢到我的脚下，来挠我的痒痒。记得冬天的水冷冰冰的，有时，她还结了一层冰，凉飕飕的；现在的水是暖暖的，有几只绿脑袋黑身子的小野鸭在水里畅快地游

着，时不时，还扑棱两下翅膀。

三月的春水真静啊！她静静地看着小鸭子从河面游过，留下正在渐渐扩大的水波。她静静地看着天上的云彩，云彩中有鸟儿飞过，还有飞机飞过。她还看着那个挂在天空中的火球把自己照得金光闪闪……她把这些记录了下来，小鸭子又来了，身后的水波把这幅春天的画给荡成了无数个碎片。没一会儿，那几万个、几亿个小碎片又慢慢地拼凑成那幅画来。

三月的春水可真清啊！绿色的河水中有小鲤鱼，甚至还能看见水草。哦，水草中还藏着一只小乌龟，小乌龟正趴着睡觉呢，几条小鱼从它眼前游过去，游远了！

如果仔细听，你会听见隐隐约约的"叮咚"的河水声在割草机的鸣响声中；如果仔细闻一闻，你会闻到小河边草的清香，一切都是天然的花草香！

我把早准备好的一大把樱花瓣扔向河里，可是淘气的风又迎面给吹回来啦，就是扔不到河中心，只能看见在河边上有一小片"三月桃花水"。河水却已经笑出了皱纹来了，一笑就是好久，有无数的绿盈盈的笑纹铺满了河面。

三月的春水真绿啊！水边的树今天倒映在水里，却只能看见棕灰色的树干，水低得水草几乎都看不见了，更别提乌龟了。那只乌龟要不是背上有纹路，就和水合二为一了。

三月的春水，是春天的镜子，是春天的琴，是春天的画卷，还是春天的海报。

春　雨

【教学目的】

1. 观春雨之形，听春雨的天籁之声，闻春雨的香气息，感受春雨的美丽色彩。
2. 在春雨中感受春天万物复苏的季节的美好，培养学生美好的季节情感。

【教学准备】

1. 教师

（1）实地和书面备课；

（2）春雨读本。

2. 学生

小课题研究雨的形成。

【教学过程】

一、导入新课

同学们，最近我们开展了以"雨"为主题的小课题研究，谁来说说雨是什么？云是什么组成的？

（雨是从云中降落的水滴。）

（云是小水滴组成的。）

云朵在蔚蓝大海一般的天空中，怎么会有水滴的呢？

（江河湖海受到太阳照射，就变成水蒸气。水蒸气很轻，就上升聚集到空中，遇到冷空气就变成小水滴。小水滴组成了云。小水滴组成大水滴，气流也托不住，就从云中落下来，形成了雨。）

谁能以"我"为主语，连起来讲讲雨是怎么形成的？

二、感受四季之雨

雨在一年四季有不同的舞步，你可曾关注过？

谁能用词语来说说春天的雨？

（春花春雨、春风化雨、春雨奶油、和风细雨、牛毛细雨、斜风细雨、春雨绵绵、春雨如丝、蒙蒙细雨、毛毛细雨……）

如果春雨是一支曲子，你用哪个拟声词为她谱曲？

（淅沥淅沥、沙沙沙、滴答滴答……）

细雨如丝，悄无声息，春天的雨婉约缠绵、浪漫轻柔。

谁能用词语来说说夏天的雨？

（瓢泼大雨、暴风骤雨、倾盆大雨、疾风暴雨、滂沱大雨、电闪雷鸣……）

如果夏天的雨是一支曲子，你用哪个拟声词为她谱曲？

（轰隆隆、哗哗哗、哗啦啦……）

雷公电母齐助阵，夏天的雨酣畅淋漓、畅快无比。

谁能用词语来说说秋天的雨？

（一场秋雨一场寒、阴雨连绵、梧桐细雨、秋雨纷飞……）

如果秋天的雨是一支曲子，你用哪个拟声词为她谱曲？

（秋雨啪啪啪地敲打着门窗，送来凉意。）

谁能用词语来说说冬天的雨？

（冰雨、冷风冻雨、烈风箭雨、冬雨如冰、凄风苦雨……）

是的，冬天的雨带着凄冷，我们更加期待的是一场雪。

三、看雨

早春二月，我们站在屋檐下看雨，我们来找一找小雨滴。

小雨滴可爱吗？

（屋檐下的小雨滴晶莹透亮，像个闪光的小耳坠，映射着眼前的世界，面对着看，有我的小脸蛋）

放眼望去我们来找一找小雨丝，雨丝可爱吗？

（雨的丝线细细的、密密的、透明的，有形又好像无形的，斜斜地飘洒着，果然是细如牛毛、发丝。）

再放眼天地之间，找一找雨幕。

雨点雨丝密密麻麻，景物像被罩住一样，所以叫作雨幕。

天地都被罩住了，我们眼前的雨幕是什么样的呢？

（巨大的、晃动的、模糊的、朦胧的）

再看看脚底下，你看到了什么？

雨一下就是一整天，地面上有一个又一个的小水洼，你觉得小水洼可爱吗？

就像一个又一个的小池塘，每个小池塘都是一个可爱游戏的小乐园呢！

（小水花一圈一圈地荡漾开去，一会儿不见了，一会儿又有新的好多水花在小水洼里不停地开放，活泼的、美美的。）

是的，每一滴小雨点落下，都在小水洼里开放出一朵小水花，她们有的一起落下，有的一前一后地落下，小水花就在不停地美美地开放着。

雨滴、雨丝、雨幕、雨洼、雨花给我们一个充满诗意的春天的美景。

四、听雨

站在屋檐下，我们闭上眼睛听雨，你们听到了什么？

（一支春的乐曲）

淅淅沥沥、沙沙沙、滴答滴答，春雨的声音像什么？

（像春天的小草发芽的声音，像春笋拔节的声音，像春蚕咀嚼桑叶的声音，像时间的脚步声，是最安静最清透的琴声。）

春雨绵绵，好像能听到声响，又好像听不到声响，但我们想一直听着，人就安静了，世界也安静了！

五、想象雨的色彩

雨是什么颜色呢？

（透明的。）

但诗人说春雨是彩色的。你觉得春雨有哪些美丽的色彩呢？

（柳叶绿、桃花红、青草翠……）

"随风潜入夜，润物细无声。"春雨滋润了万物，万物在春雨中生长、拔节。世界间万物的颜色就是春雨的颜色，春雨是艳丽多姿的。

六、想象春雨的香味

春雨中万物生长，仔细闻一闻春雨中都有哪些芬芳的气息？

（泥土香、青草香、花香……）

香甜的雨啊，一年四季的香气息都是从这时候开始的。

七、雨中玩耍

这迷蒙的、芬芳的、香甜的春雨，你多么可爱、多么迷人！我们可以在春雨中玩些什么呢？

1. 打着小花伞，沿着弯弯的小河走一走，看一看桃红柳绿，闻一闻雨的芬芳和香甜，看一看雨中盛开的雨花。

2. 穿着雨鞋，去雨中踩水玩。

3. 用彩纸折小纸船，让纸船在小水洼中远航。

八、指导作文，合理构思

（一）指导中心

描写早春二月的蒙蒙细雨，听天籁般的雨滴声响。知道春雨带给世间万物的生长力量，享受雨中世界的美好。

（二）文章思路

由从近到远的观察顺序描写早春二月的雨：观其形、听其声、闻其香、感受雨中生命色彩的萌发，表达踩水、雨中折纸船、纸船在小水洼中远航的快乐和雨中赏春景的愉悦。

（三）练写

将雨中所见所闻和雨中游戏结合起来写。

由近到远写春雨：

早春二月，站在屋檐下看春雨。小水滴晶莹透亮，像闪光的小耳坠，映射着眼前的世界，雨滴里有我的小脸蛋。放眼望去，斜斜密织的雨丝细细的、密密的、透明的，有形又好像无形，斜斜地飘洒。放眼天地间，无数雨丝织成了在春风中飘晃的模糊的雨幕。

脚底下：（小水洼 水花绽放）。

听：春的乐曲。这声音像（　　　　），像（　　　　），还像（　　　　）。

想：春雨的颜色。

闻：春雨的香味。

写：雨中的游戏。

穿上套鞋，去操场上的小水洼里踩一踩水，啪嗒啪嗒，水花溅起多高，声响有多大，我的快乐就有多深！

快！把我新折的彩色小纸船放入水洼海洋中，让她在雨声中远航、远航，她一定能带着我的梦想到达快乐的彼岸！

打着雨伞走过翠玉般的小河，桃花瓣、柳枝条一切都湿湿的，飘着生命的芳香。无数的雨花在河面上开放，一朵又一朵，开满了河面，也飘满在了我的心中，那么甜美、那么迷人！

（四）过渡和衔接

这春天的雨的精灵，带给了世界朦胧的诗意和生机。看着雨，我也成了雨孩子。快！到雨中去，去寻找我的畅快！

说干就干，我……

（五）参考题目

《春雨》《我的雨世界》

【春雨读本】

古诗

春夜喜雨

［唐］杜甫

好雨知时节，当春乃发生。

随风潜入夜，润物细无声。

野径云俱黑，江船火独明。

晓看红湿处，花重锦官城。

译文：

好雨似乎会挑选时辰，降临在万物萌生之春。伴随和风，悄悄进入夜幕，细细密密，滋润大地万物。浓浓乌云，笼罩田野小路；点点灯火，闪烁江上渔船。明早再看带露的鲜花，成都满城必将繁花盛开。

童谣

春雨春雨细细洒，

淋绿了柳树点红了桃花，

浇得种子发了芽。

小青蛙睡醒了，池塘边叫呱呱。

小燕子回来了，躲在了屋檐下。

蝴蝶、蜜蜂飞来了，藏在了花丛中。

小朋友们齐欢呼："春雨春雨快快下。"

美文

春雨淅淅沥沥地下着，犹如一根根银丝密密地斜织着，给大地笼上了一层薄纱。它们落在地上，渗入大地，去叫醒沉睡已久的小草、小花、小树们。它们一点一点地渗入，一点一点地消失。它很满足自己所做的一切，它认为这是值得的。

春雨来得平淡无奇，换来的却是生命的复苏，换来的是花红柳绿、姹紫嫣红。我们的生活里是否有这样的人存在？肯定是有的。他们很普通，也许是一位农民工，一位清洁工。原谅我用了"位"这个字，因为我觉得默默奉献的人是值得尊敬的，这就是春雨。

【竹露滴响】

雨中的世界

阳春三月的雨，哗啦啦地下，为小草披上了一件翠绿的新衣，为桃花涂上了粉色的口红，为万物涂抹上生命的色彩。

"哗——哗——哗"，一大早起床，我就听见窗外的雨声，雨点时不时就被风婆婆给吹到窗户上，"噼里啪啦，稀里哗啦……"像鼓槌一样打在窗户上。这时我的卧室就像一面大鼓，被雨点打击着。拉开窗帘，哎呀，我的好家伙！这雨已经不是"鼓锤"了。小雨点儿跟机关枪似的，"噼里啪啦，稀里哗啦"。还有一边儿的几棵小树也被风吹得一直在做下腰运动，要是它们再瘦一点儿的话，不知道要"骨折"多少回了；还有房檐上的雨水，可不是滴下来那么简单了，那雨水跟瀑布似的，从三楼开始往下流，这气场连庐山瀑布都比不上。

到了学校，我的天哪！整个操场上全是小水洼，似乎有千万根银针似的雨丝形成了天地之间巨大的幕布，雨丝像机关枪一样扎进小水洼里头，溅起了无数大大小小的水花。

更让人意想不到的是，王老师让我们把折好的纸船放进小水洼里让它远航。这可到了本手工达人大显身手的时候了。还好我的"冰刃号"小纸船在风中起伏着，起伏在水洼、小池塘里。它飘扬着我的梦想远航啦！

哎呀！这小水洼这么大！早知道我给我的"冰刃号"加一个马达了。哎，"冰刃号"被风吹起来了！哎！哎！你别跑，踩扁了"冰刃"还想跑？我那俩腿抡圆了，对着张锦就是一跳，他还没来得及躲，俩鸭子加一只鸭子就成了落汤鸭，然后就成了我在前头撒丫子跑，他在后头追。没一会儿就被他逮着了，整得我也成了落汤鸭。"救命啊！你咋还追呢？"

"别追了行不？这都追到天涯海角啦！这小雨点儿点在你脑瓜上你不疼吗？别追了……"这三月的春雨带给了我们快乐……"你咋还来！不说了，我要赶鸭子了……"

哈！雨中的世界，我们的世界！

古运河之恋（一）：通吕运河

——"以2.5公里致敬二万五千里长征"野外情境作文课

【教学目的】

1. 以中国共产党成立100周年为教育契机，于通吕运河开展"荧光夜跑"活动——"以2.5公里致敬二万五千里长征"，齐诵毛泽东诗作《七律·长征》，赏毛泽东书法《七律·长征》。

2. 结合荧光夜跑活动，赏通吕运河灯光夜景，感受水边人家的现代生活，让学生知晓今日之盛景是国泰民安的祥和图景，是神仙境地。

3. 研讨通吕运河的悠久历史，知晓她在南通运输史上发挥的重要作用，让学生知晓往昔的图景是绵远流长的历史画卷，以培养家国情怀。

【教学准备】

1. 主题曲：《生长吧》。

2. 实地和书面备课。读本：《生长吧》歌词、毛泽东《七律·长征》诗作和书法。

3. 组织课程报名，统一夏季校服、红领巾、荧光手镯、项圈。

4. 横幅、摄影、微推、旗帜、扩音器、奖章（盖手背）、小礼物。

5. 媒体：南通发布。

6. 签订安全责任书。

【教学过程】

一、导入新课

同学们，清凉的晚风送走白天的酷热，夜幕降临了，你能用什么词语形容此时此刻运河的景象？

（流光溢彩、水波荡漾、水波辽阔。）

通吕运河一号桥路段水波辽阔，霓虹夜火通明。运河边，桥像长虹卧波，水像灵魂的舞者，灯光是开满夜间的七彩花朵，从运河上缓缓驶过的运输船队是古老又现代的音符。运河两边的如茵绿地、广场、走道更是人们消暑纳凉的神仙境地。

二、知晓通吕运河往昔的图景是绵远流长的历史画卷，今日的盛景是国泰民安的神仙境地

（一）通吕运河往昔与今日

这条古老又焕发现代生命光彩的河流叫"通吕运河"。每天夜晚河两岸因为灯光、水波、人流、音乐而流光溢彩，你们知道这条运河是哪里通向哪里的吗？

（南通通往启东吕四的。）

是的，她西起南通，往东到吕四，全长 78.85 公里，途中流经通州区、海门区，被称为南通"第一运河"。

通吕运河最早开凿于南宋咸淳元年。758 年前，运河一开始是一条由通州金沙到海门余东的大运河，这是通吕运河一开始的样子，她供政府调动军队、行船所用。

1958 年冬季，在启东吕四到南通 100 多公里的大地上摆开战场，数万民众脚踩冻土、挥汗如雨、号子震天，铁锹上下挥舞，泥担穿梭来往，艰苦奋战，开挖出了这条横贯南通市东西全境的通吕运河。她是南通境内东西水路的大动脉。水路运输依然是现在交通运输的主要途径之一。这条运河富裕了沿岸人们的生活。

就说我们现在脚下站的这块地方，都有哪些现代化小区？

（星光域、华强城、尚德城邦……）

你能用哪些词语来形容运河边现代人们的生活？

（国泰民安、风调雨顺、和睦幸福、安居乐业、蒸蒸日上。）

运河两岸的人们生活富裕，安居乐业。

（二）2.5 公里荧光夜跑活动

今天，我们从脚下站立的地方起跑，沿着河岸，在活动旗帜的指引下，向西出发，1.25 公里是半程，半程终点处有两位妈妈给你们的手背盖章，盖章后折返跑回起点，共计 2.5 公里。我们将以速度计，评出冠、亚、季军和纪念奖。等全体集合后，我们将继续今天的课程。（放音乐《生长吧》，执旗起跑。）

回旋跑共计 2.5 公里，集合到出发点之后，列队。

（三）感悟长征精神，致敬红军长征

同学们，今天小雨霏霏，我们在旗帜的指引下，在爸爸妈妈的陪伴下，跑完了 2.5 公里的路程，祝贺获得冠、亚、季军的同学，也祝贺所有跑完全程，获得纪念奖的同学。

谁来说说你此时的样子或者感受？

（汗如雨下，脸上分不清是雨水还是汗水；汗流浃背，两腿很酸，心里却很快活；把雨水、灯光、战胜困难的勇气都藏进了心底里。）

是的，小雨挡不住我们前进的脚步，疲劳挡不住我们前进的脚步，歌声在为我们鼓劲，队旗给我们指引，希望在给我们导航。当我们结束 2.5 公里的路程回到起点，我们战胜的是困难、是自己，收获的是勇敢、是坚持。

今年，是中国共产党成立 100 周年，中国共产党领导的"长征"是人类历史上伟大的史诗。在 1934 年 10 月，中国共产党领导的中国工农红军开始长征。长征的全程有 5000 个我们今天的跑程，路途艰难，自然环境恶劣，要征服皑皑的雪山，荒无人烟的草地随时可能让整个人陷进泥潭。穿越茫茫草地，后面有国民党反动派的追击，头顶上有日本人飞机的轰炸，随时要战斗。血战湘江、四渡赤水、强渡大渡河、飞夺泸定桥。最困难的是粮食，长征历时一年零八个月，每个人只分到 15 斤粮食，省着吃，只够一个月就吃光，饥饿和死亡是常态，有十万红军战士牺牲在长征途中。

知道了这些，你想说些什么？

长征精神就是打不垮、无坚不摧的精神，中国共产党领导的长征是一次无与伦比的史诗般的远征，就是这一次代价深重的远征将中华民族从水深火热的灾难中解放出来，积蓄了力量，走向了希望。

今天的我们，享和平、逢盛世，我们以 2.5 公里荧光夜跑致敬伟大的红军二万五千里长征。让我们一起朗诵毛主席的七律诗《长征》。

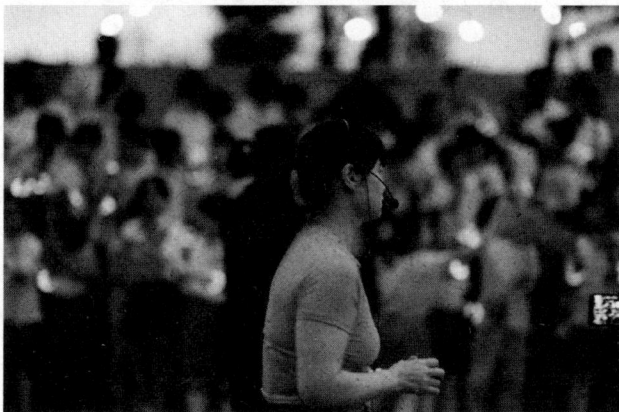

让我们也把今天的荧光跑写成一首诗，纪念这豪迈的英雄气概，在你的诗

中，要有运河、水波、灯光、萤火，要有雨、旗帜，要有自己、要有同伴，句数不限，可以不押韵，可以没有平仄，试一试。

长征精神永世传扬，少年的脚步永不停息。让我们载上希望，在山高水阔中，以今天为起点，向明天出发，齐读《生长吧》歌词，齐唱歌曲《生长吧》。

三、指导作文，合理构思

（一）指导中心

描写 2.5 公里荧光跑的难忘经历，致敬长征二万五千里，感受水边人家的现代生活，培养家国情怀。

（二）文章思路

以夜跑前、夜跑时、夜跑后的时间为序，描写一路行程和感受。

（三）细致描写

抓住动作细致描写一路行程，所见所闻所感所相结合。

1. 抓住动作细致描写

高亢激昂、催人奋进的音乐在我耳边响起，起跑旗在夜风中迎风飘扬，我的心顿时砰砰砰地狂跳起来。我攥紧拳头，迈开大步，脚下生风，目视队旗，紧跟队伍和人潮，向前跑去。

渐渐地，我的鼻尖上、额头上、背上、手心上都是汗水，我的腿也渐渐地沉重了起来，我咬紧牙关，心里给自己喊着口号："一、二，一、二……"我的拳头捏得快爆了，步子丝毫没有停歇，豆大的汗珠从我额头上滚落，衣服也被汗水浸湿了，终于半程啦！"你真棒！"我举起手背盖过章，心里美滋滋的。

2. 一路行程结合所见所闻所感

一路上，耳边呼呼响起的夜风在为我鼓劲，波光粼粼的运河水像清澈的眼眸一路温柔地瞧着我的身影，运河璀璨的七彩灯光照亮我前行的路途。我暗下决心，一定要跑到终点，争取到好的名次。

我的腿沉重起来，我觉得嗓子眼里要冒烟啦！我真想坐下来歇一会儿，好累，我都想放弃啦！但我看到队伍前面飘扬的跑旗，旗帜飘扬，迎风招展，引领我继续前进。我看见一个个同学目光炯炯，从我身边超越，我想起了半程转折点即将要盖在手背上的"你真棒"的半程章，想到了终点处熠熠生辉的奖状，想到了老师给我们讲的红军二万五千里长征路上恶劣的环境和红军战士坚强的意志，我又给自己鼓起劲来。

半程已过，这时天空飘起了小雨，夜色更加清凉啦！我看看手背上的"你真棒"的半程章，心里美滋滋的。"加油！"盖章的徐鑫哲妈妈在为我鼓劲儿。

这点雨不算什么，飘在我发丝上是调皮的小雨点，但我依然不被雨打败，回程跑，跑旗在前面招展指引，灯光、运河水、小雨丝一路相伴，爸妈在身边呐喊，胜利在前方召唤，长征精神鼓舞着我。

冲破疲劳后的我越跑越轻快。啊！我到达终点啦！汗流浃背，但我心里乐开了花，我结束了今天 2.5 公里的荧光夜跑。

（四）开头和结尾

1. 开头

（1）描写通吕运河导入

夜幕降临，通吕运河边微风吹拂、灯火璀璨、水波粼粼，我们全班在广场集合，荧光项链、手镯把我们打扮得光彩熠熠。我们即将在这里举行"以 2.5 公里致敬红军二万五千里长征"的荧光夜跑活动，我们都兴奋不已。

（2）描写清凉开头

一天的酷热被清洌洌的运河水波和轮船上的汽笛声赶跑了。戴着荧光项链、手镯的我们准备 2.5 公里荧光跑活动。璀璨的夜灯闪亮了我们的心，迎风招展的跑旗即将指引我们踏上征程了。

（3）以二万五千里长征导入

二万五千里长征是世界和平史上的创举。今晚，我们以"2.5 公里荧光夜跑"活动致敬二万五千里长征，我们都激动不已。

（4）以歌词导入

"播一粒种子让心愿发芽开花，用缤纷的果实把阳光报答。"在《生长吧》优美的歌声中，我们在夜幕降临的运河边准备"2.5 公里荧光夜跑"活动，看，荧光手镯、项链已经将我们点亮啦！

2. 结尾

（1）描写通吕运河结尾

运河水依然波光粼粼，像温柔的眼神，好像在对我说："小朋友们，记住长征精神，勇往直前！"

（2）描写清凉结尾

汗流浃背的我在夜风中感觉更加的清凉，更加的精神抖擞。

（3）描写长征精神结尾

今晚，我们以"2.5 公里荧光夜跑"致敬二万五千里长征精神，战胜自己就会勇往直前，我一下子充满力量。

（4）以歌词结尾

"扬起了笑脸把志向写进童话，用今天的起跑向明天出发。"嘹亮的歌声永远留在了我的心中。

（五）参考题目

《荧光夜跑》《战胜自己》《运河边的歌》《雨中凯歌》《我是小能人》

【长征读本】

诗说长征

七律 · 长征

毛泽东

红军不怕远征难，万水千山只等闲。

五岭逶迤腾细浪，乌蒙磅礴走泥丸。

金沙水拍云崖暖，大渡桥横铁索寒。

更喜岷山千里雪，三军过后尽开颜。

笔叙长征

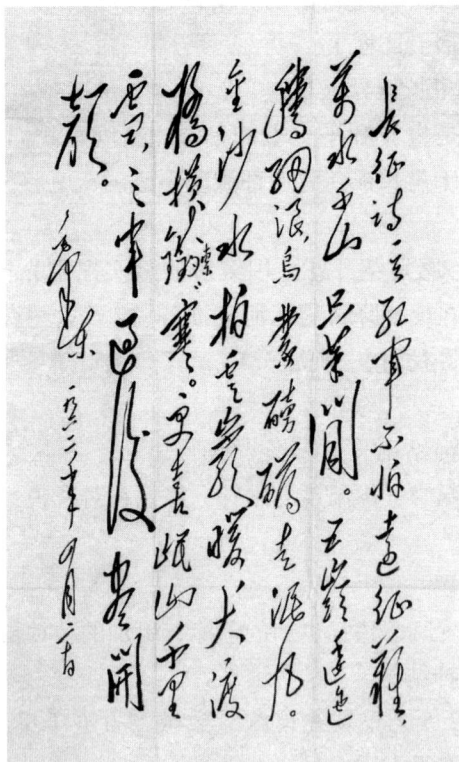

史述长征

长征是指土地革命战争时期，中国工农红军主力撤离长江南北各苏区，转战两年到达陕甘苏区的战略转移行动。

1934 年 10 月，第五次反"围剿"失败后，中央主力红军为摆脱国民党军队的包围追击，被迫实行战略性转移，退出中央根据地，进行长征。

长征是人类历史上的伟大奇迹。中央红军共进行了 380 余次战斗，攻占 700 多座县城，红军牺牲了营以上干部多达 430 余人，平均年龄不到 30 岁，共击溃国民党军数百个团，期间共经过 14 个省，翻越 18 座大山，跨过 24 条大河，走过荒草地，翻过雪山，行程约二万五千里，红一方面军于 1935 年 10 月到达陕北，与陕北红军胜利会师。1936 年 10 月，红二、四方面军到达甘肃会宁地区，同红一方面军会师。红军三大主力会师，标志着万里长征的胜利结束。

事忆长征

红军队伍在冰天雪地里艰难地前进。严寒把云中山冻成了一个大冰坨。狂风呼啸，大雪纷飞，似乎要吞掉这支装备很差的队伍。将军早把他的马让给了重伤员。他率领战士们向前挺进，在冰雪中为后续部队开辟一条通路。等待着他们的是恶劣的环境和残酷的战斗，可能吃不上饭，可能睡雪窝，可能一天要走一百几十里路，可能遭到敌人的突然袭击。这支队伍能不能经受住这样严峻的考验呢？将军思索着。

队伍忽然放慢了速度，前面有许多人围在一起，不知在干什么。将军边走边喊："不要停下来，快速前进！"

"前面有人冻死了。"警卫员跑回来告诉他。将军愣了一下，什么话也没说，快步朝前走去。

一个冻僵的老战士，倚靠光秃秃的树干坐着。他一动不动，好似一尊塑像，身上落满了雪，无法辨认他的面目，但可以看出，他的神态十分镇定，十分安详。他的右手的中指和食指间还夹着半截纸卷的旱烟，火早已被雪打灭；左手微微向前伸着，好像在为战友指明前进的道路。单薄破旧的衣服紧紧地贴在他的身上。

将军顿时严肃起来，嘴角边的肌肉抽动着，忽然他转过脸向身边的人吼道："把军需处长给我叫来！为什么不给他发棉衣？"

呼啸的狂风淹没了将军的话音。没有人回答他，也没有人走开。他红着眼睛，像一头发怒的豹子，样子十分可怕。

"听见没有，警卫员？叫军需处长跑步过来！"将军两腮的肌肉抖动着。这时候，有人小声告诉将军："他就是军需处长……"

将军愣住了，久久地站在雪地里。他的眼睛湿润了。他深深吸了一口气，缓缓地举起右手，举到齐眉处，向那位与云中山化为一体的军需处长敬了一个军礼。

风更狂了，雪更大了。大雪很快覆盖了军需处长的身体，他成了一座永远的丰碑。

将军什么话也没说，大步走进漫天的风雪中。他听见无数沉重而坚定的脚步声。那声音似乎在告诉人们：如果胜利不属于这样的队伍，还会属于谁呢？

歌曲

生长吧

播一粒种子让心愿发芽开花，用缤纷的果实把阳光报答。

童年的梦是在快乐中长大，伴着光阴的期待生长吧。

扬起了笑脸把志向写进童话，用今天的起跑向明天出发。

童年的歌在天地间飞翔，伴着关爱和嘱托生长吧生长吧。

这是学习做人的时光，生长吧生长吧。

这是学习立志的年华，生长吧生长吧。

这是学习创造的开始，生长吧生长吧。

这是沐浴阳光的季节，生长吧生长吧。

【竹露嘀响】

运河夜跑

四班不怕跑步累，百里运河绵绵雨。

二点五里比一比，风拂脸庞凉爽爽。

运河水拍荧光岸，雨中嬉戏争第一。

你追我赶恐最后，四班跑完尽开颜。

荧光夜跑

今天，老师带着我们来到了运河边，开展"以 2.5 公里致敬二万五千里长征"荧光夜跑活动，璀璨的星空下凉风习习，吹跑了夏天的火热，照亮了我们的路。

荧光夜跑可少不了荧光棒，大家把荧光棒有的做成"七彩镯"戴在手上，有的把十几根拼成一根项链，挂成脖子上，像极了红孩儿的金箍，一根根荧光棒遮住了星光，只看见夜色中一点点彩色的光环在流动。

音乐声响起后，许许多多的"光环"在跑旗的带领下开动了。大家像一匹匹脱缰的野马，箭一样"飞"了出去。我攥紧小拳头，迈开大步向前冲去。跑着跑着，我已经看不见跑旗了，我想把步子迈快一点儿，好赶上前面的同学，可是我的双腿像灌了铅似的，想跑都跑不了，豆大的汗珠雨一样地落了下来。

我回头一看，没人，我想：完蛋了！居然落到了最后一名！我拼命地跑了起来。渐渐地，我看见了荧光棒，又蜗牛"爬"了一会儿，终于到了。我趁着半途在手背上盖章的时候大口喘着粗气，心中的那只小兔子也渐渐不狂跳了。这时从后面又跑出几个人来，我的心顿时放平了许多。

我继续往终点跑，没跑几步，我的嗓子又开始冒烟了，刚恢复的一点儿力气，又像是被谁抽走了一样。老天也像是在和我作对，雨就这么下下来了，雨水夹杂着汗水落到地上。在我的前面，隐隐约约能看见跑旗。在我的身后，时不时会蹦出来几个"追兵"。恍惚间，我又被超越了，身上湿漉漉的，我似乎已经感觉不到自己的手脚了，只知道向前、向前、再向前……

我在雨中跑着跑着，到终点时，大家都在玩儿了，接着，"追兵"们也赶到了。这雨中的 2.5 公里已经让我累趴，红军要爬雪山、过草地，走上个二万五千里，那该有多艰苦呀！

"红领巾心向党"通师二附二（4）班庆祝中国共产党100 周年暨"六一"儿童节荧光夜跑活动计划
（2021 年 5 月 29 日）

一、活动时间

2021 年 6 月 1 日（周二）晚 7：00 集合，晚 7：30 开跑。

二、活动路线

通吕运河北岸边。

三、活动内容

（一）祝福造型秀

小朋友和陪跑家长利用荧光棒等器材摆出"国旗""党旗""我爱中国"等造型，祝福可爱的中国。

（二）歌声致敬党

全体参与人员共同歌唱《没有共产党就没有新中国》，表达对中国共产党的崇高敬意。

（三）奔跑赞家乡

从1号桥沿通吕运河北岸边跑至2号桥，全长约2.5公里。

四、有关保障

（一）安全保障

一是组建6人家长安全团，分别负责前卫、侧护、后卫。二是实施站点服务，准备饮用小瓶矿泉水终点发，招募家长卫生员。同时，根据小朋友体能情况，合理编排队伍，确保小朋友以合适的速度和队形跑全程。

（二）活动准备

荧光夜跑小分队领跑旗帜，招募领跑家长一名，凡是报名参加的家长孩子人手一个荧光夜跑手镯，招募家长安全员6名、卫生员2名以及摄像宣传报道家长。

（三）活动激励

决出前五名颁发奖品，凡是参与者均获得鼓励奖。

古运河之恋（二）：通扬运河

——水主题野外情境作文课

【教学目的】

1. 传承古运河文化，知晓古运河悠久的历史和她现在担负的运输使命。

2. 知晓古运河已经不仅是运输枢纽，她更是作为历史遗存，作为一处景观，在唐闸古镇熙攘的人间烟火里。她从容厚重，依然滋养着两岸人们的幸福生活。培育学生的家国情怀。

3. 培养学生对语文课程的热爱。

【教学准备】

1. 主题曲：《古运河之恋》。

2. 小课题研究：通扬运河古今图鉴。

3. 实地和书面备课。

4. 横幅、摄影、微推，联系唐闸尚书院活动场地。

5. 查阅天气预报，准备午餐用品，签订安全责任书。

【教学过程】

一、导入新课

同学们，今天，我们来到唐闸尚书院。她就坐落在古老的通扬运河边，新春的阳光和暖地照耀着我们，新的希望在我们心底萌生。

二、初识唐闸尚书院

同学们，站在唐闸尚书院门前，我们看到明媚的阳光洒满古朴的琉璃瓦。站在雕花的窗棂前，谁来说说尚书是什么？

"尚书"是中国封建时代的政府官职，尚书这个职务的官职是尚书令，是专门管理群臣给皇帝的文章的。

《尚书》也是一本书，是上古时代的书，是中国最早的历史的汇编。

"尚书院"中的"尚"有"尊崇"的意思，尊崇的是什么呀？

（尊崇书籍。）

这里是书屋，也是茶社，是一处读书人灵魂的栖息地。

三、认识通扬运河

尚书院的前面是流淌千年的大运河。这条运河从南通到扬州，我们称她为"通扬运河"，途中还经过泰州。

课前，同学们按照老师的提示，进行了小课题研究。

谁来说说通扬运河的历史？

是的，公元前179年，吴王刘濞主持开凿的这条运河，距今已有两千多年的历史啦。在清朝的时候，这条运河挖到了南通。那个时候，取名叫"通扬运河"，这是一条老通扬运河。

这条运河看上去有点窄，人们开挖这条河流是干什么的呢？

对，运盐。所以在以前，这条运河叫"运盐河"。

我们现在的交通工具有哪些？

（飞机、高铁、地铁、磁悬浮列车、动车、汽车……）

现在的交通工具越来越发达，在路上花费的时间也越来越短。在过去，大轮船经过大运河的水路运输是主要的运输形式。在人们现在的生活中，水路运输仍然是很重要的运输形式。当大轮船鸣着汽笛从大运河上驶过的时候，我们依然觉得这是古代与现代交织的交响乐章。

在通扬运河两岸有一些著名的历史遗留，如今都成了有名的景点，你知道哪些呢？

河对岸是什么？

是的，河对岸是大生码头。在"中国近代第一城——南通"辉煌的历史书页上，大生码头是一个标志性的建筑。南通是纺织之乡，纺纱织布堪称魁首。清末状元张謇创

立了"大生集团"。喊着号子、光着膀子的码头工人们,把纺织原材料、纺织机器从运河上停泊在码头的大轮船抬到厂里面,纺织女工纺织完,工人们再把精美的纺织品打包扛上大轮船,从通扬大运河销售出去。纺织业养活了唐闸这座工业重镇一代又一代的父老乡亲。大生码头是唐闸作为工业重镇兴盛时期的标志建筑。如今,她和大生集团一起成为一处景点,可以供游客参观。大运河,将来需要靠我们同学去振兴。

运河两岸人们的生活你都采访到了吗?

王老师的老家就在运河边,四十多年前,当河水不涨潮的时候,老师拎着木桶、卷起裤腿、穿着凉鞋,在石头缝里捉蟛蜞,从运河的这一段蹚到那一段,能提满满一水桶的蟛蜞。拿白酒炝了,可是不错的美味啊!

从河的西岸去东岸,花上三分钱可以在摆渡口乘上摆渡的小船,船人撑着篙,不一会儿就到河东岸啦!

每逢正月十五的夜晚,大运河上会放荷花灯来庆祝元宵节。河水涟涟,烛光荧荧,花儿娇美,甚是好看。

四、共享运河边的美好生活

看到今天的运河,你想说些什么?

古运河需要我们同学将来为她梳妆颜,建设她,让她焕发新的生命的神采。让我们享受运河边的美好生活,为自己积蓄力量。

走进尚书院,我们就远离了大马路上的喧嚣。走进一室的书香和宁静的时光,在三面环抱齐着房檐高的巨型书柜上挑自己心仪的书籍阅读,你可以看书、喝茶、发呆,立志做未来的博学鸿儒。其间,听老师择讲书中故事,随机鉴赏书中人物,感受安静温柔的读书时光。

午间,我们一起走进后院——一个中式庭院,你能用哪些词语来形容此情此景?

(古色古香、清幽自在、满室阳光、宁静美好。)

在一棵九十年的香樟树下,让我们生火搭灶,做馄饨野餐,享受美好的小院时光。

午饭后,老师带领同学们参观"唐闸印象馆"。

同学们,让我们穿越时空,重温唐闸惊心动魄的辉煌历史,了解张謇家风家训,开始参观游览活动。

走近"通扬运河"小课题研究

开凿时间	
主持人	
距今年份	
作用（过去）	
作用（现在）	
运河周边历史遗存或景点	
寻访水边人家的寻常生活	

【通扬运河读本】

简说通扬运河

通扬运河,古称邗沟,是贯通江苏省南通、泰州、扬州三市的人工河道,全长 159 公里。通扬运河始建于西汉文景年间(公元前 179 年—公元前 141 年),由吴王刘濞主持开凿,用以运盐,亦称运盐河、盐河,是中国最早的盐运河。清宣统元年(1909 年),邗沟改称通扬运河。

美文

我与通扬运河

通扬运河是京杭大运河的支流,也是我家乡的一条大河。我与通扬运河的缘分始于我的童年。

我的童年里自然少不了学习。每天,我需要横跨一座桥才能来到学校。清晨,朝霞满天,映照在通扬运河里,小镇的晨曦不喧嚣,但很清澈,没有浮华的雕琢,只有一颗安宁的心。从那时起,我便开始了对通扬运河的依恋。她是那样美好,也是那样纯洁。

通扬运河是小镇的母亲河,看到她,我便不由得沉醉。周末的时候,我常常按捺不住跑到河边玩儿。最让我欣慰的,就是能够与她相互感知。春夏秋冬里,我伤心,我难过,我感怀,我喜悦,通扬运河是最值得我来倾诉的。

后来我渐渐长大,搬到了河边。每当盛夏时节,我便学着别人的样子来河边钓鱼。即便等待了一个下午的时间,战利品仅仅是一条小鱼,我也乐在其中。

我好像把心交给了通扬运河。我会在河边修筑的凉亭里,伏在栏杆上,静静地看着河水流动。我的眼睛里盈满了河水,看累了就躺在凉亭里看云卷云舒。与通扬运河的相处不仅是舒适生活的体现,更是一种对自然、对河水、对生命的体悟。虽未下河,但我的生命已是由她构成的了。

再后来,我上了大学,离开了家乡,不能时时看到通扬运河了。但我的大学在长江边上,每每看到这条中国人的母亲河,我便又会不禁想起通扬运河,她是我最难以割舍的羁绊啊!

历史遗存

如皋水绘园:曾是明末清初江南才子冒辟疆与秦淮佳丽董小宛栖隐之地,是苏中平原上一颗璀璨的明珠。

古镇唐闸：近代工业的发源地。

珠媚水韵

——听,珠媚园的水声

【教学目的】

1. 游览并描写珠媚园的泉、流、河、瀑,感受校园或喷涌、或活泼、或清澈、或恬静、或腾跃的水韵,感悟校园的德性、个性、天性、智性、诗性和刚性,心水相拥。

2. 学会景物描写和人物活动相结合的写法。

3. 培养热爱校园、热爱生活的情感。

【教学准备】

1. 水读本。

2. 带孩子游览校园水景。

【教学过程】

一、导入新课

同学们,每天清晨,我们背着书包走进学校,无论是从东大门还是南大门进,我们首先听到的是什么?

(水声。)

是的,从东大门进,我们听到的是喧腾的月牙泉上的瀑布,哗啦哗啦……迎面迎接我们的是月牙泉的飞瀑。

二、比较飞瀑和镜亭溪流的不同韵味

从不同的门进,你听到的水声一样吗?

(不一样,从东大门进听到的水声是腾跃欢快的。哗啦哗啦,哗啦哗啦,这是正在欢迎我们的月牙泉上的小飞瀑。从南大门进,刚到镜亭听到的水声是清幽恬静的,咕咕嘟……这是从古井中喷涌出的水流顺着小溪向前流淌。)

三、以瀑布为例，学习描写的顺序

你喜欢哪一种水流？留心过它们的样子吗？先来说说，月牙泉上的小飞瀑是怎样的景象？

（两三米宽的小飞瀑从两三米高处腾跃而下，清澈的水流流过葱绿的水墙，好似清澈透明的水帘，金色的阳光照耀着他们熠熠生辉。瀑布水流溅落到月牙泉上，生起无数洁白的雪花，这雪花不停地翻滚着、腾跃着，在笑、在唱、在闹。）

瀑布水融入月牙泉中，是怎样的景象？

（水波粼粼，像无数透明的闪着绿光的锦缎。水光，天光都在里面起伏着。）

水中的月牙泉充满着怎样的乐趣？

（漂浮着的水草青绿逼眼，三条一群五条一伙的红的黄的小锦鲤快活地游戏。高洁优雅的白鹭展翅欲飞，岸边的石竹仿佛一个大绿篮，显示着春天的勃勃生机。）

小结：刚才我们用听声音、看水流、找生趣、说人物活动这样的顺序描述了月牙泉上的小飞瀑。我们可以在起始处用中心句开头，学校东大门月牙泉的瀑布水流腾跃欢快。说清楚地点和水名，还有特点，作为段首概括。这样就是采用总分的结构。

同学们，大家喜欢在什么时间爱在月牙泉边玩？怎么玩呢？

（课间，听瀑布声哗啦，冲走一身的疲倦，留下满心的清澈和快乐。）

四、迁移到镜亭溪流

（一）总述开头，说清楚地点、水流和特点

镜亭前的小溪流清幽恬静。

（二）先听水声，寻水影

"咕咕嘟"，水流从镜亭东边的一口水井向外喷涌。

（三）说说水流的样子

喷涌出的水流顺着五六十厘米宽的小溪流安静地向前流淌，弯弯曲曲，抚过鹅卵石，流过小石桥，一直向北。

（四）小溪流边的生趣

古色古香的镜亭似乎有了呼吸，小溪流是她的歌声。溪流东边的花圃里花更鲜，草更绿，李吉林奶奶的塑像面带微笑地看着我们。

（五）同学们的活动

同学们站在小石桥上看泉水咕嘟出井口，在镜亭里听水声，在李奶奶的塑像前站立，心里充满着甘甜和恬静。

再次小结：刚才，我们仿照小飞瀑，说清楚了镜亭前的小溪流。

我们再回顾一下层次：

1. 文首概括说清楚地点、水流和特点。

2. 先听水声，寻水影。

3. 说说水流的样子、方向。

4. 水流边的生趣。

5. 人物的活动增添生趣。

五、用同样的方法介绍其他水景，品味水韵

（一）寻找水流

同学们，珠媚园是我们生活的乐园、活动的乐园、求知的乐园，一路相伴的溪流、小河、喷泉、飞瀑是我们心中最美的风景。除了东大门的飞瀑和南大门的溪流，我们还可以去哪里找到水流呢？

童话楼前—— 喷泉；

西庭院——小池塘。

（二）游走、感受

我们一起再去游走童话楼前的喷泉、西庭院小桥东的池塘、西庭院小桥西的小河。游走的过程中，你要感受每处水流的特点，水流边不同的生趣，在每一个地方畅快地走一走，玩一玩。

（三）说说水流的特点和样子

1. 水流的特点

喷泉——活泼跳跃；

小池塘——充满童趣。

2. 水流的样子

小喷泉像穿着雪白衣裳的孩童不停地欢快地跳跃。"哗哗哗——"欢乐的水花在飞蹿，还有两朵水花在旋转舞蹈。

小池塘里有只青蛙张着大嘴，吐着清澈的口水，这是我见过的世界上最甘甜、最清澈、最充足的口水。小青蛙的口水在小池塘里静静地流淌，波光粼粼。穿过小石桥西边的悠悠小河在流淌。

（四）说说这两处水边的不同生趣

喷泉：哪吒三太子骑着金鳌从海上来，他身穿红肚兜，手执缨枪，乘着水波喊着口号，虎虎生威。

小池塘：小青蛙不住地朝着天空吐着口水，小池塘里不断地有源头活水，活泼而又富有生气。大白鹅朝着水面伸着脖子，小鱼儿自由欢快地游戏，鹅卵石横七竖八地泡着温泉浴，银杏树上的鹦鹉沉浸在美妙的意境中如痴如醉……

每处水景都给我们不同的感觉，带给我们不同的惊喜。

（五）每一处水景带来的快乐

喷泉：听水声、看鱼儿，把哪吒想象成自己，享受日光浴。

小池塘：踩着鹅卵石过池塘，从小青蛙嘴里抓水、泼水，低头拍拍大白鹅，像他一样张望水中游动的鱼儿。抬头看银杏树上的小鸟，和攀爬的小猴打打招呼。想象自己是正在爬树的小猴，想象自己是窝里的小鸟住在银杏树上。沿着小河往前走，去竹林里探秘。

六、指导作文，合理构思

（一）指导中心

我们在校园里处处可见水韵，处处可闻水声，处处可以找到自己喜爱的乐园。今天，我们用移步换景法写一写我们的眼中之水与心中之水，让我们把美好的校园时光珍藏在记忆的扉页中。

（二）写作思路

1. 可以用段首概括的并列段写

东大门的小飞瀑——南大门的小溪流——童话楼前的小喷泉——西庭院的小池塘。

2. 移步换景

刚进东大门或南大门，走到童话楼前——来到西庭院——沿着小河往前走，去竹林里探秘。

（三）开头和结尾

1. 开头

（1）进门，依水声，寻水影，表现心情开头

每天晨光熹微的时候，我们走进学校南大门，只听得从镜亭那里幽幽地传来咕嘟咕嘟的水流声，这声音清幽恬静，似乎在牵引着我们的心走进知识的大门。

每天朝霞满天的时候，我们刚走进东大门，只听得哗啦哗啦的水流声。这

声音腾跃快乐，好像清晨的笛声，让我整个人都澄澈透明起来。

（2）以校园全水景开头

珠媚园是我们最美丽的学校，无论走到哪里，都有水流相伴，我们像快乐的小鱼儿，游啊游啊！

（3）以"水"开头

"仁者乐山，智者乐水"，凡有水的地方都清澈灵动，充满阳光。我们的学校珠媚园就是一座"水园"。

3. 结尾

（1）出门，追水声结尾

哗啦啦，咕嘟嘟，结束一天水的陪伴，我们离开校园，带走一天的快乐。七彩的梦里流淌着珠媚园的悠悠水韵……

（2）抒情结尾

啊，珠媚园的小溪流啊，小河水啊，小喷泉啊，小飞瀑啊，会一直在我的生命中，这是我美好的少年时光！

（3）情义结尾

珠媚园的水滋养了珠媚园的娃，走过溪流，飞瀑，喷泉，我是一个快乐的小智者、小仁人……

（四）题目参考

《珠媚水韵》《走过校园的水流》《美丽的水生活》《我为水狂》《听，珠媚园的水声》

【竹露滴响】

听，珠媚园的水声

"仁者乐山，智者乐水"，凡是有水的地方都清澈灵动，充满阳光。我们学校的珠媚园就是一座"水园"。

每天早晨从东大门进的时候，就能听着"哗——哗——哗"的水流声响，那是小飞瀑落在月牙湖的声音。看，那个宽两三米的"水帘"就是小飞瀑了。小飞瀑腾跃而下，像花果山的水帘洞，只是水帘后没有洞，像欢腾的帘纱，喧腾欢快，还像一把琴，弹出美妙的哗哗声。月牙湖，泉水里面有很多各种各样的小鲤鱼，鲤鱼们在水草里游来游去找吃的。水面上有四只白鹭，两只坐看水面，似乎在梳妆。又有一只扑棱着翅膀，另一只在湖里泡澡，可悠闲了。小飞瀑溅起的水花也打扰不到它们的生活。我放了一艘小纸船在湖里，小船就在湖里面开始了游玩，只是才跑了一会儿，就被一条好奇的小鱼儿顶翻了，一会儿又被小飞瀑冲得直打转转，真有意思。

向南大门走，第一次转弯就见着了童话楼门前的喷泉池，池子里也有小鲤鱼儿，只是比湖里的鱼儿要小一号。池里面的小娃娃身着红肚兜，是活泼可爱的李哪吒。李哪吒胯下骑着一只千年的金龟，他双手紧紧攥着金龟的缰绳，身边飞跃着四座喷泉：两堵高的，喷起来有两三丈高，像两条巨龙，又像李哪吒打死鳌广后抽走的龙筋；还有俩低的，旋转着，四个喷水也边转边喷，像朵朵白莲花。

再向南大门走，就到了小庭院。小庭院可美了，那里有一棵高大挺拔的银杏树，树下有一个小池塘，一只小青蛙吐出的源源不断的口水流满小池塘。这条河里也有鲤鱼儿，它们又肥又大，它们的身边还有一只大白鹅。大白鹅昂着头在看着树上的小猴子，小鱼儿从它身边游过，它都不知道。小河水向前流啊流啊，我踩着鹅卵石跟着河水跑，哎，哎，哎！哎哟！我落水里了，我爬起来，抖落身上的水，再向前跑……嘿！这真是美妙的体验。

我跑到了南大门的镜亭边，镜亭里有一口古井在向外冒水，冒出的水流成了一条小溪，溪水很浅，还不到脚背，"咕嘟……咕嘟……"古井继续在喷水，喷出的溪水里，有几片银杏叶"小船"在远行。

啊！珠媚园的水滋养了珠媚园的娃，走过溪流、飞瀑、喷泉、小河，我是一个快乐的珠媚水娃！

第三组合　传统文化

"魔彩光影不夜天"

——赴紫琅湖公园观灯光水影秀野外情境作文课

【教学目的】

1. 赴紫琅湖公园观看音乐灯光水影秀，以视觉和听觉盛宴让学生感受时代发展的脉搏。

2. 培养学生热爱家乡、热爱生活的美好情感。

【教学准备】

1. 主题曲：《南通好家园》。

2. 实地和书面备课，择周五 19：00—19：30 集合观影。

3. 活动组织报名，横幅、摄影微推。

4. 签订安全责任书。

【教学过程】

一、导入新课

同学们，在这个美好的夜晚，我们和爸爸妈妈一起乘上地铁，以现代高速到达紫琅湖公园。我们从灯火通明如白昼的地铁站走进中创区的夜色中，步行直线距离 600 米以后就来到了眼前的紫琅湖公园。此时此刻，你是什么心情？

（兴奋、迫不及待、期待。）

二、介绍紫琅湖

老师也和你们一样的兴奋和期待。紫琅湖在中创区南部，是紫琅湖公园的一部分。你们看，紫琅湖公园在夜色中显得特别的神秘。整片紫琅湖水域呈宝葫芦形状，是参照老南通城的印象设计的，带给老南通人新的城市印象。

你还记得我们周边的哪片水域是葫芦形状的吗？

（濠河。）

是的，有了这两汪宝葫芦，我们南通城就是名副其实的风水宝地。谁来说说夜色中的紫琅湖？

（夜色中的紫琅湖平静如镜。紫琅湖的水，披着夜的面纱，轻轻地流淌，安静地穿行。）

近处的水面上有什么？

（近处的水面上有月光、星光神秘的光影，随着水波轻轻地荡漾。这透着天光的波浪，宛如深邃的眼眸，在我们的耳边轻声细语，用夜的音符画出湖水深邃的美，让我们感觉无比的神秘通透。）

再看远处的水面上有什么？

（远处的水面上，也是紫琅湖的岸边，是一座在金色灯光簇拥下的金碧辉煌的宫殿，她是中创区鼎鼎有名的国家大剧院。她海蓝色的灯光屋顶比夜空的蓝更炫目。金色的大剧院是水面夜空上最最耀眼的存在，仿佛是盛放着一盏巨型的花灯，照亮了紫琅湖的夜空。在这里上演的舞台剧和举办的音乐会，给中创区带来高雅的文化气息。）

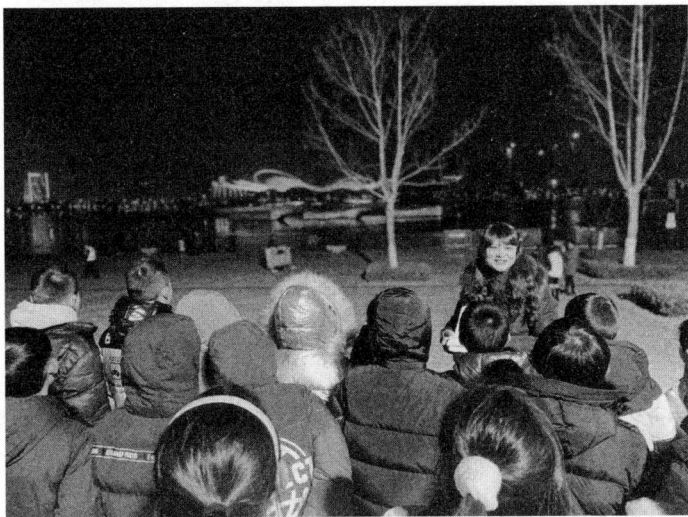

在湖面上还有什么？

（无数从水面上出现的紫蓝色射线转着角度，给整个景区罩上活跃的带着锐角的紫光纱雾。）

三、观光影水秀

现在是19：00，我们一起观看水幕，这是一场视觉和听觉的盛宴。

四、整体描绘灯光水秀

同学们，被这场视觉、听觉盛宴震撼到了吗？当高雅、曼妙、浪漫的萨克斯乐曲主宰整个世界的时候，紫琅湖水中央的灯光水秀就霸屏啦！你能用哪些词语来形容此时此刻的情景？

（流光溢彩、瑶池仙境、音乐伴灯光齐飞、水舞共夜天一色、瑰丽无比、绚烂夺目……）

你能用哪些词语来形容此时此刻的心情？

（惊叹不已、赞叹不已、嘴巴张成了O型、意犹未尽、如痴如醉……）

五、回顾灯光水影秀场

音乐、灯光、水影特别能震撼我们的灵魂。这灯光水影还在你的脑海中放电影一般的绚烂夺目吗？

（在震撼人心的萨克斯乐曲中，湖中央整齐地蹿出一排高低错落有致的水柱，有的一群跃十几米高，有的一群跃七八米高，水柱的最上端整体形成逐级柔和的曲线，宛如一道长长的海浪随着水柱蹿上天空。水柱变换着颜色，一升高是海水蓝，哗的一下水柱全降落隐形，再升高是玫红色。哗的一下再降落，又以浪漫紫升空，有无数的光影、无数的色彩登上舞台，瞬间隐形，瞬间又以惊艳夺目的不同的颜色重新出现，真是绚烂夺目。渐渐地，我们的眼里只有灯光、水影，只有婉转浪漫的乐曲了。）

在你的印象中，这初始的一幕灯光水影像什么？

（像天造的一把竖琴，每一根水柱都是她动人的琴弦，弹奏着光、影、水的交响乐。天地一竖琴，华彩耀中华。）

（像一只巨型孔雀开屏，骄傲地舒展开七彩的尾翼，不停地展开、合拢。她变幻莫测，她的美丽举世无双，显现了盛世繁华，有着无与伦比的惊艳。）

水幕后面同步灯光水影的大屏幕，在水光中时隐时现，更加增加了水面舞台的气场，更加流光溢彩。

她的变幻莫测和绚烂夺目让我们如痴如醉，谁能用这样的句式来说说你眼中的、心中的灯光水影秀场？

刚刚还是（　　）个（　　）的（　　），转眼间，又幻化成（　　）个（　　）的（　　），像（　　），一会儿又变成了（　　）……

刚刚的造型是什么样子的呢？她的颜色、动态之美震撼到你了吗？

还没有等你回过神来，转眼间，她又幻化成了什么？又是什么颜色？有什么样的动态之美？像什么？

（刚刚还是三五朵紫色、橙黄色巨型水中莲花在天池中绽放，每朵花都瑰丽无比、妖娆生姿，花蕊中心蹿上银色的菱形水柱，转眼间又幻化成长方形瑶池的无数蓝色星星灯，一会儿又以瑰丽无比的巨型水幕呈现，橙黄、玫红、天蓝、浅紫、金黄……无数颜色渲染开去，还没等我们看清楚，又有无数的光影水柱蹿上天空，在恰到好处的高度幻化成光圈落下，圆形、一字形的、弦形的喷泉，每一个都在曼妙舞蹈。柔美的腰肢、歌舞的神韵、修长的身段汇成了一场视觉、听觉的盛宴，世界就只剩下了这舞台，她瑰丽无比，用魔幻的炫彩惊艳了世界。）

六、升华灯光水影的盛况

前来观影的我们，都迷醉在这灯光水影中，我仿佛也融进了这灯光、这水影中。这一切的一切歌颂的是什么？

（歌颂的是我们美好的生活、是我们盛世的繁华。让我们带上这七彩夜的光亮和力量，走向美好的生活……）

七、指导作文

（一）指导中心

描写紫琅湖光影水秀流光溢彩、变幻莫测的三十分钟的炫彩舞台。

（二）文章思路

第一种按照秀场前、秀场中、秀场后的顺序写。第二种用并列段按光影水秀的特点以总分总结构写。

（三）练写

把写实和联想结合起来，把描述和议论、抒情结合起来。

1. 秀场前（图片呈现）

你看到什么样的紫琅湖？我们按照从近到远的顺序简略地表述。

紫琅湖：

水面：

国家大剧院：

简略描述后加上想象，用上比喻和拟人描述得更加具体生动。

如_____，_____像_____。

描述以后，在文尾加上议论和抒情，使场景更加有温度。

一切都那样的___（议论）___，让我觉得___（抒情）___。

主角要登场之前，一切都是静谧的，冷飕飕的晚风也没阻挡我们期待的滚烫的心。当我们在灯光水影舞台前站成一排，聚神凝视的时候，我们也成了元宵节夜晚最动人的一道风景。

2. 秀场中（图片呈现）

光影、水秀、音乐终于都同时华丽登场，再回到现场拍摄的图片，你的眼前一下子又怎样啦？你的心情一下子怎样啦？说出你眼前的景象。

（1）水秀

飞速地蹿、神速地降、魔幻地扭，无数高低错落的水柱，五秒钟内能变换几种不同的造型。水柱像一位位披着霓裳羽毛的曼妙舞者，和着音乐节拍或直冲云霄，或婀娜俯首。瞬间像一把竖琴，每根水柱都像琴弦，弹奏着气势磅礴的乐章；瞬间像炫彩的孔雀开屏，抖动尾翼；瞬间像七彩莲花盛开；瞬间像无数火焰从湖面上喷发……

这些造型已经足以让我们惊叹不已，再看：

【视频呈现】

刚刚还是……

一眨眼……

转瞬间……

火焰山魔幻喷发，火焰直蹿高空；火箭一飞冲天；圆形、一字形、弧形彩带群舞；星星灯闪烁迷幻；宝莲灯熠熠闪光……

（2）光影

一瞬间光影万变：光亮玫红、光亮橙黄、光亮蓝色妖姬、光亮浪漫紫、翠柳绿、火焰红、雪花白、太阳金……

附和着水秀，瞬息万变，变幻莫测。

（3）音乐

耳边全是哗啦哗啦的水柱升降的悦耳声响，气势磅礴的音乐也笼罩整个秀场。

先是动感浪漫的英文歌曲，接着是通俗歌曲，最后是漫卷天地的摇滚乐。三十分钟水秀光影主宰了世界，水声、音乐席卷了全场。这是一场视觉、听觉的盛宴。

3. 秀场后

（1）描写整个湖面的样子。

（2）描写我们的感受。

如果把每个造型的色彩、声音、音乐一起写，再写另一个造型的色彩、音乐等，就是写法一；如果就水秀、光影、音乐分三个并列段写，就是写法二。

观影的感受可以适当地在文中蜻蜓点水，也可以放在文尾一起表达。

（四）开头和结尾

1. 开头

（1）由古典诗句导入

"有灯无月不娱人，有月无灯不算春。"元宵节的夜晚，我们全班同学去紫琅湖赏月观看光影水秀。天气不是很好，月亮没有出来，然而一场期待已久的光影水秀让我们大饱眼福，我们觉得春天已经盛装来到我们的心中。

（2）由心情开头

早就听说中创区紫琅湖的光影水秀演出流光溢彩、精彩绝伦，元宵节的夜晚，我们全班同学齐聚紫琅湖边，翘首期待一场视听觉的盛宴。

（3）由自创诗句和倒叙开头

"音乐伴灯光齐飞，水舞伴夜天一色。"元宵节的夜晚，紫琅湖的光影水秀流光溢彩、精彩绝伦，动感的水柱、光影、音乐席卷了我的梦境。

2. 结尾

（1）由古典诗句结尾

"春到人间人似玉，灯烧月下月如银。"水影、灯光、音乐让我们都变得神采奕奕，春天已经来到我们的身边，来到了我们的心中。

（2）由心情结尾

灯光、水影、音乐的炫彩舞台迷醉了我的心，我们用一场七彩的梦境为春天启幕。

（3）由自创诗句，展望生活结尾

"光影水秀夜，华彩耀中华。"流光溢彩、精彩绝伦的光影水秀让我们都成了玉人。我们哼着小曲，满怀着希望走向新的一年。

【光影水秀读本】

中创区简介

南通中央创新区位于江苏省南通市新城区东部，北至青年路，西至通富路，南至源兴路，东至东快速路及通盛大道，规划范围约 17 平方公里，是新城区的重要组成部分。

南通中央创新区是南通市策应江苏"一中心一基地"建设，对接上海建设全球科创中心的重要载体平台，是引领南通市建设具有区域影响力创新之都的龙头工程和"科创新区"。

紫琅湖灯光水影秀

紫琅湖在中创区南部，是紫琅湖公园的一部分。整片水域呈宝葫芦形状，是参照老南通城的印象设计的。

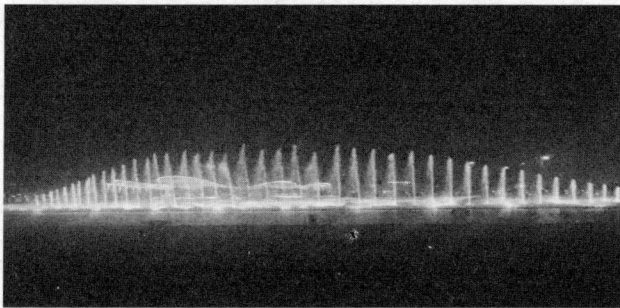

这是立于天地之间的恢宏竖琴，弹奏出南通发展的华美新乐章。

　　这是高高隆起的金色山脉，象征着南通人民在发展的道路上披荆斩棘、勇于攀登的无畏精神。

　　这是降临人间的缪斯，被南通的欣欣向荣感染，欣喜地于紫琅湖上曼妙轻舞。

　　这是高高扬起的船帆，象征着南通在发展的道路上乘风破浪、一往无前。

这是镶满宝石的皇冠，象征着南通这颗江海平原上的明珠，必定闪耀东方，大放异彩。

这是开屏的孔雀，象征着南通人民欢迎五湖四海八方来客，共同建设南通、发展南通。

这是即将腾飞的巨龙，只待风起傲视东方。

这是从天而降的一朵莲，象征着天佑南通，福瑞吉祥。

【竹露滴响】

光影水秀不夜天

"有灯无月不娱人，有月无灯不算春……"元宵节的夜晚，紫琅湖的光影水秀流光溢彩、精彩绝伦，动感的水柱、灯光、乐曲席卷了我的梦境。

在"主角"还未登场时，一切都是寂静的，紫琅湖静得犹如一面巨大的镜子，映着幽蓝色的天光，水波粼粼。湖水在静静地流淌，远处的南通大剧院在水岸边光彩熠熠，她有一个荧光蓝的波浪顶，金碧辉煌，远看像一座幽蓝色的大宫殿，又像一朵巨大的宝莲花在水面上绽放，还像一朵幽蓝色的云彩如梦如幻……

光影水秀终于开场了，只看见一道水柱直冲云霄，接着，水柱们一根根地跟着蹿了上来，又神速地下降，高低错落，在短短的几秒内变换着模样：忽而像一把竖琴，每一根水柱都是琴弦，七彩的弦弹奏着气势磅礴的乐章；忽而像孔雀开屏；忽而像一位位曼妙的舞者一样。

无数根水柱一瞬间像粉红色的巨型桃子，转眼间又像一条翠绿的青龙冲出水面，一刹那又和别的水柱组成一座红彤彤的火焰山喷发……火焰红的一字型，荧光蓝的圆圈，绚烂夺目的彩虹，灰白色的群星在湖面上热闹地闪烁，五彩缤纷的宝莲花也在魔幻绽放。刚才还是桃子，现在又变成了火焰山，一眨眼又变成了骄傲的大公鸡，大摇大摆地走了。

音乐也震撼全场，一首动感十足的《信徒》完了之后，是一首美妙的《光年之外》，最后，是漫卷全场的摇滚乐《加勒比海盗》，所有人都兴奋无比！

　　"春到人间人似玉，灯烧月下月如银"，水影、灯光、音乐扣人心弦，春天已经来到了我们的身边，来到了我们的心中。

月下濠河

【教学目的】

1. 择正月十六的晴朗夜晚，于北濠桥上赏月，感受皓月、河水、月影、灯光组成的美丽画卷，感受秋夜的美好。

2. 引发学生感受传统佳节的美好景象。

【教学准备】

1. 实地和书面备课。

2. 摄影、微推。

【教学过程】

一、导入新课

同学们，"十五的月亮十六圆"，今天，我们来到濠河边，观赏月下濠河的美景。夜风习习，灯火阑珊，北濠桥就像一座彩虹横跨在濠河西岸，流光溢彩的濠河会因为升起中秋圆月更加如诗如画。

二、观赏月出前的景象

时间还早，月出之前，你看到怎样的景象？

（濠河边夜色阑珊，水似乎要向我们的脚边漫溢过来，灯火像彩色的织边环绕着眼前的所有水域。水成了彩色的水，夜成了彩色的夜，桥成了彩色的桥，我们都成了彩色的人。）

你听到了怎样的声响？

（秋虫们在水边的草丛里尽情地欢歌：蛐蛐先生穿着黑色的西装，拉着小提琴；纺织娘不知道寄住在哪里，"织！织！织！"唱得正欢！这声音清幽幽的，我们都沉浸在这秋夜的天籁里。）

你有怎样的感受?

（晚风凉爽，吹起我的发丝，拂过我的面颊，让我感觉到透心的清凉。我蹲下来，撩起一掌秋水，清凉的晚风与璀璨的星光、灯光在我的指缝间流过，仿佛流过一首情意绵绵的诗。我闻到了沁入鼻息的水气、草味儿和灯火味儿，这味儿安安静静的，让人迷醉。）

三、观赏月出时的濠河

月亮不知什么时候升上了高空，湛蓝的天空有了一轮圆月，你觉得这轮圆月像什么?

（瑶台的仙境、银色的玉环、嘹亮的铜盘、圆圆的大月饼。）

（深蓝的天幕上高挂着一轮明月，如同一颗巨大的夜明珠，把银色的光辉洒向人间。）

让我们深吸一口气，你闻到了什么?

（我们似乎闻到了月光的味道，水气的味道，还有花草的香。这些味道里有了月光，显得仙气袅袅。）

月下的北濠桥都有些什么变化呢?

（北濠桥罩上了如梦如幻的月光更加明亮，桥身上五光十色的霓虹灯仿佛晶莹剔透的彩钻，耀眼夺目。桥身在水中的倒影圆满璀璨，真是流光溢彩。亮着红灯笼的龙船从桥洞下缓缓驶过，仿佛是古老的歌谣呼应着空中的皎月。）

月光下的濠河水美吗?

（皎洁的月光如纱雾般洒在辽阔的河面上，整个河面仿佛成了透着天光的明镜。）

牵着爸爸妈妈的手沿着河滩往前走，你们又看到了什么? 感受到了什么呢?

（时值中秋，岸边依然泛着绿光的柳树姑娘披着月光纱裙婀娜多姿。秋风像看不见的轻柔的夜的影子，乘风破浪地向我们冲来。我犹如听见濠河水清脆的哗啦一声涌到我的脚边，仿佛在向我们诉说着什么。）

天上一轮明月，水中也是一轮明月。找到水中的月影了吗?

（影影绰绰，在水波中晃动。月影在水面像有一条长长的闪亮的银河，无数的星星在水波里跳跃。水波荡漾，光影迷人，月影迷人。）

当船儿驶过或者夜风吹过的时候，在河面上你看到了什么? 又感受到什么呢?

（河面上的月影碎了、碎了，像碎金，像碎银。灯影也碎了、碎了，像满把的彩钻。碎金、碎银、碎钻都在水波里不停地闪烁、跳跃，迷了我们的眼，醉了我们的心。过了许久，水面又恢复了平静。月影、灯影又凝神在了水上的银河里，影影绰绰，水面上漂浮着轻纱似的月光，一切都仿佛在仙境中。）

四、天上人间共月色

此时此刻，我们走过波光粼粼的河面，再抬头望月，你有着怎样的感受？

（我仰起头，看见美丽的月亮牵着那些闪闪烁烁的小星星，好像也在浩瀚的天河中走着、走着……）

五、月下濠河的梦境之美

沿着月下的濠河，我们散步回家。圆月一直睁着明亮的大眼睛跟着我们，濠河的灯光渐渐远啦，我们捧着月光回家啦！

【竹露滴响】

月下濠河

濠河，是南通的护城河。中秋节，北濠桥的河面上灯光璀璨，我和妈妈在河边，在幽蓝色的天空下，静静地等待着月出。

我们迎着七彩钻石般的灯光往前走。草丛里，蝈蝈还在唱歌，好像在讲述着濠河的传说。风从我的脸上拂过，我感到自己仿佛就是那阵风，在濠河上飞过。这时，从远处传来美妙的音乐声，随着音乐的响起，喷泉起来了，整根水柱喷出了一丈多高，一会儿水柱交叉围了一个圆，好像一只巨型桃子，一会儿一下子喷老高，看上去能冲到月亮上呢！也不知是不是着急要把月亮带下来玩儿。

月亮终于出来了，只见深蓝色的天幕上不知什么时候出现了一轮圆月，她慢慢地、慢慢地升上高空。灯影、月光照在濠河上，把濠河变得和画卷一样。上了北濠桥，只见桥上闪烁着七彩的霓虹灯，仿佛给濠河戴上了五光十色的钻石项链，还像黑夜中靓丽的彩虹。濠河的水面上有一座喷泉，喷泉的身形千变万化，一会儿像一飞冲天的火箭，一会儿像调皮的巨型花朵……这时，从桥洞下出来了一艘挂着红灯笼的游船，船上的人在看风景，而我们在看他们。在他们的眼里，桥上的我们不也是最美的风景吗？

只见濠河的水面上也有一轮月亮慢慢升起。晚风中，河面上的月影碎了，月的碎影好似碎金、碎银。河水荡漾着，追着月亮和我们。喷泉还闪着灯光，像彩钻闪烁。

　　再往前，河水中的珠算博物馆闪烁着七彩的灯光。灯光倒映在水中，影影绰绰，时不时在晚风中就碎掉了。这时，月亮已经高挂在天空了，像瑶台的仙境一样的，水上的月亮在灯影之中婆娑着、迷幻着。

　　月色，是中秋节的名片，濠河是南通的名片，月光下的濠河美不胜收。

"灯月娱春"

——紫琅湖观灯赏月野外情境作文课

【教学目的】

1. 正月十五夜，赴紫琅湖赏月、观灯，感受春已来、人已新。

2. 结合古典诗词唐寅的《元宵》赏月，结合《青玉案·元夕》赏灯，感受传统佳节文化的馨香。

3. 培养学生热爱传统文化、热爱美好生活的情感。

【教学准备】

1. 主题曲：《正月十五闹元宵》。

2. 实地和书面备课。

【教学过程】

一、导入新课

同学们，当紫琅湖的光影水秀将盛世的繁华淋漓尽致地展现给我们时，我们带着惊叹，踏着如水的月光找到一处安静之处，心情依旧是恬静带着惊叹的，这月色好像清风一样拂过我们的脸庞，这元宵节的圆月告诉了我们什么？

是的，这元宵节的圆月告诉我们，春天已经来到了我们身边。她在这美好的夜晚给我们带来了春的气息。春天伴着皎洁的月光，迈着蹁跹的舞步姗姗而来，扫除了所有的阴霾，给我们带来了一个全新的万物生长的季节。

二、赏明月、诵经典

大家抬头望月，你觉得天宇苍穹中的这一轮明月像什么？

（像一面瑶台镜；像白玉盘；像夜幕苍穹中的一盏明灯，灯一亮，春天就到了；像天空的眼睛，用她温柔如水的眼神张望大地……）

天空有月，是大自然的春天；人间有灯会，在灯海里穿梭，让我们感觉到什么？

（快乐、希望。）

快乐和希望是心中的喜悦。

当大自然的喜悦和心中的春天都漫步向我们走来的时候，我们每个人都有怎样的变化？

（心中充满了快乐和希望，每个人都如花似玉，月亮如水似银，彩灯在月光下燃烧，如果不尽兴游玩怎么对得起这样的吉日良辰呢？）

明朝诗人、画家唐寅在很多年前的今日此时写下了一首诗《元宵》，非常应时应景，我们一起在月光下朗诵："有灯无月不娱人，有月无灯不算春……"

这首诗的意思你们都理解吗？一起来说说诗意。

诗歌中有元宵节的此时此景，还有如花似玉的人美好的情感；有眼中所看，还有耳中所听。我们再来背一背这首诗。

三、游灯海，诵经典

这声势浩大的灯会亮如白昼，我们像小鱼儿一样游进去，像小蝴蝶一样飞进去，像小蚂蚱一样跳进去，像小兔子一样蹦进去，一定会有惊喜的遇见。

首先，我们给这个灯会一个远景镜头，你觉得这群星光闪耀的灯会像什么？

（灯的海洋……）

宋朝词人辛弃疾在《青玉案·元夕》中说，像东风吹散千树繁花一样，这个比喻真是写尽了繁灯似锦。

灯如繁花满人间，观灯的人也是如花似玉，福气满满，有福之人、心怀希望之人、面带微笑之人都是美人。今天观灯的哪些人让你觉得很动人？

（老人很美，夕阳无限好。热爱生活的老人依旧是玉人、美人。）

（小朋友很动人，活泼跳跃，像彩色的浪花在灯海里跳跃。）

（姑娘们明艳动人，小伙们明眸皓齿。）

（妈妈们像温暖的灯盏，爸爸们像引路的航标灯……）

在这美好的夜晚，每一个美人都笑语盈盈，带着香风。

让我们在此时此刻、此情此景中朗诵辛弃疾的《青玉案·元夕》，再一起来理解这首词的意思。

同学们，在我们的观察、感受中我们感受到元宵节节日的美好，也感受到中国传统节日的文化馨香。的确，美好的生活值得赞美，唐诗宋词值得我们美美地去品味。

让我们走进这千树万树的繁花，走进这亮如白昼的星湖，去寻找梦想中的彩灯。这一次，我们要去看到全貌，有多少奇灯异盏留在了你的心海中。你要能说出你看到（　）的（　）灯，（　）的（　）灯……比一比谁看得多也能说得多。还要能将镜头对准你最青睐的三盏灯，她的造型、创意、色彩一定让你惊叹不已。然后，展开想象的翅膀，置身三盏灯影中，你仿佛成了什么？你有哪些奇思妙想？这样，把你眼中所见、耳中所听和想象结合起来，会了吗？请牵好爸爸妈妈的手去寻找、拍照、游玩吧！玩得要尽兴，相信你越是喜笑颜开，幸福就会伴你长久。在班级"灯月娱春"摄影作品展中，相信会有你最优秀的作品。

【元宵读本】

诗闹元宵

元宵

［明］唐寅

有灯无月不娱人，有月无灯不算春。

春到人间人似玉，灯烧月下月如银。

满街珠翠游村女，沸地笙歌赛社神。

不展芳尊开口笑，如何消得此良辰。

译文：

这样的夜，如果只有灿烂的灯，缺少皎洁的月，无以尽兴，这样的夜，如果只有皎洁的月，没有灿烂的灯，无以为春。春天迈着轻盈的脚步来到人间，美人如花似玉，彩灯带着欢欣的笑意燃烧月下，月亮如水似银。满街珠宝翡翠闪耀，那是春游的村女，歌声嘹亮，笙管悠扬，那是小伙在赛社神。如果不尽兴游玩，开怀大笑，怎么对得起这样的吉日良辰？

青玉案·元夕

［宋］辛弃疾

东风夜放花千树，更吹落、星如雨。

宝马雕车香满路。

凤箫声动，玉壶光转，一夜鱼龙舞。

蛾儿雪柳黄金缕，笑语盈盈暗香去。

众里寻他千百度，蓦然回首，那人却在，灯火阑珊处。

译文：

像东风吹散千树繁花一样，又吹得烟火纷纷，乱落如雨。豪华的马车满路芳香。悠扬的凤箫声四处回荡，玉壶般的明月渐渐西斜，一夜鱼龙灯飞舞笑语喧哗。美人头上都戴着亮丽的饰物，笑语盈盈地随人群走过，身上香气飘洒。我在人群中寻找她千百回，猛然一回头，不经意间却在灯火零落之处发现了她。

歌唱元宵

正月十五闹元宵

挑一盏吉祥的彩灯，伴着欢天又喜地的鞭炮声

猜灯谜小孩一脸懵，大人却笑得肚子疼

北方的元宵脆嘣嘣，一口下去总是会心怦怦

南方的汤圆热腾腾，吃得心里暖烘烘，一家人其乐融融

正月里十五月儿圆，大红的灯笼染红了天

千家万户都团团圆圆，围坐在一圈

正月里十五合家欢，男女老少都笑开了颜

许一个心愿岁岁平安，好运连连

剪一段月光寄给明天，带着我的思念

正月里十五闹元宵，锣鼓喧天真热闹

耍龙灯，舞狮子，放鞭炮，扭秧歌，划旱船，踩高跷

生活美，家人笑，每个人心里都乐陶陶，乐陶陶

喜笑颜开好运都来到，花灯来把喜事照

赏花灯，猜灯谜，吃元宵，家团圆，事业顺，身体好

吉祥如意春来早，幸福的小日子步步高，步步高

正月里十五月儿圆，大红的灯笼染红了天

剪一段月光留给明天，带着我的思念

参观濠河博物馆

【教学目的】

1. 让学生了解南通的悠久历史、人文和现代风貌，培养孩子们热爱家乡的情感。

2. 指导学生按照参观顺序有条理、有重点地记叙自己的见闻，并注意穿插感受、过渡自然、详略得当、描写细致。

教学重点

指导学生有条理、有重点地记叙参观见闻和感受。

【教学准备】

1. 参观濠河博物馆。

2. 阅读有关南通历史、人文的资料。

3. 准备读本。

【教学过程】

一、谈话导入

同学们，金秋十月，踏着落英缤纷的濠北路，我们兴致勃勃地来到了濠河边美丽的濠河博物馆。来到这里参观之后，你有什么感受？

（感受到濠河作为南通的母亲河，一年四季都风景如画；感受到南通悠久的历史，南通是片神奇的土地，它的形成和发展都很神奇；南通名人荟萃；南通正在飞速发展，是一个极富现代感的城市；作为南通人，我们感到由衷的自豪。）

"文章本是有情物"，今天，我们要把这些感受都融进我们的参观记当中。

二、活动过程

（一）思路

1. 了解概况

你知道濠河博物馆在我们家乡的什么位置吗？

（它位于风光秀丽的西濠河畔。）

2. 感受外观

当你来到濠河博物馆前，首先注意到了什么？

（蓝灰色的主馆，外墙贴着大理石。）

给你什么感觉？

（新颖独特，错落有致，有一种现代、典雅之美。）

鉴赏一：

来到了濠河博物馆的大门前。晴空万里，阳光如金沙撒在馆顶上。馆体就是一座淳朴的古建筑。白砖棕瓦间，弥漫着一股古南通的文化之韵。这所穿越了时空的建筑，好像飘逸着古琴的芳华之韵，环绕着香炉悠远清新的烟雾。站在馆外是这样如梦如幻，博物馆里岂不是更古典迷人了？

鉴赏二：

来到濠河博物馆，只见一座古色古香的建筑物在花花草草的映衬下，显得格外端庄，又带有几分现代感，潺潺的濠河水碧波荡漾。房顶如一位母亲张开双臂的样子，灰白棕三色相融，与周围事物融为一体，多美，美得让人陶醉！

鉴赏三：

经过半小时的路程，我们终于来到了濠河博物馆。哇！多么气派啊！濠河博物馆位于市中心地段，雪白的墙，藏青色的砖瓦，房檐上还有花鸟虫鱼的雕刻，巨大的玻璃大门在阳光的照耀下显得熠熠生辉。它三面环林，郁郁葱葱的树木把博物馆衬托得无比幽静、深沉，连匆匆忙忙赶路的人们都要停下来驻足观赏。

鉴赏四：

博物馆矗立在濠河边，四周一片绿意，白砖棕瓦隐现在葱茏的枝叶中。透明的大门缓缓打开，如一位沉着的老者，无声地欢迎来客。

3. 参观底楼（南通的变迁）

（1）走入底楼大厅，首先映入眼帘的是什么？

（眼前的墙壁上的视频反复播放的是南通的四季景色，再看看脚下，同学们又是一阵惊叹。）

你能说说你看到的景象和当时的感受吗?

鉴赏一:

同学们一窝蜂地涌进馆内,个个像哥伦布发现了新大陆一样张望着四周,好奇的双眸一闪一闪的,老师叫我们坐在一个沙盘上的玻璃上,观看着不远处的视频。坐在玻璃上,我们竟发现身下的沙盘是多么的巧夺天工!古南通的城市规划让我们的两眼冒光,我大喊着:好精美啊!濠河环绕的长方形南通城灯火通明,庙宇闪烁着幽幽的烛光,小楼房的窗户里闪现温馨的灯光……小桥孤独地横跨濠河的支流,它幻想着牛郎和织女在它的身上相会;高大的城楼上,吊桥甜甜地俯视着人们的家园南通。小桥、流水、大街,古南通的模样原来是这样啊!再转回视频,呦!一幕幕熟悉的场景在投影仪墙上如约而至:春天,濠河河畔桃花争艳,生机勃勃,鸟儿们在枝头放声歌唱,闪烁着的河水哗哗流淌着,如一幅生动的"春天生机图";夏天,绿叶衬着红花,迎风傲立在枝头,如一位意气风发的少女在众人面前展示她曼妙的身姿,而河水之上则不时荡起一阵阵涟漪,蝉放声高歌起了生命之曲;秋天,河岸的枫叶林燃起了热情之火,它让秋天变得活泼了起来,老人们聚在一起,观赏着倒映在濠河中的红枫林;冬天,大雪盖住了草地,雪堆停定在枝头,那一艘艘画舫闪烁着灯火,回荡着孩子的惊叹声和大人们的赞美。欣赏了四季濠河美景,我这个南通人也被美得连连惊呼,宛如身临其境。

鉴赏二:

刚刚进入博物馆大门,之前一路的疲惫和饥渴顿时消失得无影无踪。正对大门的屏幕正为我们滔滔不绝地介绍着濠河一年四季的景观。在鸟语花香、春意盎然的春天,万物刚从沉睡中醒来,一切都是清新与自然的。桃李争妍,所有的花儿都在竞相开放,将此时的濠河衬托得妩媚动人。在热情似火的夏季,濠河照样引人注目,河畔直插云霄的槐树遮天蔽日,树上的知了仿佛在给碧波荡漾的濠河伴歌,别有一番情趣。此时在河畔漫步,丝丝凉风定会吹走你一身的疲惫。寒冷冬日的濠河,更是能让人驻足观赏。在滴水成冰的数九寒天,河面结了厚厚的冰,树枝被突如其来的纷飞大雪压弯了腰,整个通城一片银装素裹。那么秋天呢?在我眼里,春过于妖娆,夏过于炎热,冬过于寒冷,只有秋,特别是秋日的濠河,才拥有别样的美。黄叶飘飞,丹桂飘香,在微风的飘拂下,波光粼粼的河水就像一潭诱人的美酒,沁人心脾。略览濠河四季胜景,我们不觉如痴如醉,对濠河的向往和喜爱之情更加浓烈。

鉴赏三:

走进濠河博物馆的大门,一片光影墙首先映入眼帘,一块大假石上记载着濠河的悠久历史，脚下，是一大幅南通的模拟图，美丽的濠河形似葫芦，环抱着南通，身材苗条，优美动人。看着光影墙上的四季图景，真是美如仙境啊！春天，濠河边桃红柳绿、春风拂面，河水泛波，人们乘着小船泛舟湖上，别提多惬意；夏天，河边垂柳依依，鸟鸣声悠悠不绝，汇成一首夏天的歌；秋天，丰收之秋，落叶飘落，秋叶撒落河面，仿佛给濠河披上一件金灿灿的外套；冬天来临，祥雪飘飞，濠河结了薄薄一层冰，像穿了件雪白的皮革。一年四季，濠河灵秀的倩影让人赞不绝口。

（2）接着，在讲解员阿姨的带领下，我们来到一楼展厅，通过观看图片展和听讲解员阿姨的讲解，让我们了解了南通的历史，谁还记得你看到些什么和听到些什么？

鉴赏一：

看了精妙绝伦的沙盘和令人如痴如醉的视频，我们在讲解员阿姨的带领下进馆了。四十九双眼睛一下子都被吸引了，南通木船的展示让我们感受到古南通的水韵。接着，我们从图片展中知道了南通的形成过程：原来，以前南通是一片海，后来大陆上升，海床露了出来，与胡马洲相连，才有了今天的南通。这是多么神奇啊！带着幻想，我们继续前进，看见了一些动物标本。这些动物标本有鸡，有黄鼠狼，还有柳莺，竟然还有刺猬……大家伙看见了，个个惊叹不已，拿起相机拍了起来。玻璃展柜里还有一把锈迹斑斑的大铁刀和四种不同的小兵器，据说还是从濠河里捞出来的哩！一些陶器和瓦砾，又把我带进了几百年前的世界。

鉴赏二：

继续向前走，我们看到了古代南通的城防图。古代的濠河贯穿全城，是真正的"护城河"。只见古城南通有两道城门，城门前便是碧波荡漾的濠河，河面上有几条正在打鱼的小船。城门里，人们安居乐业、其乐融融。一排排挂着灯笼的民房错落有致，也预示着新年的到来。在濠河水的浇灌下，南通古城里树木繁茂，处处都是绿意盎然、生机勃勃。濠河的作用可真大，有了濠河，人们安心、愉快地生活着。

4. 参观二楼

（1）走过南通的历史，又走过一座小桥，我们来到二楼展厅。曾经的濠河人家展现在我们面前。

鉴赏一：

登上一座小石桥，洞里面有一艘画舫。母子俩坐在里面，好像在张望着南通如画的美景。我们一路观景，兴高采烈地来到二楼。二楼不大，却样样是精品，一进二楼，怀旧之风扑面而来。一条生活街，几家店铺出现在我们眼前，理发店、小卖部、烧饼店……烧饼的烤炉上有几个仿真的烧饼，淘气鬼褚廷嘉袁便拿了一个装作要吃，要大饱口福似的，后来被王老师发现了，才笑嘻嘻地放了回去。还有一间房屋，门上站着门神，有精美的画幅，有一张帘床，还有两双小脚鞋，看来是一位女孩子的闺房。又过了一座小桥，只见爷孙俩在捕鱼，多么和谐的旧时光，真是其乐融融！

鉴赏二：

顺着一座古典的小桥，我们沿着南通历史人文的长河，来到了南通过去的老时光。瞧：有烙得一手好烧饼的大叔，有能说会道的杂货店阿姨，有老实本分的水果摊小伙……其中，最让我向往的是"河上人家"。他们是土生土长的"濠河人"，喝的是濠河的水，吃的是濠河的鱼虾。白天，他们撑着小篙，划着渔船，顺流而下，可谓是濠河上最独特的风景线。待到空闲时，放下鱼绳和诱饵，体验一下子捕到鱼时加速的心跳，体验别样风味的旧时风情，体验路人羡慕的眼光，多么宁静、安逸的生活呀！

鉴赏三：

走过濠河的历史，顺着一座小桥，我们来到了二楼，这里用雕塑展现了以前濠河人家的俭朴生活：有正做着烧饼的伙计，有挑着担子正在挨家挨户理发的理发师，有在铁匠铺里正打着铁的铁匠，有撑着竹篙、划着小艇、打鱼的渔民，还有样样俱全的杂货店、简朴的厨房……让我感到十分有趣。最吸引我的是门前正在追跑的几个孩童，只见他们穿着朴素的衣服，女孩扎着冲天辫，男孩头戴小毡帽，手上都拿着一些吃的、玩的。不知是因为有东西吃，还是玩得很开心，他们的脸上都洋溢着快乐的笑容，笑得眼睛眯了，牙也露出来了，真是一群活泼可爱而又天真无邪的孩童呀！看来，这就是以前濠河人家的生活，虽然朴素，但却不缺什么，过得幸福、快乐。

鉴赏四：

来到博物馆二楼，泥塑泥雕描绘了清代末年濠河人家的生活。一排排老街，简陋的小屋，泥塑的生活场景栩栩如生，走在其中，仿佛来到当年的时光。看：有老虎灶、有烧饼店、有会客厅，有船上人家，简简单单、平平淡淡却显出几分宁静。一直往前走，最令人感兴趣的是提工具箱的理发师，他穿着灰蓝色的工作服，不怕辛苦上门服务。

我们班的吃货们来到烧饼店，桌台上一块块黄津津的甜烧饼正芳香四溢，大家差点啊呜一口咬了上去……濠河人家的生活真是简朴而又多彩啊！再往前走，经过南通十大名人榜，展现在我们面前的是南通昔日的全景：濠河绕城、六桥围绕、高楼鼎立。南通城呈现出繁荣现代的景象，濠河水更是焕发了新的光彩。这正是多少位南通骄子追逐强市之梦而描画出的锦绣新景啊！

（2）南通名人榜也是一道靓丽的风景。

你们都记得有哪些人，他们曾经为南通的发展做出过怎样的贡献呢？

鉴赏一：

不知不觉中，我们来到南通十大名人榜前驻足。南通名人荟萃，有张謇、范曾、赵丹、沈寿……其中，赵丹给我留下的印象最为深刻，他初出茅庐时是一个没有任何名气的普通演员，后来通过自己的努力，成为家喻户晓的大明星，这其中承受了常人难以想象的艰辛，他的事迹时时刻刻勉励我们后人，要勤奋努力，成就一番大事业！

鉴赏二：

走到二楼，放眼望去，全是南通的名人：有开创南通纺织实业的张謇；有著名表演艺术家赵丹；还有中国女子跳水运动员陈若琳……数不胜数。细细看来，我们南通真是人文荟萃，名贤辈出。看那张謇，乃是清末状元。他有承前启后的气魄，有高瞻远瞩的见识，承担起历史的重担，开创了南通的纺织实业，发展了文化、教育，让整个城市脱胎换骨，奠定了南通"家纺之城""教育之乡"的坚实基础。张謇，不愧是影响、造福我们南通的伟人！漫步馆内，细数名人，我又看到中外闻名的书画家——范增。范增的历史人物画清新典雅、潇洒飘逸、栩栩如生、呼之欲出。他的书画造诣极高，名动海内外。每每在市内看到他的题字或画卷，我就情不自禁地为他的作品喝彩，为他的成就自豪。同时，也为这座培养了无数杰出人才的城市感到自豪！名人榜上的一个个名字熠熠生辉，他们无一不在诉说着南通的光辉历史和现在的华彩篇章；而这未来的篇篇传奇，也将由我们续写下去！

6. 南通全貌

城在河中坐，当我们看到南通现在的全貌图，你又有了怎样的感慨呢？

最后，大家看到了南通的当代全景图，同学们指着自己的家，看看它的过往和今天，心中是说不出的欢乐。

（二）开头

1. 拟人句、比喻句，追溯历史开头

濠河，环绕通城的一条光洁绚丽的绸带，飘飘柔柔，安详宁静地陪伴着南通人民走过了几百年的春秋，滋养过名人大家，也毫不犹豫地送走了几个世纪风雨传递的尘世之风。今天，踏着秋叶的缤纷，我们来到了濠河博物馆，了解这城。来到了濠河博物馆的大门前，晴空万里，阳光如金沙撒在馆顶上。馆体就是一座淳朴的古建筑。白砖棕瓦间,弥漫着一股古南通的文化之韵。这所穿越了时空的建筑,好像飘逸着古琴的芳华之韵,环绕着香炉悠远清新的烟雾。站在馆外是这样的如梦如幻,博物馆里岂不是更古典迷人了?

2. 比喻句开头

在南通,最著名的水当然要数护城河——濠河了。它环绕在整个南通城周围,像一条轻柔的绿丝带那样飘逸。马上就是国庆节了,我们怀着激动的心情来到濠河博物馆,领略家乡的历史文化。

3. 拟人句开头

美丽的濠河,南通这位小姑娘脖子上的一串璀璨的珍珠项链,光彩照人。上个星期,王老师带领我们参观了濠河博物馆,我到现在还记忆犹新呢!

4. 诗意地引出

"在您那辽阔美丽的大草原上,羊群像珍珠撒满绿绒;在您那充满希望的田野里,麦浪滚滚把天地染得金黄。"没错,诗中的"您"就是我们祖国母亲。自改革开放以来,我们的母亲从骨瘦如柴的穷人,变成了富贵华丽的新人。其间,我的家乡南通也发生了许多变化。今天,就让我带您走进濠河博物馆,一睹南通翻天覆地的变化。

(三)结尾

1. 自然结尾

(1)下楼了,大家想到了濠河带给南通人的荣耀,心里无比的自豪。览濠河博物馆,让我们更加热爱南通这城,也更迷恋濠河这水。

(2)时间过得真快,不一会儿参观结束了,我们来到河边的凉亭小憩。远处一栋栋高楼拔地而起,现在的人们正为古老的濠河续写着新的篇章。这真是一次快乐的博物馆之行啊!

2. 表达心愿结尾

(1)出了博物馆,我的心久久无法平静,博物馆里每一件展品都让我了解了南通的历史,更为老一代南通人的奋斗业绩留下永恒的定格,作为新时代的我们,肩负着建设祖国未来的重任,我们一定要不畏艰难、刻苦学习,为家乡的建设贡献力量!

(2)看到这些南通岁月年华的记录,就像重走一遍家乡的沧桑史路,体会着先辈们奋斗的脚印,感受到他们为我们创造的美好现在。下一个在这历史页面上挥毫的,将是我们。我们要把南通这座美丽的城市,建设得更加美好;要让城市中的明珠——濠河,更加熠熠生辉!

3. 赞美南通结尾

啊，我可爱的家乡南通，在您那曲曲折折的海岸边，一尾尾鲜鱼塞满了渔网；在您那郁郁葱葱的森林里，到处是祖国未来的栋梁。就这样，我们带着赞叹和愉悦的心情，离开了濠河博物馆……

（四）参考题目

《濠河畔的一颗明珠》《走进濠河画卷》《览濠河博物馆》《漫步博物馆》《濠河之美映我心》

【濠河读本】

简述濠河博物馆

濠河博物馆位于江苏省南通市，是南通环濠河博物馆群之一，位于国家 5A 级濠河旅游风景区。濠河博物馆是一座集收藏濠河文物、研究城河文化、展示濠河景区风光、传播相关知识等功能于一体的综合性博物馆。展厅分两层，面积 1200 平方米，是中国唯一以护城河为内容的专题博物馆。

第一展厅展示的是濠河的千年历史变迁，介绍南通成陆的过程。远古时期，海安、如皋逐渐由于冲积而成为陆地，汉唐时期海域中露出沙洲。公元四五世纪的时候，如皋与扶海州并连，十世纪胡逗洲与如皋连接起来。北宋初年，海门岛与通州大陆相连。十八世纪初，通州东部沙洲出水并连，海门和启东相继形成，南通雏形初现。后周显德五年（958）通州建城，开始的时候是土城，后来改成砖城。因为筑城需要大量的泥土，于是利用天然湖泊截弯就直，开塘串联，开掘成了濠河。明朝万历年间，为了抵御倭寇，又向南拓建新城，濠河渐渐成了今天的模样。濠河功能的演变，从城防渔猎到盐运漕运，再到排灌供水、养殖航运，一直承担着相当重要的使用。直到现在，濠河已经成了通城的旅游名片，被人亲切地称为"翡翠项链"。

二楼展示的是濠河丰厚的人文景观。南通是国家级的历史名城，濠河环抱的通州古城是江海平原政治、经济和文化中心，历经千年演变和传承，留下了珍贵的历史遗存。尤其是一百多年前，清末状元张謇在家乡的经营，更为南通的经济腾飞打下了坚实的基础。

濠河周边地带依然保存着一些历代的标志性建筑，像唐天宁寺、宋北极阁、元谯楼、明文峰塔、清梅花楼等。到二十世纪初，更出现了一批中西合璧的近代建筑，南通的中心城区崇川区的政府大楼，就极具民国风。

历代文人往来南通，都为濠河留下了美丽的文字。中央军委原副主席、国防部长迟浩田曾写下长诗《美哉，濠河》，其中就有诗句"你宛如翡翠项链从天而落"。著名作家汪曾祺写下散文《逝水》，老作家郑康伯写下《濠河抒情》，诗人曹从坡写下《濠上小集》。

博物馆还有大量的铜雕，展现濠河百姓的生活场景。其中还有一条濠河沿岸的民居和店铺展示，让人身临其境，感受濠河寻常百姓人家的生活。

【竹露滴响】

览濠河博物馆

濠河，环绕通城的一条光洁绚丽的绸带，飘飘柔柔，安详宁静地陪伴着南通人民走过了几百年的春秋，滋养过名人大家，也毫不犹豫地送走了几个世纪风雨传递的尘世之风。今天，踏着秋叶的缤纷，我们来到了濠河博物馆，了解这水、这城。来到了濠河博物馆的大门前，晴空万里，阳光如金沙撒在馆顶上。馆体就是一座淳朴的古建筑。白砖棕瓦间，弥漫着一股古南通的文化之韵。这所穿越了时空的建筑，好像飘逸着古琴的芳华之韵，环绕着香炉悠远清新的烟雾。站在馆外是这样的如梦如幻，博物馆里岂不是更古典迷人了？

同学们一窝蜂地涌进馆内，个个像哥伦布发现了新大陆一样张望着四周，好奇的双眸一闪一闪的，老师叫我们坐在一个沙盘上的玻璃上，观看着不远处的视频。坐在玻璃上，我们竟发现身下的沙盘是多么的巧夺天工！古南通的城市规划便让我们的两眼冒光，我大喊着：好精美啊！濠河环绕的长方形南通城灯火通明，庙宇闪烁着幽幽的烛光，小楼房的窗户里闪现温馨的灯光……小桥孤独地横跨濠河的支流，它幻想着牛郎和织女在它的身上相会；高大的城楼上，吊桥甜甜地俯视着人们的家园南通，也仰望着星星思念着夜空。小桥、流水、大街，古南通的模样原来是这样啊！再转回视频，呦！一幕幕熟悉的场景在投影仪墙上如约而至：春天，濠河河畔桃花争艳，生机勃勃，鸟儿们在枝头放声歌唱，闪烁着的河水哗哗流淌着，如一幅生动的"春天生机图"；夏天，绿叶衬着红花，迎风傲立在枝头，如一位意气风发的少女在众人面前展示她曼妙的身姿，而河水之上则不时荡起一阵阵涟漪，河边树上的蝉放声高歌起了生命之曲；秋天，河岸的枫叶林燃起了热情之火，它让秋天变得活泼了起来，老人们聚在一起，观赏着倒映在濠河中的红枫林；冬天，大雪盖住了草地，雪堆停定在枝头，那一艘艘画舫闪烁着灯火，回荡着孩子的惊叹声和大人们的赞美。欣赏了四季濠河美景，我这个南通人也被美得连连惊呼，宛如身临其境。

看了精妙绝伦的沙盘和令人如痴如醉的视频，我们在讲解员阿姨的带领下进馆了。四十九双眼睛一下子都被吸引了，南通木船的展示让我们感受到古南通的水韵。接着，我们从图片展中知道了南通的形成过程：原来，以前南通是一片海，后来大陆上升，海床露了出来，与胡马洲相连，才有了今天的南通。这是多么神奇啊！带着幻想，我们继续前进，看见了一些动物标本。这些动物标本有鸡，有黄鼠狼，还有柳莺，竟然还有刺猬……大家伙看见了，个个惊叹不已，拿起相机拍了起来。玻璃展柜里还有一把锈迹斑斑的大铁刀和四种不同的小兵器，据说还是从濠河里捞出来的哩！一些陶器和瓦砾，又把我带进了几百年前的世界。

登上一座小石桥，洞里面有一艘画舫。母子俩坐在里面，好像在张望着南通如画的美景。我们一路观景，兴高采烈地来到二楼。二楼不大，却样样是精品，一进二楼，怀旧之风扑面而来。一条生活街，几家店铺出现在我们眼前，理发店，小卖部，烧饼店……烧饼的烤炉上有几个仿真的烧饼，淘气鬼褚廷嘉袁便拿了一个装作要吃，要大饱口福似的，后来被王老师发现了，才笑嘻嘻地放了回去。还有一间房屋，门上站着门神，有精美的画幅，有一张帘床，还有两双小脚鞋，看来是一位女孩子的闺房。又过了一座小桥，只见爷孙俩在捕鱼，多么和谐的旧时光，真是其乐融融！最后，大家看到了南通的名人画和市区模型，同学们指着自己的家，看看它的过往和今天，说不出的欢乐。

下楼了，大家想到了濠河带给南通人的荣耀，心里无比的自豪。览濠河博物馆，让我们更加热爱南通这城，也更迷恋濠河这水。

参观濠河博物馆，领略南通新面貌

濠河博物馆，记载了南通的历史，展示着南通的新颜旧貌。随着老师的脚步迈入那历史的轮回，家乡的面貌一一在我们的面前呈现……博物馆矗立在濠河边，四周一片绿意，白砖棕瓦隐现在葱茏的枝叶中。透明的大门缓缓打开，如一位沉着的老者，无声地欢迎来客。走进大厅，映入眼中的是一个大屏幕，正在介绍濠河的四季美景：春季，河水解冻，柳叶发芽，绿意渐现，濠河水清亮柔美，好比西子的双眸，脉脉含情，笑意绵绵；夏季，微风轻拂，河水荡漾，荷叶田田，四周垂柳依依，水面在炽热的阳光下波光粼粼，散发出勃勃生机；秋季，明镜如水，树叶渐黄，夕阳西下，水光、倒影相映成趣；冬季，河面结冰，晶莹剔透，濠河上的曲桥、游船，河边的树木、路灯，一切仿佛都成了一幅凝固、冰封的美景，引得许多文人墨客的赞颂。濠河，真不愧是我们这座城市的明珠！走进一楼的展厅，历史的气息扑面而来。各种各样木雕的船儿、桨儿一一陈列在面前，讲述着濠河的故事。有用来打鱼的渔船、摆渡的渡船、欢庆的龙舟，为我们展示了以前濠河上多姿多彩的生活。那石头的拱桥、生锈的刀具和古老的瓦罐，仿佛带领我们穿越时空隧道，来到古代通城，做一回老南通人。走到二楼，放眼望去，全是南通的名人。有开创南通纺织实业的张謇，有著名表演艺术家赵丹，还有中国女子跳水运动员陈若琳……数不胜数。细细看来，发现我们南通真是人文荟萃，名贤辈出。看那张謇，乃是清末状元。他有承前启后的气魄，有高瞻远瞩的见识，承担起历史的重担，开创了南通的纺织实业，发展了文化、教育，让整个城市脱胎换骨，奠定了南通"家纺之城""教育之乡"的坚实基础。张謇，不愧是影响、造福我们南通的伟人！漫步馆内，细数名人，我又看到中外闻名的书画家——范增。范增的历史人物画清新典雅、潇洒飘逸、栩栩如生、呼之欲出。他的书画造诣极高，名动海内外。每每在市内看到他的题字或画卷，我就情不自禁地为他的作品喝彩，为他的成就自豪。同时，也为这座培养了无数杰出人才的城市感到自豪！名人榜上的一个个名字熠熠生辉，他们无一不在诉说着南通的光辉历史和现在的华彩篇章；而这未来的篇篇传奇，也将由我们续写下去！看到这些南通岁月年华的记录，就像重走一遍家乡的沧沧史路，体会着先辈们奋斗的脚印，感受到他们为我们创造的美好现在。下一个在这历史页面上挥毫的，将是我们，我们要把南通这座美丽的城市，建设得更加美好；要让城市中的明珠——濠河，更加熠熠生辉！

灯火里的北市街

【教学目的】

1. 引导学生以一颗宁静的心去走唐闸北市街，观察、感受，培养学生的观察力和想象力。

2. 准确抓住事物特点来描述，写实和联想相结合，将所见所得和所思清楚地表达出来，感受真切。

3. 通过走进北市街，感受市街里的烟火生活，从家乡文化中汲取营养，激发学生对家乡的热爱之情，感受历史的变迁，萌生时代的梦想。

【教学准备】

1. 教师

（1）主题曲：《灯火里的中国》。

（2）实地和书面备课。

（3）活动横幅，拍照，摄影，微推。

（4）快闪节日视频制作，节日排演。

（5）读本。

2. 学生

进行小课题研究。

北市街传统美食	来历（历史传说）
草鞋底	
臭豆腐	
黄桥烧饼	
麦芽糖	

【教学过程】

一、导入新课

同学们，此时此刻，我们集结在灯火里的唐闸北市街。夜幕降临，整个北市街显得尤为光彩夺目。今天，我们将在这里赏古镇夜景，走古镇街巷，听古镇声响，品古镇美食，还将自编自演一台小节目。那么，就让我们迈开脚步开启快乐行程吧！

二、赏古镇夜景

（一）北市街的入口

此时此刻，站在北市街的入口处，你觉得最耀眼的是什么？

1. 整个北市街金碧辉煌，因为所有的建筑、街道、牌坊、舞台，包括我们和所有前来游玩的游人都笼罩在或者说都沉浸在、浸泡在橙黄色的灯光中。不管走到哪里，我们都穿行在灯火里。北市街夜晚的灯火给人赏心悦目的美感。

2. 最耀眼的是天上的明月。在北市街赏月别有一番情调，瓦蓝的天空，一轮皎洁的明月倾洒着如水的月光，应和着北市街婆娑的灯影，让我们不由得回忆起明朝的唐寅在元宵夜写下的名诗《元宵》，我们一起来吟诵这首诗。此时此刻、此情此景，我们吟诵这首诗，非常地能感受到天上月光、地上灯火互相应和的意境。明月和灯光组成了一幅美好的春景图。

3. 古色古香的亭台楼阁和墙壁上正在播放的唐闸古镇的历史风貌很耀眼。

（一起观看）

你有什么感受？

我们感受到古镇的历史悠久，曾经繁华的工业古镇——唐闸有着非常热闹的往日景象，也给我们留下了当年城市的印记，这一段视频介绍让我们对脚下的这块土地充满着探究和探索的愿望。

4. 整座古镇屋檐下悬挂的大红灯笼非常耀眼，映红了天空，非常的喜气。一排排古色古香的房屋和青石板街道，进古镇大门时看到的小桥流水，这些都很耀眼。

让我们感受到这块土地的古老和蕴含着的深厚的文化底蕴。

那就让我们一起走进这灯火漫卷的北市街，一起走进她彩色的呼吸，去听一听她在向我们诉说着什么？

（二）走小巷，穿主街

谁来补充着说说：你看到些什么？

临街的店铺：有冰激凌、奶茶、炸肉串等风靡现代的美食店，有酒酿圆子、有草鞋底、有黄桥烧饼等传统美食店，有手工布鞋店、刺绣坊、有酿醋工坊……

小巷：我们一共穿过了三条小巷，东西连通的巷子足有五十米长。

畅音台和广场：畅音台广场组织多种传统活动，广场上的喷泉面对着畅音台，是夏季孩子们嬉戏的乐园。畅音台上经常有多种文艺演出，活跃着整个北市街。

四合院：安静、整洁、敞亮的魏家大院是个四合院，展现着中国传统建筑的风格。一个院子四面建有房屋，从四面将庭院合围在中间，所以就叫四合院，很接地气。魏家大院是"口"字形的，只有一个"口"，是一进院落。如果主房开有后门，又来一个口字形，变成"日"字形，就是二进院落。再往里多一个"口"，就是"目"，就是三进院落。魏家大院这样的一进院，一进门就是院子，一般老人住朝南的正房，中间是大厅。长子住在东厢房，次子住西厢房，女孩儿就住后院儿。巷口斑驳的墙壁上有花瓣儿光影秀，上面闪现着戴望舒著名的诗作《雨巷》，有一个丁香般带着忧愁的姑娘在巷子里撑着油纸伞独行，非常有意境之美。

走完北市街，谁来说说你此时的感觉？

灯火里的北市街热闹繁华，她展现着古色古香，也表现着青春婀娜，是人们休闲游玩的一处好地方。

三、听古镇声响

游玩的人们谈笑风生，赏明月，醉灯光。让我们想起唐寅的诗句"春到人间人似玉，灯烧月下月如银"。姑娘们穿着汉服，翩翩然惊鸿如仙子。孩子们在灯火中穿梭，像活跃的彩色音符。畅音台广场上有六十几岁的爷爷在唱歌，高亢的嗓音，扭动的舞步，边刷抖音边直播，热闹了整个广场。

四、品古镇小吃

在古镇的街巷中穿梭，边走边吃菜才算是品到北市街的味道，才算是品味了老时光。课前我们进行了小课题研究，知道这些颇具传统特色的小吃都有些历史传说，谁来边吃着边来和我们聊聊？然后说说你心上、嘴巴上嚼着的小吃的样子和味道？

（一）草鞋底

草鞋底是江阴的一种烧饼，公元 1645 年，江阴军民为抵制"剃发令"，在原任典史阎应元的领导下，守城抗清，十万清兵团团围住了江阴城。日子长了，城中出现了缺粮少食的情况。城外的江阴人想方设法试图将粮食送入城中。江阴城东有个蒲草、稻草编织品"蒲鞋""草鞋"的民间集散地"蒲鞋桥"，桥头有家夫妻烧饼铺。一天，烧饼铺外来了一位卖草鞋的老乡。他苦苦哀求店家：将草鞋换成烧饼充饥。正想着如何将饼送入城内的店主产生一个念头：将烧饼做成草鞋底的形状，以假乱真，送入城内。他俩连夜动手，将草鞋底一样的烧饼烘熟，一只只系上稻草细绳，连同草鞋一起混进城内，送给抗清的军民，随后，其他百姓也效仿着将烧饼做成草鞋底设法送入城内。此后，虽然清兵攻破了江阴城，但这种做饼的方法却被江阴人沿袭了下来，还给它冠上了一个正式的名字——"草鞋底"。食品二厂的草鞋底，貌似红军战士行军打仗时穿的草鞋，酥酥脆脆甜夹咸，芝麻香在唇齿间穿溜。

（二）臭豆腐

闻起来臭，吃起来香，外焦微脆，内软味鲜，加上香菜味道更棒啦！话说明太祖朱元璋出身贫寒，年少时当过乞丐和和尚。有一次他饿得无法忍受，拾起人家丢弃的过期豆腐，不管三七二十一，以油煎之，一口塞进嘴里，那种味道刻骨铭心。后来他当了军事统帅，军队一路胜利，高兴之余，命令全军共吃臭豆腐庆祝一番，臭豆腐的美名广为流传。

（三）黄桥烧饼

黄桥烧饼出于泰兴，出名是因为与著名的黄桥战役紧密相连。当时的陈毅元帅和粟裕将军是在黄桥镇指挥新四军打响了消灭国民党反动派的黄桥战役。看到新四军战士日夜在坚持战斗顾不上吃饭，当地群众冒着敌人的枪林弹雨不顾自身安危，把精心制作的烧饼送到前线阵地，让战士们吃饱肚子打敌人。黄桥烧饼既可口又便于携带，战士们对其赞不绝口。让我们咬一口烧饼，感受当年战士们边打枪瞄准边进食的感觉。

（四）麦芽糖

每年的农历十二月二十三日就是我们常说的小年，我们会吃麦芽糖。传说，在这一天，灶神会到天上向天神汇报民间情况，然后除夕夜返回。我们就会用麦芽糖给灶神奉上，让他的嘴甜一点，说多一些好话，使自己的日子这一年都红火。每个孩子两根木棒和麦芽糖。我们可以用两根小木棒插进麦芽糖里，搅着玩，玩腻了就吃，甜而不腻，入口即化。闻一闻，如同花香，芬芳且恬淡。

爱美食也是爱生活，愿你成为一个小小美食家，一个爱探究能品出真原味儿的美食家。你还对哪些传统美食感兴趣，还可以继续开展美食小研究，生活一定多滋味儿。

五、我们的快闪节目

在畅音台，我们的十分钟快闪节目《飞侠闹春》。

（自创童话表演，舞蹈《枕边童话》；独唱《春天的童话》，体育生全运会、省运会夺冠瞬间集锦……）

六、活动总结

同学们，今天，我们游览了灯火里的北市街，北市街带给你什么样的感受？

（古朴、宁静、悠闲、文化。）

今天，我们境中赏，趣中学，这样的学习方式带给你什么样的感受？

（语文多美好，生活多滋味。）

七、指导作文，多维构思

（一）指导中心

围绕自己感受最深的内容来写，写出北市街的特点，表达印象最深刻的内容，表达最强烈的感受。

（二）文章思路

第一种：以游踪为序，所见所闻所感相结合。

（来到入口牌坊处，走进街巷，逛逛商铺，来到畅音台。）

第二种：先写见闻，最后写感受。

（房屋、灯火、街巷、美食、节日；时光静止、抛却烦恼、慢时光……）

第三种：以并列段写北市街特点，以总分总结构写。

（建筑古色古香；明月和红灯交相辉映；小商铺里香气扑鼻；青石板街巷古朴宜人。）

（三）把描写和想象结合起来

（图片呈现）进口处，你看到怎样的景象？

写意：

皓日当空，小桥流水在灯影中熠熠生辉，北市街的牌坊古色古香；挂着红灯笼的亭台楼阁，典雅古朴；清澈的池水和光怪陆离的石头组成的水景上仙雾袅袅。墙壁上播放着唐闸古镇上有名的街巷和工业遗迹。

联想：

工厂里机器隆隆作响，工人们穿梭劳作。繁华的工业城镇，商贾云集，运河上船只络绎不绝。大生码头上，光着膀子的工人扛着沙袋喊着口号。两岸商铺里人来人往，生意兴隆。街巷里街坊邻居隔街相望，鸡犬相闻。

（四）开头和结尾

1. 开头

（1）由位置导入

在唐闸古镇的西北隅，有一处北市街。

（2）对比导入

曾经游历过名山大川，也曾经浏览过许多风景名胜，可静静回味，脑海中记忆深刻的还是唐闸的北市街。想起古色古香的建筑，想起红透天空的红灯笼，想起让人吮指回味的各种传统小吃，想起畅音台表演时的无比快乐，想起青石板街巷的古朴典雅，想起那么多新鲜的玩意儿……

（3）俗语导入

"一半人间烟火，一半岁月故事"说的就是唐闸北市街的迷人景象，她静卧唐闸古镇的西北角。我来到这里，就是走进了烟火深处，走进了岁月沉淀的故事中。

2. 结尾

（1）抒情结尾

啊！北市街触动了我的悠悠情思。我带着走进岁月故事和人间烟火的快乐进入了甜美的梦乡。

（2）隽永式结尾

北市街的古典气韵如卧波的长虹炫彩迷人，她的人间烟火气是暖心的炉火抚慰着我们的心灵，让我们久久地品味，有空闲的时候我还想再去……

（五）过渡和衔接

看着北市街的景观，赏着街市的风情，只要你静下心来，慢慢地看，你便会有所发现，有所感慨。

当外面的世界千变万化的时候，这里的时光是静止的。我们感觉到街道空间里到处弥漫着古典的气息。

在这里可以抛却心中的烦恼，慢慢地游，静静地听……

（六）参考题目

《悠悠北市街》《走进北市街》《北市街情怀》《北市街》

【北市街读本】

简述北市街

唐闸北市景区位于南通市崇川区唐闸镇街道北、通扬运河西岸，占地面积60亩（40000平方米），建筑面积约14000平方米。这里不仅有小桥流水，还有典型院落魏家大院和高氏别院。原本分散在各处的南通姓氏文化馆、唐闸粮业简史陈列馆、南通百年光影风采馆集中提档升级在北市景区展出，并依托唐闸本地文化资源，创新打造了泽生红色文化探秘馆和"三合一书院"，引入了蓝印花布、花露烧、金丝楠木等南通本地非遗项目。游客在感受老南通古韵风情的同时也能感受到唐闸旧时的商贸繁盛。

此外，唐闸北市景区的夜间景观融入了声光电夜游设备、全息光影墙、畅音台大舞台、3D纱幕效果等时尚元素，惟妙惟肖的光影场景流光溢彩、魅力四射，使市民在休憩的同时可尽享艺术乐趣，打造"不夜唐闸"的生活模式。

【竹露滴响】

灯火里的北市街

"一半人间烟火，一半岁月故事"说的就是唐闸北市街的迷人景象。她静卧唐闸古镇的西北角。我来到这里，就是走进了烟火深处，走进了岁月沉淀的故事中。

在北市街的街口，有一个花岗岩做的巨大牌坊，上面有五个红色的大字"唐闸北市街"。不远处，古色古香的建筑的屋檐下，挂满长筒形的红灯笼，闪着耀眼的红光，一派过年时的热闹景象。在牌坊下有一处水景、一台大电视和一座小亭子。亭子不大，四四方方，古朴典雅。亭子脚下的小水池里活跃着小鲤鱼，红的、白的、黄的、黑的，小池塘对面的小石桥别致精巧，桥边的花、群花里的灯、路过的鸟，都能见着。

看大电视的最佳位置莫过于小桥儿台阶啦！我们大家依次坐下。嘿！电视播放的是以前的唐闸镇吗？一位位身着白色工作服的工人在工厂里忙碌着，一道道白色的身影在来回穿梭，机器声隆隆作响。画面一转，在运河里，无数条大大小小的船只上运载着数不清的货物，每条船是有数十吨，真是络绎不绝。

看完了视频，王老师带着我们来到了魏家大院。大院是一个四合院，院子很宽敞。满院都是用凹凸不平的石砖铺成的。听老师说，一进门，朝南的正房是给老人住的，还有东厢房给长子居住，西厢房是给次子住的。站在宽敞的庭院里，我仿佛听到一家人的呢喃软语。

走出了魏家大院儿，我们来到了一条巷子里。和主街一样，巷子里铺满了青石板。青石板块都坑坑洼洼的，踩在上面，就像踩上了千百年的文化；在巷子的两边，有一排排房屋，房屋都是古代风格。房子有两层，二楼明显要比一楼小，可能一楼才是住人的吧。在一楼的门口，有两根足有碗口粗的柱子，柱子是朱红色的，两头都有一段黄色，柱子的一端顶着屋檐，也不知道是屋檐太大，会断掉才立的俩"金箍棒"，还是为了好看才立的"样品"。在屋檐下有几个大红灯笼，灯笼是长筒形的，红色的灯光把整个巷子都染红了。

　　在北市街里，还有很多小吃：外脆里软的臭豆腐，香脆的草鞋底，可以拉丝、做糖画的麦芽糖……这三种小吃大有来头。相传朱元璋出身贫寒，有一回饿得无法忍受，拾起人家丢弃的过期豆腐，以油煎之，一口吃进嘴里，那种鲜美味道刻骨铭心。后来他当了统帅，一路胜利地打到安徽，高兴之余，命令全军共吃臭豆腐庆祝。草鞋底的传说是一个抗清故事，城外的人要给城内抗清的军民送食物，便想了一招，将烧饼做成草鞋底的样子，一只只系上稻草细绳，连同草鞋一起混进城内。麦芽糖是最早的人工糖，可以追溯到三千年前。聊聊这些传说，我们觉得嚼在嘴里的传统小吃更有味道啦！

　　这就是唐闸北市街，灯火里热闹的北市街。

第四组合　校园新景

白鹭：多少诗行入境来

【教学目的】

1. 观察校园新景——白鹭：多少诗行入境来。培养学生细致观察的习惯，学习把写实和想象结合起来描写的方法。

2. 运用境中赏、趣中学的教学方式培养学生高雅的生活情趣，感受自由、愉快的情感体验，培养学生对语文的热爱之情。

【教学准备】

1. 读本。

2. 主题曲：《月牙泉》。

【教学过程】

一、导入新课

同学们，每天我们走进学校东大门，都会看到一处校园景象，就是学校童话楼东北角的小水池，她焕发了新的生机，今天我们要去一起欣赏，你们开心吗？

二、整体观察

站在小池塘边，你看到了什么？

（哗啦啦的水串从空中倾泻下来，落在小池塘，溅起雪花般的浪花，清澈的水流在小池塘里不断地向前流淌。）

你还看到了什么？

（一汪碧波荡漾的水流，映着天光，不断地流淌着，欢腾着，唱着小溪流的歌。）

看这水面像什么?

(像澄绿透光的丝绸锦缎在风中飘动,整个池面是月牙形状的,我们把她叫作"月牙泉"。)

水中有什么?

(水中有两个青花瓷的大水缸,缸中水草青绿逼眼,充满着生机。)

水中还有什么?

(水中有几十尾红红的锦鲤在清水流中快活地游来游去。这是她们生活嬉戏的美好乐园。她们游到哪里,都像给这锦缎添上了鲜艳的流动的花朵。)

小结:刚才,我们观察了水面和水中的情景,我们边看边想象,描述得非常生动有趣。

接着,我们用边看边想的办法,来看看水边还有什么?

先看水池的西边。

(水边有几丛青翠欲滴的水草,她们喝足了甘甜的池水,生长得十分茂盛,像波动的光绿丝绸上的绿色精工刺绣。)

再看水池的南边!

(水池的南边有一个巨型的绿色花篮,垂挂在池面上,掩映着整个池面,使整个池面增添了不少生机。这是一种我们叫不出名儿来的植物,尖尖的叶片像竹,绿叶丛中还夹杂着几片红叶,显出几分喜气。)

接下来让我们聚焦白鹭。

最耀眼的明星是什么?

(绿叶掩映下的三只大白鹭。)

喜欢这三只白鹭吗?这是三只什么样的白鹭?

(优雅的、高雅的、美丽的、活泼的、高贵的、韵味无穷的。)

看看她的体型有多大?

(足足有一米长,流线型的修长的身体。)

真是三只大鸟,喜欢她们的美丽外表吗?

谁能按照从整体到部分的顺序来描述眼前三只白鹭?加上想象就更好啦!

(全身雪白,没有一丝杂色,像冬天时飘落的新雪。羽毛光滑柔软,一对俊俏的翅膀,仿佛大扇子一般。眼睛乌黑光亮,像黑水晶。金色的长嘴,青色的长腿,好像穿了黑丝袜。又细又长的铅笔腿,让她看起来更加高贵优雅。)

这三只白鹭在干什么呢?

(两只振翅欲飞,有一只合拢着翅膀,注视着水面。)

请大家展开想象的翅膀,清晨、中午、黄昏中、星光下,这三只白鹭都在做什么呢？

清晨，初升的太阳给她们穿上了耀眼的阳光纱衣，她们好像在干什么呢？

（清晨，初升的太阳给她们穿上了耀眼的阳光纱衣，她们中有两位像是光彩照人的舞蹈家，扑闪着翅膀跃跃欲试，时刻准备在水面舞台上表演她们的"捕鱼舞"。她们的舞姿高雅美丽。还有一位略带羞涩，不好意思舞蹈，难为情地欣赏着自己在水中的倒影。）

中午的白鹭是枕戈待旦的战士，_____。

（中午的白鹭是枕戈待旦的战士，看到水面有动静，像是电力十足的雷达，立马一跃而起，闪电般飞到水面，一头扎进水里，"扑通"水面绽开了一大朵晶莹洁白的水花。一眨眼的工夫，她们又忽然扑闪着翅膀，子弹般冲出水面，浑身湿淋淋的，嘴里叼着活蹦乱跳的鱼儿。低头注视水面的白鹭用一只脚来踩踏，眼光极准，也总能抓住流动的小鱼小虾，美餐一顿。）

黄昏时白鹭一起飞上天空，让我们想起了诗句"一行白鹭上青天"。她们雪白的翅膀被夕阳染红，飞成了最美的诗行。

夜晚，星星沐浴在清澈的池水中，一切都幸福快乐！

白鹭有的（　　），有的（　　），还有的（　　）……

（有的一只脚保持直立，另一只脚缩回身体睡得很香；有的还在回想着白天的轻歌曼舞，时不时地又扑闪了翅膀；还有的又抓着了几只新鲜的鱼虾，当作了宵夜……星星沐浴在清澈的池水中，一切都幸福快乐！）

刚才，我们观察了白鹭，还展开了想象的翅膀。高雅美丽的白鹭好像一首精巧的诗啊！她们的一举一动都是最美的诗行，让我们在这情境中细细地品味这诗行的美好！

三、指导写作，学会构思

（一）指导中心

围绕观察的重点，写出白鹭的特点，表现出她们的外形的精巧和她们活动时的优雅。

（二）文章思路

依寻月牙泉，由小池的水流、水草、水中的鱼儿、垂挂的绿植营造白鹭的诗意乐园，就像主人公出场前先营造活动舞台，再描写主人公白鹭外形的精巧和她们活动时的高雅。

（三）练写

在描写主人公白鹭时运用写实和联想相结合的方法。

（视频再次呈现）

你看到怎样的白鹭？注意按照从整体到部分的顺序来说。

（白鹭身体修长，足有一米长。她们全身雪白，没有一丝杂色。羽毛光滑柔软，一对俊俏的翅膀，乌黑光亮的眼睛，金色的长嘴，青色的脚，细长的铅笔腿，使她们看起来高贵优雅。）

你能加上想象，把白鹭描写得更加生动形象吗？用上这样的句式：

白鹭身体修长，足有一米长。她们全身雪白，没有一丝杂毛，像＿＿＿＿＿
＿＿＿＿＿。她们的羽毛光滑柔软，一对俊俏的翅膀，仿佛＿＿＿＿＿＿＿＿。乌黑
发亮的眼睛，像＿＿＿＿＿＿。砖色的长嘴，青色的脚，细长的铅笔腿，好像＿＿
＿＿＿＿＿，让她们看起来＿＿＿＿＿＿＿＿＿＿＿＿＿＿＿＿＿。外形高贵典雅
的白鹭，的确像一首精巧的诗。

活动洗浴时的白鹭更是一首诗。

仔细观察她们的造型，张开想象的翅膀，以时间为序，来说说她们的活动
姿态？

清晨，晨雾中的白鹭醒来，她们在水池中＿＿＿＿＿＿＿＿＿＿＿＿＿＿＿＿＿
＿＿＿。

（她们是美丽的白衣仙子，在清澈的水面上梳妆打扮，以最美丽的容颜迎接
崭新的美好的一天；她们是最曼妙的舞蹈家，扑闪着翅膀，表演着她们的捕鱼
舞。还有一位略显羞涩，红着脸、低着头，只顾着欣赏自己在水中的倒影。）

中午阳光灿烂，白鹭披上了阳光纱衣，她们是枕戈待旦的战士，看到水中
有动静＿＿＿＿＿＿＿＿＿＿＿＿＿＿＿＿＿＿＿＿＿＿＿＿＿＿＿＿＿。

（看到水中有动静，她们像是电力十足的雷达，立马一跃而起，闪电般地飞
到水面，一头扎进水里。"扑通——"水面绽开了一大朵晶莹洁白的水花。一眨
眼的工夫，她们又忽然扑闪着翅膀，箭般地冲出水面，浑身湿淋淋的，嘴里叼
着活蹦乱跳的鱼儿。低头注视着水面的白鹭用一只脚来踩踏，眼光极准，也总
能抓住游动的小鱼小虾，美餐一顿。）

黄昏时的白鹭排成一队飞上蓝天，自由地高歌，让你想起了哪一句诗行呢？

（一行白鹭上青天。是的，她们飞翔成了一首诗。）

夜晚时的白鹭，她们又回到了星星沐浴的月牙泉家中。她们又在干什么呢？
你能用排比句来说一说吗？

（她们有的一只脚独立，另一只脚缩回身体中，美美地酣睡；有的注视水
面，又抓着几只鱼虾当宵夜；有的在清洁自己的羽毛，洗个香香澡，保持最美
丽的容颜……）

是的，无论在哪个时间点去看她们，白鹭的一举一动都充满着诗意。她们是最美的诗行，是我们美好的陪伴。

（四）开头和结尾

1. 开头

（1）由诗句导入

"两个黄鹂鸣翠柳，一行白鹭上青天"描写的是自然界中的精灵给我们带来的春意。瞧，学校东大门月牙泉中的白鹭给我们带来了春天的勃勃生机。

（2）由瀑布导入

"哗啦啦，哗啦哗啦……"哪里来的瀑布水流的欢歌？寻声找去，是我们学校增添了新的景点。循着水声，我们来到这如诗如画的月牙泉，这是一个美丽的乐园。

（3）由诗导入

"白鹭是一首精巧的诗。"郭沫若笔下的白鹭是那么高雅迷人。听说学校东大门来了白鹭，我们迫不及待地飞过去想寻找她们的影踪。

2. 结尾

（1）附和诗句结尾

白鹭是校园的春天，她们把一年的希望和诗意带进了我们的四季。

（2）附和瀑布声结尾

欢快的水声为春天启幕。我的梦境中永远有白鹭带着希望在自由地飞翔。

（3）附和诗文结尾

果然，白鹭是一首精巧的诗。她们在清晨、黄昏、夜晚都是美的诗行，在我的梦境中带着自由和希望飞翔着、飞翔着……

（五）过渡和衔接

多么美丽高雅的鸟儿，带着春天的气息活跃在我们的视野，我们常常幻想着她们扑闪着翅膀真的活起来啦！

（六）参考题目

《精巧的诗》《白鹭》《月牙泉里的白鹭鸟》

【白鹭读本】

古诗

赋得白鹭鸶送宋少府入三峡

［唐］李白

白鹭拳一足，月明秋水寒。

人惊远飞去，直向使君滩。

译文：

白鹭鸶蜷着一条腿，单足立在冰凉的秋水中，月光明如秋水，洒满大江。白鹭鸶受人惊吓以后，高飞而起，直向波涛汹涌的使君滩飞去。

现代诗

是谁，

在茫茫烟海中，

透出那线条般的轮廓，

轻轻地迈着优雅的步子。

又是谁，

当最后一抹夕阳撒向大地时，

在那水田里觅食，

在那小溪中嬉戏。

是那轻巧高雅的白鹭。

它虽然没有孔雀般迷人的羽毛，

也没有黄鹂般动人的歌喉，

但它那高雅脱俗，

给人以诗意的享受。

美文

我是一只白鹭

我是一只白鹭，从嘈杂中挣脱，迎着朝阳飞到这里。这里的风不像其他城市那样狂躁，也不像其他城市那样卷着泥沙令人厌恶。这里的风有着一缕独特的香味，沁人心脾。伴随着这香味，风拂面而来，柔软得像母亲的手，轻抚着我的脸，让我感到丝丝细腻的温暖。

我盘旋在空中，眼底满是优美旖旎的风景。不知是什么原因，这些风景美得让我流连忘返。平静的湖面上架起了一些错落有致的桥。桥是橘红色的，水是绿色的，花是彩色的，山是青色的，小路是灰色的，这些色彩相互交错在一起，显得那样和谐，每一种色彩仿佛都能勾起我的心弦。

我慢慢从高空俯身下降，避开游玩的人群，沿着一条蜿蜒的小路向幽深处飞去。小路旁边便是湖水。阳光洒下来，湖面仿佛是一个金色的舞台，又好似一群群金色的鱼儿在水中嬉戏着。它们每从水里跃出，都要做一个完美的旋转才舍得落入水中，尾尖还带有水珠。顽皮的它们丝毫不掩饰自己身上金色的光泽，争相抢夺着阳光，晃得我眼睛晕乎乎的，它们却顽皮地躲回水中哈哈笑。

我继续向深处飞去。渐渐地，太阳被高大的山遮挡住，水也顿失了色彩，但这丝毫没能影响它的魅力。我找到一座阴凉的亭子落下，感受着清凉的微风，缓缓地合上眼，耳畔竟传来了一曲交响乐：那温柔的提琴声，是掠过细草的溪流；那清脆的古筝声，是石缝间流出的细泉；那厚重的锣鼓声，必定是从陡壁直下的激流，这些音符仿佛被一支无形的指挥棒指挥着，它们交织在一起，为我展现了一场完美的听觉盛宴，我再也抑制不住自己心中想要亲自感受这神奇泉水的渴望。我从凉亭上划下，落在岸边，伸出翅膀去触摸。羽毛渐渐被浸湿，我也渐渐感觉到水的微凉。一阵阵的涟漪抚摸着我，令我深深感受到了这湖水的温柔与灵气。

湖边，格桑花儿争奇斗艳，竞相开放着。五颜六色的花连成了一片片缤纷的花海，与湖水相比，花更显得妖娆夺目。我俯身于花海之中，与蝴蝶共舞，眼前的色彩让我目不暇接。有青涩娇羞的粉，有热情奔放的红，有忧郁深沉的蓝，有阳光活泼的橙，有高贵不羁的紫，它们互相融合却又井井有条，勾勒出一条条缤纷艳丽而又柔软细腻的线条，与天空上流线般的白云互相呼应着。

如果说水和花像曼妙的少女，那么山便是高大威猛的守护者。远远望去，群山环抱着一弯湖水，不愿让湖水受到一丝伤害；湖水也把大山当作依靠，她轻轻依偎着，在渐渐升腾的水气中，仿佛弥漫着涟漪一般绵绵的温情……如此和谐的景象，谁又能不为之动容呢？

我是一只白鹭，陶醉在凉都湿地风景中，夕阳西下，心中却满是不舍。因为这里太美，美得让我沉醉；因为这里太美，美得让我爱上了这里……

歌曲

白鹭

白鹭停在了水中央

沐浴秋天渐渐昏黄的阳光

也许他有一丝勉强

看到荷叶凋零枯萎的模样

河畔曾采莲的姑娘

去年也带走了崭新的嫁妆

她留下从前的盼望

是送给谁让谁永远去想

一开始并不知道等待是如此漫长

转瞬间只看见前面道路一行行

离开时发觉珍藏多年的思绪变凉

她情不自禁地唱

她唱起 蒹葭苍苍白露为霜

所谓伊人在水一方

走过了 那座村庄那道牌坊

归途所向不再去想

白鹭依然在水中走

他发现一个人并不是自由

轻易地看到了尽头

才决定随意的为谁停留

那一天第一次对自己说了从此以后

马上后悔这么早就说出无怨无求

清醒了是不是才能够登上空中楼阁

他情不自禁地走

他念起 关关雎鸠在河之洲

窈窕淑女君子好逑

尽管是 编的理由装作清幽

还是得罪悠悠之口

白鹭在水中走

一掌之间橘子洲头

何人在厮守在她离开之后

她想起 对酒当歌人生几何

譬如朝露去日苦多

他想起 慨当以慷幽思难忘

何以解忧唯有杜康

【竹露滴响】

月牙泉里的白鹭

"哗啦啦，哗啦啦……"是哪里的泉水在欢唱？寻声找去，一道瀑布，是我们学校新添的景点。来到这个如诗如画的"月牙泉"，我们谁也不想离开这美丽的乐园。

听，叮咚的流水声，帘子似的瀑布和花果山的水帘洞有惊人的相似之处，只不过，水帘后面没有洞。瀑布下面是一弯"月牙儿"泉，"月牙儿"里头有一群火红的锦鲤，一个个都膘肥体壮。月牙泉里还有六盆水草。其中，有两盆青花瓷大水缸里的水草特别葱绿惹眼。岸边上有一大丛天竹，一片翠绿中透着黄，有几片新竹叶在绿丝中非常显眼，还有一根冲天"竹竿"，上面爬着三只小小的大熊猫，还有一只超迷你版的小松鼠。

水面上还有四位"干饭人"——白鹭，它们的身体足有一米多长，白色的翅膀和身子像是被新雪覆盖了一样，白得发亮。它们有着金色的长嘴巴，滴溜的黑眼睛，两条青色的铅笔腿细长笔直，显得那么的高贵优雅。

要是它们真的能飞起来、活起来，那该是多么美妙的事情啊！

当清晨的第一缕阳光照进月牙泉时，四只白鹭已经扑打着翅膀，跳进月牙泉里洗澡去了。有只白鹭还把头扎进水里，抓了一条又肥又大的锦鲤，它抖了抖头上的水，跟到水缸边，把锦鲤放了进去，还叫了两声，好像在说："这是我的养鱼场，谁也别动。"它再一次跳进水里："大家别把鱼吃完了，咱养起来，生小鱼仔。"四只白鹭就这样你一言我一语地开始养鱼了。

太阳已经升到了头顶，四只白鹭胡乱吞了几条鱼，就飞去秘密基地了，"大伙别掉队，马上就到了。"秘密基地就是一个巨大的树洞，能装下四只鸟，不过这里头铺满了稻草，舒服极了，里面还有好多鱼干儿。现在，有了养鱼场，这儿就是一家饭店。不过，这里不能住，只能在这儿玩耍，因为鱼腥味有点儿重了。

不知不觉已经下午了，凉风习习，它们在森林里玩起了躲猫猫，大家最喜欢躲在找的鸟身后，所以，找的鸟都被转晕了才结束。大家在夕阳下排成一队回去休息了。

晚上，闪烁的星空沐浴在月牙泉里，又有一只白鹭趁着大伙在洗澡时，偷偷地吞了一条鱼当作夜宵，然后她在水里单脚独立，头缩在洞里睡着了，剩下的白鹭也陆陆续续地进入了梦乡，它们站在岸边边睡边说着："哈……哈，抓不……到，嘿嘿，气……不气？"咂巴着小嘴，好像还在回味着白天的趣事。

月牙泉里的白鹭是一首精巧的诗，给我们带来快乐。

参考文献

［1］成尚荣. 儿童立场［M］. 上海：华东师范大学出版社，2018.

［2］叶水涛. 李吉林语文教学艺术研究［M］. 福州：福建教育出版社，2022.

［3］吴建英. 中国风·母语美：建构中国本色的语文教育［M］. 南京：江苏凤凰教育出版社，2021.

［4］王玲玲. 棒打狼外婆：我与小学语文的情缘半生［M］. 北京：光明日报出版社，2016.

［5］王美. "情境"探源［J］. 江苏教育，2023（01）：64-67.

跋

野外情境作文：后现代课程观
视域下的三观创新

美国学者多尔在批判现代主义封闭课程体系的基础上，提出了后现代主义课程观。后现代主义以浪漫主义、个人主义为哲学基础，推崇高技术、高情感、以人为本。

后现代课程观，运用宏观综合的视野，描绘后现代多元而开放的课程设计蓝图，以寻求取代现代性的单向独白式权威教育。

后现代课程较现代主义更为开放、复杂、丰富和多元，教学语言、教学情境更具支持性。

置顶儿童作文学习域场的野外情境课程实践了后现代课程观视域下的三观创新。

一、知识观

现代课程是成人视野中的知识经过专家的组合向儿童进行传递的文本，相对于孤立、封闭、符号化，后现代主义者认为"知识存在于实境情境中，是主观与客观以及个体与情境交互相融的过程"，是个体与情境的交互作用中建构与生成的结果。后现代课程是批判，是创新，是对科学知识观的丰富。

在"向阳而生"向日葵地野外情境作文课程的实境情境中，孩童亲眼所见向日葵花瓣、花叶褪去了曾经的金黄和青绿，是在心甘情愿地孕育自己的果实——瓜子。万里花海还是人们美好的生活。

远观向日葵地的辽阔炫美和生命力之盛，近看向日葵花形之美，以走风车、阳光浴凝聚向阳而生、积极向上的成长力量。

在"踏雪寻梅"实境情境中，孩童在料峭春寒中悦享红梅报喜第一枝，每一枝头都独自成章，香艳如彩星坠落凡尘。

在"芦花飞雪"实境情境中，孩童在早春寒水边看芦苇以一身枯黄摇曳一冬，姿态尽优美，柔曼尽妩媚，向世界展示着万种风情。面临隆冬，芦苇懂得弯腰变通、迎接东风，知道万众一心、以林成海、爆绿新生。

在"幸有柳诗入梦来"野外情境作文课上，孩童依柳诗三首，在实境中看早春柳嫩丝如金，阳春柳万柳拂晖，暮春柳"漫天作雪飞絮"，知道言说志向，以柳相送，极尽自身美好而立世。

在"青竹潭影"实境情境中，观竹风姿之美、悟竹风骨之美，身心清净，风格雅致，联想阳光下、明月下、四季风中竹林的故事，无论尘世多变，竹，不过一身青绿，风雅着自己的风雅，作用着自己的作用，清净着自己的清净。

在"听，春天的歌声"实境情境中，奔赴一季天籁烟雨，感受一季繁花似锦，感受一季生命如歌。春，用曲调歌唱，用色彩歌唱，四季皆故乡。

"梧桐叶的秋天"生当炫美——清绿的绿色氧吧，葱绿的城市森林，炫彩的油画大街，都灿烂一季；落亦豪壮——熟悉的温暖和爱都曾来过，依稀留着昨日的芬芳，无论是生命中最耀眼的辉煌，还是在黯淡中悄声陨落，都是生命的歌唱。

"三月春江水"以她的亲、绿、清、柔、香、暖、智慧告诉人间，她是春天流转清澈的眼眸，滋养春天的万物，给我们一个明媚的崭新的世界。

"春雨"实境情境中，雨滴、雨丝、雨幕、雨花、雨注尽显一季浪漫情怀，雨的色彩、雨的香、雨中远航的小纸船，都是雨中的心绪在飞。

置顶儿童作文学习域场的野外情境课程实践了后现代课程视域下的知识观创新，在实境情境中，知识在个体与情境的交互作用中构建与生成。

二、课程观

后现代主义课程观，强调课程的开放性、自组织性和不确定性，认为课程是一种文化发展与创造的过程，而不是所谓的客观的文化知识的载体。课程是建设中的"跑道"，而非已经建好的"跑道"。

后现代主义课程观给师生留出的足够大的空间，使他们在实践中共同创造课程。

置顶作文学习域场的野外情境课程是建设中的"跑道"。她以新颖新鲜的课程内容、开放的课程体系、壮阔的课程空间，将儿童置于天地大课堂、烟火大学堂、磅礴大气场中，是教师自创造的文化课程，是作文课程的觉醒和发展。

"古运河之恋"通吕运河边"以2.5公里致敬二万五千里长征"荧光夜跑活动，赏通吕运河边灯光夜景，感受水边人家现代生活，研讨通吕运河的悠久历史，知晓往昔图景是绵远悠长的历史画卷。作文课程以脚步丈量，以荧光照亮，以毛泽东诗词鼓舞全程，以童年生长为美好愿景，用今天的起跑向明天出发。

"珠媚水韵"是校园新景，无论身处校园何处，都能听到水流的声响。每一天，我们都为寻水声而来，清幽恬静的小溪流让镜亭有了呼吸，小飞瀑腾跃欢快，月牙泉永远水波激潋，白鹭鸟展翅欲飞，童话楼前的喷泉活泼跳跃，童话楼钻石闪亮，欢歌不断。庭院里充满童趣的小池塘是青蛙丰富的口水，穿过小石桥，流向幽幽竹林……

处处可见水韵，处处可闻水声，无论走到哪里，都有水流相伴。水流，是清晨的笛声，是午后的笙歌，是夕阳的晚唱。课程以水、以心、以情，心水相拥。

紫琅湖"光影水秀不夜天"，作文课程是世纪水秀光影，水秀是飞速地窜、神速地降、魔幻地扭，是身披霓裳羽衣的曼妙舞者，和着音乐的节拍或直冲云霄，或婀娜俯首，瞬间像竖琴在弹奏气势磅礴的华彩乐章，瞬间像炫彩的莲花盛开，又像无数的火焰在湖面上喷发。

光影瞬间万变：光亮玫红、橙黄、浪漫紫、蓝色妖姬……

音乐漫卷全场：动感浪漫的英文歌、摇滚乐……

作文课程在正月十五夜，移步紫琅湖边，节日的馨香遇上现代水秀光影，春天就此启航！

八月十五之夜，漫步"月下濠河"，皓月银辉、霓虹桥影、水草丰茂、水波浩渺，掬着月光、枕着水光、捧着灯光……

置顶儿童作文学习域场的野外情境课程是新建设并投入使用的"新跑道"，她以开放性、自组织性实践了后现代主义的课程观创新。

三、教师观

后现代主义者主张要培养教师新的科技整合与探索创新能力，教师承担起建立"自组织"的教育过程与机制的重任，并在此基础上实现课程的转换。"自组织"的观念与机制意味着并促使教育过程中的所有参与者都成为课程建构的主体而非施教者或受教者。

置顶作文学习域场的野外情境课程是教师自己创新的课程体系，教师是作文课程的创建者、实施者。

教师以一颗宁静的心去走北市街，想象着 18 时 58 分齐聚北市街入口处的惊喜和辉煌场景，考虑着活动组织、天气、停车，张罗着拍照、微推、快闪节目，了解店铺的开张与否，孩子服装的统一，更多的是规划着行走的路线、进行书面备课。先在入口处露天坐在石头上观水上光影唐闸镇往昔的历史风貌介绍，看大红灯笼映照下的古镇全景；接着，去魏家大院，看四合院的幽静敞亮；然后，走小巷、穿主街，到传统小吃店铺品古镇小吃，说小吃的历史传统；最后来一台快闪节目。教师设想着每一个教学板块，细琢着每一句教学语言，编织着"一半人间烟火，一半岁月故事"的两个小时梦幻行程。仰头望着月光，踏着青石板大街，细细地想，仿佛在编织一张心网，好像在一针一线地刺绣一朵朵心花，又仿佛在组织一场盛大的"开国盛典"，激动、沉浸、自驱动。

校园新景，"白鹭——多少诗行入境来"是境中赏、趣中学的典例。月牙泉上的小飞瀑涌动着整个水流澄绿透光，青花瓷大水缸中的水草葱绿逼眼，锦鲤是池水中鲜艳的流动的花朵，绿色花篮一样的石竹生机四溢。白鹭鸟就在这样的月牙泉上或展翅欲飞，或梳妆打扮。她们白雪高洁、清雅脱俗，在晨光、午间、夕阳、夜幕中，她们一定有流云行水一样的唯美动感画面，有她们的生活和她们的故事。

这些都是教师"自组织"的作文教学课程，课程是教师的"心想课成"，是几经酝酿后开出的心花，是十月怀胎后生出的孩童，是沉静、沉潜、沉醉后自然衍生的散文诗。

置顶儿童作文学习域场的野外情境课程实践了后现代主义课程观视域下的知识观、课程观、教师观的创新，让儿童书写境界人生，实现"大境"愿景的作文教学。

王玲玲

2023 年 4 月 28 日于白鹭美家